경기도의 세거성씨

- 정치적 동향을 중심으로 -

www.ggcf.kr

경기도의 세거성씨

정치적 동향을 중심으로

경기문화재단

이 책은 경기문화재단이

경기도의 고유성과 역사성을 밝히기 위한 목적으로 발간하였습니다.

경기학연구센터가 기획하였고 관련전문가가 집필하였습니다.

경기京畿라는 지명은 '경京'과 '기畿'의 합성이다. 본래 '경'은 천자天子의 도읍을, '기'는 천자가 직접 관할하던 도성 주위의 땅인데, 규모로 본다면 대개 1천리 정도에 해당된다. '기'를 설정한 것은 왕경 호위를 위한 것이었다. 이렇게 볼 때 '경기'는 애초에는 행정 구역 명칭은 아니었다. 다른 이름인 근기近畿 또는 기전畿甸, 기보畿輔, 기내畿內 등으로 불리게 된 것도 이 때문이다.

시간이 경과하면서 '경기'는 점차 하나의 지방 행정 명칭으로 자리 잡았다. 우리의 경우 경기라는 명칭이 처음 등장한 것은 고려시대 때인 1018년(현종 9)이었다. 주로 고려의 수도인 개성 주위였음은 말할 필요도 없다. 이후 경기는 고려 말에는 좌·우로 나눠지는 등 변화가 있었다. 조선 건국 이후에 수도가 서울로 옮겨지고 지방 제도의 개편이 진행되었다. 1414년(태종 14) 경기 좌우도를 고쳐서 경기라고만 하도록 개정된 것이다. 오늘날 경기도의 전신이라고 할 지명이 탄생되었다. 경기도는 탄생 이후 600년을 거치면서 우리 역사를 주도해왔다. 특히 조선 후기 내내 '경화사족京華士族'의 삶의 공간이었다. 경화사족이야말로 조선 후기 오랜 기간 동안 서울과 경기 지역 일대에서 생활하며 정치·경제·사회·문화 등 모든 분야에서 중심에 있었다고 해도 과언은 아니다. 한때 한국사의 흐름을 주도했으며 오늘날 경기도 문화의 상당 부분을 만들어낸 주역이 경화사족인 것이다.

조선 후기에 대내외 정세가 안정되면서 서울 지역 사족을 지칭하는 경화사족이라는 표현이 널리 쓰이게 되었다. 경화京華란 서울을 지칭하는 표현이고, 경사京師라고 표현되기도 하였다. 물론 이미 조선 전기 예종 연간에도 "경화벌열京華閥閱"이라는 표현이 등장하고, 선조 연간에도 "경화자제京華子弟"라는 표현이 사용되었다. 임진왜란 이전 서울의 상황을 표현한 각종의 한시에서도 확인된다. 허균은 〈귀가貴家〉라는 시에서 "비단 방석에 비단 꽃 그림"을 붙인 것 같다고 하여 호화로운 서울의 왕족과 명문가의 생활상을 읊었다. 이런 생활상은 서울이라는 공간에서 생활하는 사족들의 삶이 다른 지방과는 차이가 있음을 반영하는 것이다. 따라서 경화사족은 서울, 그리고 경기 지역에 뿌리를 두고 생활하는 사족을 두루 부르는 이름으로 사용할 수도 있을 것 같다.

그러나 경화사족이 역사적으로 크게 주목되는 시기는 조선 후기이다. 조선 후기에 정치나 경제·사회·문화의 중심인 서울의 도시적 발전이 두드러졌다. 인구가 2배 이상이 증가하며 집중되었고, 상업이 발달하였으며, 다양한 직업군이 생기는 등 이전과는 다른 모습이었다. 점차 경京과 향鄕, 즉 서울과 지방의 격차가 심해지며 분화 현상이 일어났다. 서울이 정치와 경제를 주도할 뿐 아니라, 사상과 문화도 지방과 다른 양상으로 전개되었다. 이렇게 되며 지방의 사족과 구별되는 경화사족이라는 표현이 더욱 널리 쓰이게 되었다. 예를 들어 효종 연간에 이미 초야의 선비를 지칭하는 '초야지사草野之士'라는 개념에 대비되어 '경화자제'라는 표현이 등장하였다. 이들 경화사족은 서울을 중심으로 경기도 일원에 분포한 선대의 묘소나 별장, 농장 등을 사회경제적 기반으로 생활하며 당대의 역사를 주도하였다.

조선 후기 경화사족은 당색을 초월해서 교류하였다. 이전과는 달리 소론의 자제가 노론의 학자에게 학문을 배우는 현상이 등상하기도 하였고, 붕당을 초월한 혼인이 이루어지기도 하였다. 이를 기반으로 벼슬길을 독점하는 것은 물론이고 정치권력까지 독점하였다. 이것이 토대가 되어 경화사족은 당대의 학계와 사상계를 주도하였다.

조선 후기까지도 여전히 의리를 중심으로 한 성리학이 맹위를 떨쳤다. 특히 지방의 향유鄕儒들은 이를 고수했다. 그러나 경화사족의 학문은 여기에 머물지 않았다. 경화사족은 자신들의 삶의 무대인 서울과 경기 지역이 변하고 있었고, 따라서 이에 부응한 학문이 필요함을 자각하였다. 우리는 흔히 조선 후기의 새로운 사상적 경향을 말할 때 실학實學이니 북학北學 등을 거론한다. 이들 학문을 설명할 때 조선 후기의 새로운 사회적 변화에 따라 실용성과 과학성 등을 추구한 학문 체계라고 한다. 그런데 이런 학문을 주도한 일군의 세력이 경화사족이다.

경화사족의 학문에는 '사람'에 대한 고민이 내재하였다. 심성에 대한 고찰에 그치지 않고 삶의 개선을 고민하였다. 백성들의 삶의 질을 높이고 나라를 부강하게 만들려고 하였다. 신분적으로 차이가 있는 중인이지만 능력이 출중하면 제자로 받아들여 교육하였다. 기존 중국에 대한 인식에서 벗어나 우리 것에 대한 관심이 증대하며 동국진체나 진경산수화와 같은 '진경문화眞景文化'를 만들어냈다. 서화나 골동품에 대한 관심도 증대하였다. 그야말로 조선 후기 문예부흥을 이들 경화사족이 선도했다고 해도 과언은 아니다.

이 글은 경화사족의 삶의 공간이었던 경기도 지역에 세거했던 성씨, 그리고 지금도 꾸준히 삶을 이어가고 있는 성씨를 살펴본 것이다. 특히 이들이 조선조에서 정치적으로 중요한 위상을 가진 점을 고려하여 정치적 동향을 살피는 것으로 한정했다. 경기도에는 많은 가문을 세거하고 있다. 경기문화재단에서 조사한 불천위不遷位만해도 144위位가 조사되었다. 실체 규명을 위해서는 불천위를 모신 가문을 포함해 다수의 가문을 조사 분석해야 할 것이다. 그러나 필자의 능력 한계로 이를 전부 조사하지 못하고, 그동안 필자가 관심을 갖고 작성했던 가문을 대상으로 하였음을 밝혀둔다. 아울러 작성 과정에서 연구자들의 소중한 연구 성과에 대해서 일일이 출처를 밝혀야 하지만 본서의 성격상 그렇지 못한 점에 대해서 양해를 바란다.

2019년 12월

이근호 씀

| 차 례 |

| 차 례 |

1부

가평,
연안이씨 월사月沙
이정구李廷龜 가문

01
연안이씨 관동파館洞派의 출발

중국 당나라에서 중랑장을 지낸 이무李茂를 시조로 하는 연안이씨는 3대 계파
가 있다. 태자첨사공파와 소부감판사공파, 통례문부사공파이다.

> 우리나라의 세가世家는 대개 중국으로부터 동래東來하였다. 연안 이씨延安李氏
> 는 세상에 전하는 말에 "당나라 현경顯慶 연간에 중랑장中郞將 이무李茂가 소
> 정방蘇定方을 따라서 백제百濟를 정벌하러 왔다가 그대로 머무르고 귀국하지
> 않아서 드디어 연안을 관적貫籍으로 삼았다."라고 한다. …(중략)…이씨의 일
> 족一族은 세 파로 나뉘었는데, 고려 때부터 지금까지 명망과 덕행을 가진 훌륭
> 한 인물들이 어느 시대든 적지 않았고, 나라 사람들이 흠모하는 이로 월사月
> 沙 상공相公 정구廷龜, 해고海皐 상서尚書 광정光庭, 오봉五峯 상서 호민好閔 같은
> 분은 큰 명성과 빛나는 업적으로 명망 있는 준걸한 선비이다. 그러므로 사람
> 들이 구별하여 감히 이름을 부르지 못하고 그의 호를 일컫고 아무아무의 일
> 족이라고 하였으니, 성대하도다.(이익, 『성호전집』 권50 서, 「연안이씨족보서」)

이 중 이정구 가문은 소부감판사공파인 이현려李賢呂를 잇는 계통으로, 고

려 말에는 안변 일대에서 세거하였다. 고려 말 조선 초 7세의 이종무李宗茂와 이회림李懷林이 태조 이성계와 태종 이방원과의 관계 속에서 각각 원종공신에 책록되었고, 상경종사上京從仕하였다. 그리고 이를 계기로 안변에서 서울로 이거하여 기반을 마련하였다. 이종무의 묘는 안변에 위치하였고, 이회림의 묘는 경기도 양주 도봉산 아래 우이동(현재의 서울시 도봉구 쌍문동 일대)에 위치하는데, 이들의 지역 기반 변화를 상징적으로 보여준다.

조선 건국 이후 연안이씨는 이른바 '3장원三壯元'으로 알려진 9세 이석형李石亨 때에 이르러 가문의 위상이 제고되었다. 3장원은 생원시와 진사시, 그리고 문과에 장원으로 급제한 것을 말한다. 이석형은 세종조 집현전 학사로 참여하였고, 세조대에는 사헌부 대사헌을 비롯해 경기관찰사 등 주요 요직을 두루 거쳤으며, 1471년(성종 2)에는 좌리공신佐理功臣에 책록되었다. 다음은 후손 이정구가 이석형의 신도비명으로 작성한 것이다. 후손의 평가라 해서 주저되지만, 이석형의 위상을 잘 보여준다고 판단되어 제시한다.

하늘이 성왕을 돌보시어 / 天眷聖王

번영의 시대를 크게 여시니 / 蔚啓昌期

산악이 탁월한 인재 내셨도다 / 惟嶽降靈

이에 과거에서 장원급제하고 / 乃魁多士

이에 조정에서 위의가 의젓하니 / 乃儀于朝

…(중략)…

그 문장이 단연 출중하였지 / 萬竅俱瘖

임금을 잘 보필하고 / 黼黻皇王

예악의 문물을 빛내니 / 笙簧禮樂

성상께서 가슴을 비우셨지 / 日虛聖襟

천지가 변화하는 시국에서도 / 天地變化

공은 오직 조용히 자정하여 / 公惟自靖

이로써 어려운 위기를 넘겼어라 / 亨以濟艱

나아감에는 정도를 떠나지 않고 / 進不離正

성품 곧아도 시속을 끊지 않았으니 / 貞不絶俗

위태한 조정 반열에 우뚝이 섰도다 / 壁立危班

비록 한직閑職에 머물렀으나 / 雖居散秩

성상의 지우知遇는 날로 두텁고 / 恩遇日渥

사림의 명망은 더욱 커졌어라 / 士望愈碩

경조윤京兆尹으로 7년 봉직하였고 / 京兆七年

체찰사로 팔도를 다녔는데 / 體察八路

가는 곳마다 백성들 우러러보았지 / 所至手額

성묘 초년에는 / 成廟之初

성균관 대사성으로 발탁되어 / 擢長成均

우뚝이 유림의 종장宗匠이 되었네 / 蔚然儒宗

좌리 공신佐理功臣으로 책봉되어 / 策名佐治

공신의 반열에 오르고 / 優游盟府

지위는 상공과 나란하였도다 / 位聯上公

『대학』의 깊은 뜻 발휘하고 / 發揮曾書

『치평요람』을 편찬하였으니 / 纂成治鑑

이는 붓으로 쓴 경륜이로다 / 筆下經綸

명망은 문원에 우뚝하고 / 名標文苑

공로는 유림에 드러났으며 / 功著儒林

은택은 백성에게 끼쳤어라 / 澤在斯民

(이정구, 『월사집』 권43, 이석형 신도비명 중)

이석형은 또한 후대 연안이씨 이정구 가문의 터전이 된 서울에 기반을 마련하였다. 서울은 성균관 부근의 관동館洞(현재의 서울시 종로구 명륜동 3가 일대)이라 불리는 곳에 집을 마련하여 후일 연안이씨 관동파의 기반이 되었다.

이석형 사후에 연안이씨는 경기도 용인 일대에 선영을 마련하였다. 즉 이석형 사후에 그를 용인의 문수산 묘소에 안치하면서부터 일대가 연안이씨의 선영이 되었던 것이다.

〈도-1〉 이석형 묘소 원경(문화재청)

이석형 사후 용인에 묘소를 쓰게 된 것은, 인근에 그의 처가인 영일정씨의 선영이 있었고 여기에 사위인 이석형을 안장하였던 것이다. 이석형의 장인은 정몽주鄭夢周의 손자인 정보鄭保이다.

:: [표 1] 연안 이씨 세계도 초략(7세~10세)

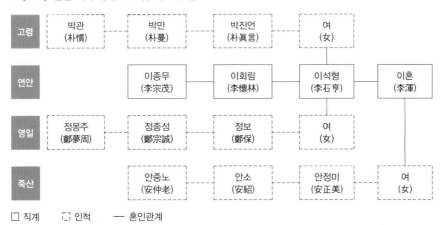

□ 직계　　☐ 인척　　── 혼인관계

이석형의 사후 다소 침체기를 맞이한 연안이씨는 이석형의 차자인 이혼 → 이순장 → 이계 → 이정구의 계통을 중심으로 가문의 성세를 유지하였다. 이계李啓(1528~1593)는 1549년(명종 4) 사마시에 입격하였고, 사도시 직장과 의흥 현감, 장성 현감, 익위사 사어, 삼등 현감 등을 역임하였다. 선조 초에는 성균관 유생으로 있으면서 기묘사화 때 화를 당한 사림의 포증褒贈을 요청하는 상소를 주도하여 제출한 바 있고, 1591년(선조 24)에는 국사가 혼탁하다는 이유로 선영으로 내려가 몇 칸의 집을 짓고 노년을 계획하였다. 이계는 비록 청요직을 역임하지는 못했으나 당대 사림을 대표하던 기대승奇大升이나 김계휘金繼輝, 김홍도金弘度, 이제신李濟臣 등과 교류하였다.

이계의 아들인 이정구李廷龜(1564~1635)는 연안이씨 관동파의 중시조로 추숭되는 인물이다. 이정구는 선조대 중반 경인 1590년(선조 23) 문과에 급제한 이후 9번의 예조판서와 2번의 대제학을 지냈고, 4번이나 중국에 사신으로 파견되었다. 37살 이후 약 40여년 간을 재상의 반열에서 활동한 인물이다. 특히 이정구는 문장에 능해, 그의 신도비를 지은 조익趙翼은 "문사文詞에 종사한 결과 마침내 세상의 종장宗匠(우두머리)이 되어 천하에 이름을 떨쳤다"고 평가한 바 있다. 이정구가 지은 사대와 교린 관련 외교 문서는 "분란을 해소시켜 국가의 일이 안정을 되찾게" 하였다. 이정구의 문장이 선조대 이후 조선을 둘러싼 복잡한 국제 관계를 안정화시키는데 기여했다는 지적이다. 일례로 1598년 명나라의 정응태丁應泰가 조선이 일본과 통교하면서 일본의 연호를 쓴다는 거짓 보고로 명나라와의 사이에 심각한 외교 문제가 발생하였다. 이때 이정구가 작성한 변무주문辨誣奏文(사실을 해명하는 내용의 외교문서)으로 오해가 해소되었는데, 그 주문은 중국인들도 필사하여 보관하는 등 흠모하였다고 한다.

처음에 변무辨誣하는 주문奏文을 지어 중국 조정에서 칭찬을 받았는데, 그 뒤 동정東征하러 온 중국 장수들 가운데 그 주문을 보았던 사람들은 상을 만날 때마다 반드시 좋은 문장이라고 일컫곤 하였다. 노인魯訒이라는 자는 우리나라 사람으로 강절江浙에 표류했다가 돌아왔는데, 그도 역시 남방의 사자士子들이 공의 글을 많이들 전송傳誦하고 있다고 전해 주었다. 그런가 하면 금년의 하절賀節 사신이 연경燕京에서 돌아왔을 때에도, 옥전玉田의 유생이 공의 주본奏本을 꺼내 보여 준 일과 영원사寧遠寺의 승려 역시 공이 기증한 시를 암송하며 월사의 안부를 묻던 일을 이야기해 주었다. 공이 일찍이 양 어사楊御史

의 비문을 지어 준 적이 있었는데, 그가 묵본墨本을 얻고는 크게 기뻐하여 무리들 속에서 과시하며 말하기를, "조선 이 상서李尙書가 지어 준 글이다." 라고 하였다. 또 왕 학사 휘汪學士煇가 공의 시를 얻어 간행하였는데, 서승署丞인 섭세현葉世賢이 사명使命을 받들고 전남滇南)으로 갈 때에 그 판본板本을 가지고 가면서 말하기를, "강남江南에 이를 널리 배포하여 향리의 영예로 삼겠다." 라고 하였다. 그런가 하면 공이 일찍이 연경으로 갈 적에 진강鎭江의 수장守將 구탄丘坦이 공의 도착 소식을 듣고는 길옆에 나와 기다리면서 채색 비단을 늘이고 장막을 설치하여 영접하기도 하였고, 또 웅 어사 화熊御史化는 자기 집에 공을 초청하여 연회를 베풀면서 그지없이 공경스럽게 예우하기도 하였다. 중국 사람들이 공을 경모敬慕한 것이 대체로 이와 같았다.

(장유, 『계곡집』 권16, 행장, 「좌의정월사이공행장」)

이정구는 관동에 거주하면서 이웃의 친구들과 함께 1575년^(선조 8) 갑자동경계甲子同庚契를 만들어 교유하였다. 이 계는 오동계五同契라고도 불렸다. 거주지가 같고, 생년이 같으며, 기미氣味(취미)가 같고, 학사學舍가 같으며, 인원수와 나이가 같기에 붙여진 이름이다. 참여 인원은 결성 이후 증감하였으므로 일정하지는 않다. 현덕승의 기록에서 확인되는 갑자동경계의 계원 명단은 아래와 같다.

:: [표 2] 갑자동경계 계원

일련번호	성명	자	호	출생월일	본관	출신
1	이정구(李廷龜)	성징(聖徵)	월사(月沙)	10.08	연안	문
2	권반(權盼)	중명(仲明)	폐호(閉戶)	09.19	안동	문
3	민형남(閔馨男)	윤부(潤夫)	지애(芝涯)	04.28	여흥	문
4	윤양(尹暘)	시회(時晦)	청강(晴江)	10.04	해평	문

일련번호	성명	자	호	출생월일	본관	출신
5	홍희(洪熹)	화숙(和叔)	만봉(萬峰)	윤10.19	남양	남(南)
6	유숙(柳潚)	연숙(淵叔)	취흘(醉吃)	06.20	흥양	문
7	이호신(李好信)	사립(士立)	나진(懶眞)	03.26	전주	문
8	박동열(朴東說)	열지(說之)	남곽(南郭)	04.23	반남	문
9	이수록(李綏祿)	수지(綏之)	동고(東皐)	07.11	전주	문
10	이충양(李忠養)	효숙(孝叔)	후계(後溪)	01.09	전주	문
11	안경(安璥)	백온(伯溫)	근전(芹田)	09.21	순흥	문
12	윤민일(尹民逸)	현세(顯世)	지산(芝山)	윤02.20	파산	문
13	송준(宋駿)	진보(進甫)	성암(省庵)	12.08	여산	문
14	민여검(閔汝儉)	종례(宗禮)	운촌(雲村)	03.25	여흥	문
15	홍내범(洪乃範)	백진(伯陳)	동강(東江)	05.08	남양	문
16	심곤(沈閫)	자유(子由)	화당(花塘)	02.24	청송	남(南)
17	이광윤(李光胤)	극휴(克休)	양서(瀼西)	05.04	월성	문
18	우정침(禹廷琛)	계헌(季獻)	사담(沙潭)	01.18	단양	문
19	안욱(安旭)	명원(明遠)	청주(淸川)	01.23	죽주	문
20	황유중(黃有中)	중정(中正)	조대(釣臺)	10.15	창원	문
21	권광렬(權光烈)	극회(克晦)	회음(檜陰)	08.06	안동	문
22	오행민(吳行敏)	여남(汝男)	화암(畫岩)	12.22	보성	문
23	김주(金輳)	지원(志遠)	운암(雲巖)	05.14	해평	문
24	정회원(鄭恢遠)	대이(大而)		12.07	동래	남(南)
25	유기문(柳起門)	광전(光前)	쌍청(雙淸)		문화	문
26	조문영(趙文英)	응세(應世)		01.29		남(南)
27	한진(韓禛)	여수(汝受)		09.08		
28	현덕승(玄德升)	문원(聞遠)	희암(希奄)	10.03	팔거	문
29	윤완(尹浣)	중규(仲圭)		05.12		
30	박돈(朴潡)	거원(巨原)	지포(芝浦)	07.29	밀양	문

* 현덕승, 「희암유고」 부록 「갑계좌목」에 의거함
** 출신의 문은 문과, 南은 음직 출신을 지칭함

이들 이외에도 하계下契에는 서리들이 참여하였다. 1월 3일생의 허세옹許世
滃, 1월 23일생의 나유복羅有福, 3월 27일생의 박경운朴敬雲등 이다.

이들 갑계 구성원에 대해서 이정구는 애틋한 감정을 표현하기도 하였다.

갑자생 동갑계^{同甲契}의 회원 / 甲子同庚契

남은 이가 이제 몇이나 되느뇨 / 餘存復幾人

어린 시절 놀던 때 어제 같건만 / 竹蔥猶昨日

노쇠한 몸으로 또 올봄을 맞누나 / 衰白又今春

유명의 이별을 다시 어이 견딜꼬 / 更忍幽明別

골육의 친족을 잃은 듯이 슬프구나 / 如亡骨肉親

청산의 한 줌 흙으로 묻힌 곳 / 靑山一抔土

멀리 바라보매 눈물이 수건 적신다 / 極目淚盈巾

(월사집 제16권 / 권응록 상(倦應錄上) 挽魚敎官 夢麟)

계원은 특정 당색에 치중되지 않으며, 사승 관계도 특별히 한정되지 않는다. 폭넓은 교류 관계를 보여주는데, 이는 당시 서울과 경기 지역 인물들의 교류 관계에서 많이 드러나는 양상이다.

02
가평에 정착하다

이정구를 시작으로 연안이씨는 경화사족에서 문장과 학문, 더 나아가 정치적으로 중요한 위상을 갖게 되었다. 이정구의 아들인 이명한李明漢과 이소한李昭漢 모두 문과에 급제하였고 이조판서와 대제학을 역임하였다. 이어 손자대인 이른바 8상八相 중에 이일상李一相, 이가상李嘉相, 이만상李萬相, 이단상李端相, 이홍상李弘相, 이유상李有相 등 6명의 문과 급제자를 배출하는 등 그야말로 가문의 위업을 드러냈다. 이런 가운데 이일상은 예조판서를 비롯해 대제학을, 이단상은 부제학을, 이은상은 형조판서를, 이익상은 의정부좌참찬을 역임하였다. 특히 이일상은 조부인 이정구, 부친인 이명한을 이어 대제학을 역임함으로써 3대에 걸쳐 문형文衡을 배출한 가문이라는 영예를 갖게 되었다.

〈도-2〉 연안이씨 삼세비각

　　연안이씨는 문장 뿐 아니라 학문에서도 일가를 이루었다. 대표적인 인물이 정관재靜觀齋 이단상李端相이다. 이단상의 경우 문과 급제 후 세자시강원 설서를 비롯해 사간원 헌납이나 병조 정랑, 이조 정랑, 홍문관 응교 등 이른바 청직淸職을 두루 역임하였다. 그러나 37살 인천부사를 거쳐 사헌부 집의를 끝으로 관직 생활을 청산하고 경기 양주 영지동 일대(현재의 남양주시 진접읍 내곡리 일대)에 정관재라는 서재를 짓고 은거하였다.

　　나의 벗 연안延安 이유능李幼能, 李端相이 동교東郊 밖 영지동靈芝洞에 터를 잡아서 집을 짓고 정관靜觀이라 이름하였다. 내가 생각건대, 선비된 자로서 누구인들 이치를 관찰하여 스스로 터득하고 싶지 않으랴마는, 마음이란 본시 살아 있는 물건이어서 물욕에 유혹되지 않을 수 없으므로, 항상 어지럽고 시끄러워 마치 물결이 움직이고 불이 이글거리듯이 잠시나마 정지하고자 해도 되지 않다가 마침내 그 마음을 원수같이 여기게 되니 어찌 그 근본을 세워서 약간의 이치나마 엿보겠는가. 지금 유능이 이미 벼슬을 그만두고 조용히 임학林壑에 거처하니, 그 처소는 이미 정靜한 것이다. 그러나 몸이 비록 정한 데 있어도 마음이 이를 주재主宰하지 못하면 그 해됨이 태악台嶽의 좌치坐馳보다 더 심할 것이니, 유능이 사물事物 밖에 초연超然해서 이해利害와 득실得失이 마음속에 들어오지 않는다면 그 고요해서 요동되지 않는 일체가 진정 거울이 밝고 물이 정지停止된 상태와 같을 것이다. 그런 뒤에 도서圖書를 옆에 두고 조석으로 즐긴다면 저 천지 귀신의 신묘함과 고금 흥망의 변화도 모두 뚜렷이 드러나게 될 것이다. 이 마음이 이미 사리를 깨달아서 스스로 즐거워하고 세상 걱정을 잊는다면 수명壽命의 부족함도 모르게 될 참인데 하물며 그 나머지 일이겠는가.

아, 만물萬物에 모두 자득自得의 이치가 있는데 이를 정관靜觀하지 않으면 능히 터득하지 못하는 바가 있으므로 명도明道가 소자邵子와 화답한 시詩가 있고, 득실得失은 본시 분명한 것인데 이를 정관하지 않으면 능히 분변하지 못하는 바가 있으므로 회옹晦翁이 저군儲君에 대한 진언이 있었는데 유능은 요점을 얻었다 이를 만하다. 근래에 그가 논한 일월日月의 운행運行하는 도수度數와 격물치지格物致知 등에 대한 설說들을 보니, 그 정靜 가운데서 얻어진 바가 적지 않았다. 이같이 계속하여 그만두지 않는다면 후일의 성취를 어찌 헤아릴 수 있겠는가.

유능의 선왕고先王考 월사 상공月沙相公은 도道가 임금의 계책을 빛나게 하고 문장文章이 종계宗系의 욕스러움을 씻어서 울연蔚然히 성조聖朝의 대아 군자大雅君子가 되었고, 그 선군先君인 상서尚書 백주공白洲公 李明漢도 문장과 명망으로써 한 시대의 첫째가 되는데 유능이 능히 선대의 업적을 이어받았으니 초야에 묻혀 있는 자취와는 도저히 비교할 바가 아니다. 비록 고요하고 한산한 곳에 길이 있고자 하나 어찌 되겠는가. 내가 알기로는 여기서 관찰하는 바가 마침내 쓰임이 될 것이니, 이 한가한 때에 더욱 힘쓰기 바란다. 비록 불행하여 끝내 쓰임이 되지 않더라도 쓰일 만한 인격을 더욱 양성하게 될 것이다. 이미 태극에 동과 정이 있다 하였으니 일을 멀리하고 사물과 떠나서 한쪽에만 치우침도 성인의 대중大中의 도가 아니다. 유능은 어떻다고 보는지.

숭정 기원 후 무신년(1668, 현종9) 월 일에 은진 송시열은 쓴다.

(송시열, 『송자대전』 권141, 기, 「정관재기」)

물론 이후에도 이단상에게 관직이 계속 제수되었으나 모두 사양했다. 정관재에서 머물던 이단상은 당대의 석학인 송시열을 비롯해 송준길, 박세채 등과 학문을 토론하면서 이른바 경화사족의 학풍을 구축해갔다. 이단상의 문하에서는 아들인 이희조를 비롯해 안동김씨 김창협과 김창흡, 우봉이씨 이재 등 이른바 낙론洛論의 대표적인 인물들이 배출되었다. 이단상의 학문은 아들인 이희조에게 이어지면서 연안이씨 이정구 가문이 경화사족 내에서 문장 뿐 아니라 학문으로도 일가를 이루며 구심점 역할을 하게 되었다. 김상헌의 다음과 같은 지적은 당대 연안이씨의 위상을 짐작하게 한다.

내가 생각하기에, 근세의 공경 세가公卿世家 중에 문장으로 크게 이름이 나 온 천하에 가득 퍼졌으며, 부자가 대대로 문단文壇의 맹주 노릇을 하여 시간이 지날수록 더욱더 이름이 드러난 집안으로는 연안 이씨延安李氏 집안보다 앞서는 집안이 없다.

(김상헌, 『청음집』권27, 「이조판서 백주 이명한 신도비명」)

연안이씨 이정구 가문에게 명예와 영화만이 계속된 것은 아니었다. 이정구 사후 병자호란의 와중에 강화도에서 이소한의 부인인 여주이씨 이상의李尙毅의 딸이 자결하였고, 이일상의 부인인 전주이씨 이성구의 딸 역시 자결하였으며, 이명한의 둘째 아들인 이가상이 우물에 몸을 던져 사망하는 참화를 경험하였다. 얼마 지나지 않아서는 이정구의 부인 권씨가 교동에서 사망하였고, 이명한의 부인 박씨가 수원 쌍부촌에서 사망하는 등 집안의 우환이 계속되었다.

이들 중 일부에게는 정려와 관직 추증이 이루어졌다. 이가상은 병자호란 때 어머니 박씨 부인을 모시고 강화도로 들어갔다가, 어머니를 보호하려다 적의 화살에 맞아 사망하였다. 병자호란 뒤에 정표가 내려졌고, 1671년(현종 12) 8월 수찬修撰에 추증되었다. 이일상의 부인 이씨 역시 병자호란 때 자결하자 정려를 내렸고, 이소한의 부인 이씨 역시 강화도가 함락되자 스스로 목을 찔렀으나 목숨이 끊어지지 않자 다시 허리띠로 목을 매어 목숨을 끊었는데, 뒤에 정려를 내렸다.

〈도-3〉 이소한의 처 여주이씨 정려

이렇게 참화를 겪게 된 연안이씨는 경기 가평에 선영을 마련하면서 분위기의 쇄신을 꾀하였다. 연안이씨의 가평 정착은 1635년(인조 13) 이정구가 사망하자 용인에 장사를 지냈다가 병자호란을 거친 뒤인 1639년(인조 17) 가평의 조종현으로 이장한 것이 계기가 되었다.

을해년(1635) 7월 묏자리를 파던 날에 불초不肖(이명한) 등이 묏자리 아래쪽에서 거적에 엎드려 깜빡 잠이 들었는데, 선부군(이정구)께서 한 수의 시를 알려 주기를 '십이탄 가에서 둥근 달을 보고, 편주에 넉넉히 얻어 빈 배에 실었네. 누가 그림 그리는 일을 알아서, 우리 청산녹수를 그리려나.〔十二灘頭看月圓 扁舟 贏得載虛船 何人解得丹靑事 畫我靑山綠水邊〕' 하였다. 꿈을 꾸던 당시에도 시의 뜻이 무엇을 가리키는지 몰랐는데, 장례가 막 끝났을 때 또 꿈에서 선부군이 알려 주기를 '내가 지금 봉도 부사蓬島副使가 되어 호를 선영仙瀛으로 바꾸었다.' 하였다. 간곡한 가르침이 살아 계실 때처럼 완연했으나, 끝내 십이탄十二灘이 무슨 뜻인지는 알 수 없었다. 얼마 뒤에 풍수의 말을 들어 보니, 선부군 묘소의 별자리가 맞지 않다고 하였으므로 이에 이장하자는 논의가 일어났다. 불초 등이 2년 동안 떠돌면서 기호畿湖 지방을 거의 다 찾아다녔으나 산천의 이름에 십이十二가 들어 있는 것을 듣지 못하였다. 금년 3월에 불초가 제천堤川으로 이삼등간李三登奸을 찾아갔는데, 이삼등간은 풍수학으로 당대에 으뜸가는 사람이었다. 즉시 함께 말을 타고 나가 열흘을 찾아보았으나 허탕을 쳤다. 앞서 어떤 사람이 가평加平 쪽에 길한 산이 있다고 말해 주어 이삼등간과 신급申級에게 가 보게 하였는데, 가서 보니 거짓이었다. 이삼등간이 말하기를 '이곳과 수십 리의 거리에 제가 지나다 보면서 마음에 둔 곳이 있습니다.' 하였다. 그리하여 시내를 따라갔는데, 불초가 수십 년 전 체찰부體察府 종사관從事官이 되었을 때 이곳을 지나가면서 '시내 하나에 나루가 열 개가 넘고, 다섯 걸음에 세 번 쉬려 하였네.〔一川餘十渡 五步欲三休〕'라고 시를 읊은 적이 있었다. 어떤 한 지역에 이르러 물어보고 조종현朝宗縣인 것을 알았다. 이삼등간과 신급이 현縣 남쪽 역驛의 서쪽에 있는 한 산기슭으로 들어가더니, 앉아서 '이곳이 진짜 터이다.' 하였다. 불초가 이로 인해 예전에 지었던 '열 나루가 넘네.〔餘十渡〕'라는 시구詩句가 기억나 비로소 건넌 것이 열두 번이 아닌가 하는 생각이 들었다. 주민에게 물어보니 과연 건너야 할 여울이 열두 군데였고, 역 이름을 물어보니 '영등瀛登'이었다. 전후의 꿈이 모두 징험되었다. 불초가 철철 눈물을 흘리니, 이삼등간이 이상하게 여겨 물었다. 불초가 이에 그 사정을 말해 주었으므로 이삼등간도 슬퍼하며 신기해하였다. 돌아와서 점을 쳐 보니 점괘도 매우 길하였다." (이정구,『월사집』 연보 기묘년(1639) 4월조)

즉 이정구를 용인에 장사 지냈으나, 묘소의 별자리가 맞지 않는다고 하자 이장의 논의가 제기되었다. 이명한 등은 기호畿湖 각지를 돌며 '십이十二'가 들어가 있는 지역을 찾아 다녔다. '십이'는 이명한의 꿈 속에서 이정구가 알려주었다는 시에 등장하는 "십이탄十二灘"에서 나온 것이었다. 기호 지방을 돌아다니다가 1639년 제천에서 당대 풍수학의 제1인자라는 삼등현감을 지낸 이간李衎을 만나 함께 산지를 물색하다가 가평 조종현 일대 영등역瀛登驛 인근에서 여울이 12곳이 있는 지역을 보고 이곳을 이장지로 정한 것이다.

〈도-4〉 이정구 묘소(문화재청)

이정구의 묘소를 이장한 뒤 가평 일대에는 이명한 → 이일상·이가상 등의 묘를 비롯해 이소한 → 이은상·이유상 등의 묘가 자리를 잡게 되었다. 이정구 가문에게 가평은 선영으로써 뿐 아니라 18세기 초 이우신李雨臣이 가평으로 이사 온 뒤에는 세거지로 자리를 잡았다.

03
이정구, 국불천위國不遷位로 인정되다

조선 후기 경화사족은 상호간 혼인 관계를 통해서 가문의 위상을 유지하였다. 이점과 관련해서 유수원柳壽垣은 『우서』에서 다음과 같이 지적한 바 있다.

> 이보다도 심한 것은 모두가 균등한 한 할아버지의 손자일지라도, 아버지가 명관名官을 지냈으면 아들도 좋은 벼슬을 하고 아버지가 관직에 오르지 못했으면 아들은 청환淸宦길이 막힌다. 또 이보다 더욱 심한 일은 다같이 한 아버지의 자식이라도, 어머니가 전실前室과 후실後室이 있음에 따라 문벌의 높고 낮음이 있어서, 동기 중에서도 행세하는 바가 그 외가外家에 따라 현격한 차이가 있는 것이다. 그리고 이보다도 더 심한 것은 동기 사이에서도 처가妻家의 문벌이 높고 낮은 데 따라 행세하는 데 큰 차이가 나타나는 것이다.
>
> (류수원, 『우서』 권2, 「논문벌지폐(論門閥之弊)」)

한 아버지의 자식이라도 외가와 처가의 문벌에 따라서 행세하는 바가 차이가 있다는 지적이다. 가세를 유지하는데 혼맥은 중요한 요소이다.

연안이씨 이정구 가문은 17세기에는 호성공신이며 호조판서를 역임한 반남박씨 박동량 가문(=이명한의 처가), 좌찬성을 역임한 여주이씨 이상의 가문(=이소한의 처가), 병조판서를 역임한 전주이씨 이성구 가문(=이일상의 처가), 이조판서를 역임한 전의이씨 이행원 가문(=이단상의 처가), 소현세자빈의 본가인 금천강씨 강석기 가문(=이흥상의 처가) 등 유력 가문과 통혼하였다.

이런 양상은 17세기 후반 이후에도 지속되어 풍양조씨 조상우 가문(=이성조의 처가), 청풍김씨 김약로 가문(=이해조의 처가), 안동김씨 김수홍 가문(=이희조의 처가) 등과 혼인을 하였다. 모두 영의정을 지낸 가문이다. 또한 안동김씨 김창협, 여흥민씨 민진후, 광산김씨 김만중·김만균, 양주조씨 趙泰耉 등 당대 내로라하는 인물들을 사위로 맞이하였다.

이런 가운데 연안이씨 이정구 가문에게 가장 영광스러운 순간이 1745년(영조 21) 12월에 있었다. 당시 영의정 김재로는 국왕을 만난 자리에서 다음과 같이 발언하였다.

> 김재로가 말하기를, "고 상신相臣 이정구李廷龜는 진주陳奏하여 변무辨誣하였으니 종묘사직宗廟社稷을 편안하게 한 공훈이 있었고, 고 명신名臣 이자李耔도 역시 종계변무宗系辨誣를 한 공훈으로 부조묘不祧廟를 특별히 명하였습니다. 지금 이정귀의 일은 이자의 일과 매우 유사할 뿐 아니라, 그 공적을 따진다면 실로 더 훌륭합니다. 이정귀는 세상에 드문 인물로서 덕행德行과 업적이 모두 탁월하고 문장文章이 나라를 빛냈으니 근고近古에 드문 일입니다. 이자의 예에 따라 부조묘不祧廟로 정하여 제사를 교체하지 않도록 하소서." 하니, 윤허하였다.
>
> (『영조실록』 권62, 영조 21년 12월 21일(무오))

즉 영의정 김재로는 이정구가 중국에 주문奏文을 올려 변무한 것은 종묘사직을 편안하게 한 공훈이라고 하면서 국불천위國不遷位로 정하자고 한 것이었다. 김재로는 또한 이정구에 대해 "덕행과 업적이 모두 탁월하고 문장이 나라를 빛냈다"고 평가하였다. 김재로의 제안을 국왕이 받아들여 이정구 가문은 국가에서 인정하는 존숭과 명예를 갖게 되었다.

국불천위의 지위를 갖게 된 이정구 가문에 뜻하지 않게 변무辨誣하는 일이 있었다. 1743년(영조 19) 9월 부사직 이우신李雨臣은 장문의 상소를 올려 자신 집안을 둘러싼 의혹을 해명하였다. 이우신이 상소를 올린 것은 당시 세자빈을 간택하는 과정에서 간택단자揀擇單子를 받게 되는데, 이때 간택단자를 제출했던 권숭權崇의 경우 부적절하다는 이유로 발거가 결정되었다. 그런데 권숭이 임의로 간택단자를 회수하여 가는 일이 드러나자 결국 삭직되고 조사를 받게 되었다. 조사 과정에서 김수일金壽一의 부인인 이소한李昭漢의 딸을 무함하여, "병자호란 때 전 가족이 사로 잡혔다"고 하거나 "이정구의 여러 손자가 동시에 사로 잡혔다가 차례로 속환贖還되었다"는 등의 발언을 한 것이다. 권숭의 집안과 김수일 집안은 세혐世嫌이 있었던 듯, "권숭의 5세조 권게權垍가 젊었을 때에 김씨의 집 동산에서 몰래 과일을 따다가 김씨 집 종에게 맞아서 죽었는데, 권씨의 자손들이 한 책자를 만들어 백세 후에라도 반드시 보복할 뜻을 이에 붙였으므로, 김시민의 소장 가운데에 사사로운 원한이라고 말한 것은 이를 가리킨 것이었다"고 한다. 이에 대해 이우신은 다음과 같이 상소하였다.

아! 강도江都의 일을 어찌 차마 말하겠습니까? 신의 한 가문 안에 열녀와 효자의 정문旌門이 지금에 이르도록 밝게 빛나고 있는데, 권숭의 무욕이 이처럼 극도에 이른 것은 참으로 뜻밖의 일입니다. 병자년·정축년의 호란을 당하여 신의 조부 고 판서 신 이일상李一相은 수찬으로서 남한산성에 호종扈從하였고, 신의 증조 고 판서 이명한李明漢은 그때 부상父喪 중에 있었는데 그 아우 이소한과 더불어 조근朝覲하기 위해 남한산성에 달려갔다가, 적기賊騎가 이미 가득하였으므로, 부득이 분문奔問의 길을 통하기 위하여 강도로 내려가서 어미를 받들고 여러 가족과 함께 마니산摩尼山 아래에 숨어 있었습니다. 성城이 함락되던 초기에 적병이 핍근逼近해 오므로 이소한이 그 어미를 위해서 적병의 형세를 늦추려고 속여서 적병을 이끌고 가게 하니, 신의 증조 이명한이 그 틈을 타서 늙은 어미를 부축하고 그 아내 및 중자부衆子婦와 질부姪婦와 조카딸인 김수일의 아내와 여러 어린아이들을 이끌고 배 한 척을 빌려 타고 교동喬桐으로 향하여 떠났습니다. 신의 종조 고 진사 신 이만상李萬相과 고 부제학 신 이단상李端相은 어수선한 가운데 서로 헤어지게 되었고, 신의 조모와 종조 급제及第 신 이가상李嘉相과 족증조모는 모두 순절하였습니다. 족증조 이소한은 그의 아들 고 판서 이은상李殷相 4형제 및 나이 어린 두 딸과 적진 가운데 있었는데, 효종 대왕孝宗大王께서 적장賊將에게 부탁하여 사대부로서 적에게 사로잡힌 자를 석방하기를 청하니 적장이 허락하였습니다. 이때에 금한金汗이 영令을 내리기를, '이정귀의 자손이 만약 포로 가운데에 있으면 모두 놓아 보내라.'고 하였으므로, 족증조 이소한이 적진 가운데 있은 지 하루만에 가족들과 석방되어 돌아왔습니다. 신의 종조 이만상과 이단상은 각자 흩어져 금한의 명이 있었음을 알지 못하였다가, 강화하는 날에 이르러 외종형 영안위永安尉 홍주원洪柱元이 인조 대왕仁祖大王께 진달함으로 인하여 비로소 금한의 명령을 가지고 적장에게 말하여 송도에 이르러서야 석방되어 돌아왔습니다.

(『영조실록』 권58, 영조 19년 9월 5일 갑신)

즉 자신의 족증조가 되는 이소한이 적진에 빠진 것은 노모를 위한 것으로 당일에 석방되어 돌아왔고, 종조 이만상이나 이단상 역시 흩어졌다가 석방되어 돌아왔으므로 속환되었는지는 여부를 논할 수 있는 상황이 아니라는 것이다. 권숭에 대한 변무는 같은 날 전 군수 김시민金時敏 등의 연명소와 유학 이국보李國輔의 상소로 이어졌다. 이국보의 부친은 이명신李命臣이다.

영조대 이후 탕평책이 추진되는 가운데 이정구 가문에서는 많은 관료와 학자를 배출하였다. 영조대에는 이정보李鼎輔를 비롯해 이천보李天輔 등의 활동이 주목된다. 특히 이천보는 국왕의 탕평책을 지지하며 국정에 적극 참여하여 영의정까지 역임하였다. 이천보는 당대 경화사족의 학풍을 주도하던 황경원, 남유용, 오원 등과 교류하였으며, 문장에서는 당나라의 풍조를 따랐다고 말해진다. 1761년 영의정에 올랐으나 장헌세자莊獻世子의 평양 원유사건遠遊事件에 인책, 음독 자결하였다. 이천보는 죽기 직전에 다음과 같은 유소遺疏를 남겼다.

> 돌아보건대 지금의 한없는 여러 가지 일 중에 성궁聖躬을 보전하고 아끼는 것만한 것이 없습니다. 기쁨과 노여움이 간혹 갑자기 발하게 되면 그 중정中正한 도리를 잃을 뿐만 아니라 기혈氣血이 손상될 우려가 있으며, 시행과 조치가 간혹 격렬하거나 번뇌를 이루게 되면 교령敎令에 해로움이 있을 뿐만 아니라 정신이 소모되고 허물어지는 근심이 있게 됩니다. 삼가 원하건대, 중화中和하는 도리를 더욱 힘쓰시어 강녕康寧하는 아름다움을 누리도록 하소서.
>
> (『영조실록』 권97, 영조 37년 1월 5일 을사)

정조대에는 이복원李福源을 비롯해 이성원, 이시원, 이만수, 이시수 등을 배출하였다. 이 중 이복원은 관료로써 좌의정을 역임했을 뿐 아니라 문장에도 능해 당대의 제일이라는 평가를 받았다. 1786년(정조 10)에는 자신을 비롯해 규장각 관원 10여명과 함께 정조 이전 국왕들의 업적을 서술한 책인 『갱장록羹墻錄』을 편찬한 바 있다. 또한 『국조보감國朝寶鑑』의 교정을 담당하거나 사도세자의 묘를 양주에서 화성으로 옮긴 뒤에 조성한 현륭원顯隆園 정자각의 상량문을 짓기도 하였다. 정조는 다음과 같은 치제문을 내린 바 있다.

> 스스로 순정하고 결백하게 하여 / 己則精白
> 사람들이 함부로 논평하지 않았으니 / 人無雌黃
> 은졸의 한 가지 평이 / 隱卒一評
> 나보다 상세한 이는 없으리라 / 莫如予詳
> 이미 고요하고 검약하여 / 旣恬且約
> 본분에 편안한 행실이 견고하니 / 素履也堅
> 공무에서 물러나면 손에 책을 들고 / 公退手卷
> 발을 내린 책상이 소연하였네 / 簾几蕭然
> 주연과 정석에서 / 冑筵鼎席
> 경을 알고 경을 등용함에 / 知卿用卿
> 시종 주선한 사람들 / 終始周旋
> 문청공 서지수徐志修와 문정공 김익金熤이었네 / 文淸文貞
> 육 대에 세 번을 전하니 / 六世三傳
> 대연석大硯石이고 / 大硯之石
> 한집에 네 사람이 오르니 / 一家四登

규장각奎章閣일세 / 奎章之閣

명망이 높아 가만히 앉아서 덕위德威로써 사람을 복종시켜 / 望隆坐鎭

호발이 아래로 늘어졌는데 / 皓髮垂垂

여러 해 동안 대신들이 세상을 떠난 슬픔이 있었더니 / 頻年輟春

경이 또 어디로 갔단 말인가 / 卿又何之

돌아보고 회포를 쏟음에 / 睠言寫懷

술이 이에 향기로우니 / 有酒斯馨

뜨락의 아름다운 자제가 가지런히 빼어났음에 / 庭蘭齊秀

우두커니 경의 전형을 살피네 / 佇尋典型

(정조, 『홍재전서』권22, 제문4, 「영중추부사이복원성복일치제문」)

　　이복원의 아들인 이만수나 이시수 모두 재상을 역임하였고, 이만수는 선
대 이정구나 이명한, 이일상 등을 이어 문형을 지내기도 하였다.

| 참고문헌 |

김학수, 『끝내 세상에 고개를 숙이지 않는다』, 삼우반, 2005

오세현, 「조선」 후기 한양 동부 관동의 인문지리와 연안이씨 관동파」, 『서울학연구』61, 2015

이근호, 「17세기 전반 경화사족의 인적관계망-『세구록』의 분석을 중심으로-」, 『서울학연구』 38, 2010

2부

고양, 경주김씨
공호공恭胡公
김종순金從舜 가문

01
고양에 정착하다

경주김씨는 신라의 김알지金閼智를 시조로 하는 성씨로, 영분공永芬公 김명종金鳴鐘의 후손, 김은열金殷說의 후손, 태사 김인관金仁琯의 후손, 판도판서 김장유金將有의 후손 등 4개의 분파와 수많은 지파로 나뉘어져 있다. 이 중 공호공파는 김은열의 후손으로, 조선 초 판한성부사判漢城府事(오늘날의 서울 시장)를 역임한 김종순金從舜을 잇는 계파이다. 공호공파는 김균金稇을 중시조로 하는 계림군파에서 갈라진 계파이다.

계림군파의 중시조 김균은 1360년 생원시에 합격하였고, 밀직부사, 전법판서典法判書 등을 역임하였다. 김균은 고려 말 이성계 일파가 권력을 좌우하던 시기에 관직 활동을 하였으며, 당시 이성계 세력에는 절친인 조준趙浚도 함께 참여하여 활동하였다. 조준이 김균에게 전한 "개성 김균에게 말을 빌려(借馬於金開城 稇)"라는 시가 전한다.

> 얹혀사는 곳 낮고도 좁은데 / 僑居卑且隘
> 대화성이 하늘 붉게 하는 7월이구나 / 大火燒空紅
> 오악의 푸른빛이 사그라지니 / 五岳翠彩滅

온 세상이 큰 용광로 속이로구나 / 一世洪爐中

군자를 만나 보기 바랐더니 / 庶見君子人

담소 나누며 맑은 풍취 가득하네 / 笑語足淸風

갓을 쓰고 따라가고 싶어 하니까 / 纓冠欲往從

나에게 구름 같은 청총마 빌려 주네 / 假我浮雲驄

(조준, 『송당집』 권2)

　　조준은 친구 김균을 이성계 세력에게 추천하여 함께 개국의 동맹에 참여하였고, 개국공신인 익대공신翊戴功臣에 책록되었다. 김균 이외에도 김균의 장인인 권현權鉉, 김균의 동생인 김온金穩, 당숙인 김의金義 등이 원종공신에 책록되기도 하였다.

　　김균은 김맹성金孟誠, 김중성金仲誠, 김계성金季誠 3명의 아들을 두었다. 이 중 김계성이 고양에 정착하면서 이후 후손들이 고양에 세거하기 시작하였다.

:: [표 1] 경주김씨 공호공파 세계도 초략

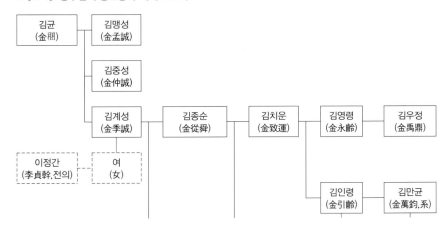

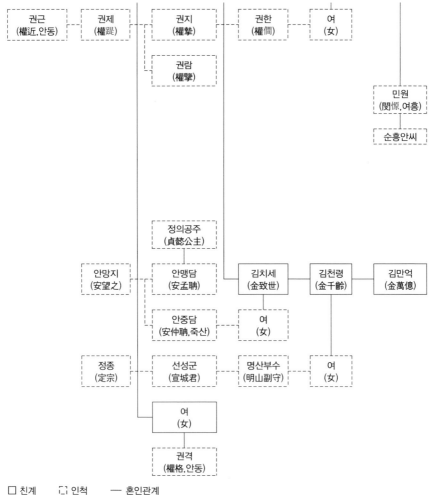

□ 친계　🔲 인척　── 혼인관계

* 『경주김씨족보』(장서각 K2-1713) 및 『경주김씨계림군파대동보』, 2012에 의거함

　　김계성의 고양 정착 과정은 분명하지는 않다. 이와 관련해서 『고양시씨족
세거사』에서는 김계성이 지금의 고양시 대자동 경주김씨 입향시조라 칭하

면서, "원래 김계성의 묘가 지금의 서삼릉 자리에 있었다. …(중략)…그러나 당시 국가에서 그 자리에 능을 만든다고 하면서 그 사패지로 경주김씨에게 대자동 땅을 내준다. 그 뒤로부터 경주김씨는 고양시 대자동에 정착해 수백년을 살아오고 있다"고 설명하고 있다. 즉 김계성의 묘가 서삼릉을 조성하는 과정에서 수용되면서 그 대토代土로 대자동 일대의 토지를 받아 세거하였다는 것이다. 다만, 이 서술에서도 김계성이 어떻게 고양에 묘를 두었는지는 설명되지 않고 있다.

지금 현재로서 김계성이 고양에 입향하게 된 계기를 분명하게 밝히기는 쉽지 않다. 다만, 추정하건대, 당시 사회적으로 남귀여가혼男歸女家婚이 성행하는 과정에서, 상당수가 처가의 재산을 배경으로 입향하는 사례가 많다. 이런 관행에 준해서 보면, 김계성의 처가인 전의이씨 이정간李貞幹의 묘산이 풍덕과 장단 일대에 분포하고 있는 점이 주목된다. 물론 현재의 고양시와 지역적으로 차이가 있기는 하지만, 인근이라는 점을 고려하면 그 가능성을 추정해볼 수는 있겠으나, 역시 단정할 수는 없다.

김균의 아들인 김종순은 공신의 아들이자 문과 출신으로 청요직의 관로를 영위할 수 있었다. 그러나 이보흠李甫欽의 인사 문제에 연루되어 세종조에 오랜 기간 관로 진출이 차단되었다. 단종대 이후 관직에 진출, 권람權擥 등과의 인연으로 수양대군(후일의 세조)와 연결되며 계유정난 이후 정치적으로 성장하였다. 당상관으로 올라간 뒤에는 승지나 경기관찰사, 경상도관찰사, 한성부윤 등을 역임하면서 각종 정책 결정이나 집행에 참여하면서 중요한 정치적 위치를 점하였다. 다음은 김종순 사후에 작성된 실록에 수록된 졸기의 일부이다.

김종순은 본관이 경주인데, 증贈 병조 판서兵曹判書 김계성金季誠의 아들이다. 나이 스물 셋에 생원시生員試에 합격하여 정통正統 정사년(1437년)에 문음門蔭으로 충훈사 승忠勳司丞에 제수되고 기미년(1439년)에 전농시 직장典農寺直長에 제수되었다. 이 해에 문과文科에 합격하여 중부 령中部令에 제수되었다가 승문원 부교리承文院副校理로 옮겼다. 신유년(1441년)에 사헌부 감찰司憲府監察이 되었다가 병조 좌랑兵曹佐郎으로 옮기고, 봉상시奉常寺·종부시宗簿寺 판관判官, 병조 정랑兵曹正郎, 성균관 사예成均館司藝, 사헌부 장령司憲府掌令, 전농시 소윤典農寺少尹, 개성부 단사관開城府斷事官을 지냈다. 병자년(1456년)에 사간원 지사간司諫院知司諫에 제수되었다가 천순天順 정축년(1457년)에 좌사간 대부左司諫大夫에 올랐다. 기묘년(1459년)에 형조 참의刑曹參議에 제수되었다가 곧 이조吏曹로 옮기고, 특별히 동부승지同副承旨에 제수되어 여러 번 올라서 도승지都承旨가 되었다. 임오년(1462년)에 가정 대부嘉靖大夫 이조 참판吏曹參判에 올라서 호조 참판과 경기 관찰사京畿觀察使를 지냈다. 계미년(1463년) 봄에 임금이 경기 고을을 순행하다가 내신內臣에게 명하여 행탁行橐을 점검해 보니, 다만 쌀과 콩 두어 말이 있을 뿐이었다. 임금이 곧 불러서 술잔을 올리기를 명하고, 인하여 희롱해 말하기를, '청렴하고 간소함이 너무 지나쳐서 관찰사가 거의 굶어 죽게 되었다.'라고 하였다. 이 해에 한성부 윤漢城府尹에 제수되고, 갑신년(1464년)에는 대사헌大司憲에 제수되었으며, 성화成化 을유년(1465년)에는 동지중추부사同知中樞府事에 제수되었다. 기축년(1469년)에 예종睿宗이 특별히 자헌 대부資憲大夫를 가하여 경상도 관찰사에 제수하였는데, 10월에 병으로 사직하고 중추부 동지사中樞府同知事에 제수되었다. 12월에 임금[上]이 즉위卽位하자 개성부 유수開城府留守에 제수하고, 신묘년(1471년)에는 판한성부윤判漢城府尹, 임진년(1230)에는 지중추부사에 제수하였다. 병신년(1476년)에 나이가 70세에 찼으므로 치사致仕하려고 하니 허락하지 아니하였는데, 이때에 이르러 졸卒하였으며, 나이가 77세이다. 시호諡號를 공호恭胡라고 하였으니, 일을 공경히 하고 윗사람을 받들어 모신 것을 공恭이라 하고, 나이가 오래도록 장수長壽한 것을 호胡라 한다.

(『성종실록』 권160, 성종 14년 11월 2일 신묘)

02
장원가壯元家의 명예를 갖다

16세기 공호공파는 "장원가壯元家" 혹은 "삼대장원三代壯元"가家로 불렸다. 5세의 김천령金千齡, 6세의 김만균金萬鈞, 7세의 김경원金慶元이 문과에서 장원으로 급제한데서 유래한 명칭이다. 이들 이외에도 7세 김경원의 동생인 김명원金命元은 문과에서 갑과甲科 3등인 탐화랑探花郎으로 급제하였으나, 향시鄕試에서 몇 차례 수석을 한 바 있다. 공호공파의 이런 모습은 당대까지 과거 시행 과정에서 드문 예이었다.

김종순의 아들인 김치운金致運은 음서로 관직에 진출하여 판관에 이르렀고, 1466년(세조 12) 고성별시高城別試에서 급제하였다. 급제 이후 봉상시정에 이르렀다. 사후 김치운은 경기 용인현 동쪽 부곡釜谷의 묘소에 안치되었으며, 부인 여흥민씨 민곤閔悃의 딸도 함께 안장되었다. 또 다른 아들인 김치세金致世는 홍주판관을 역임하였고, 사후 고양 대자산 선영에 안치되었다.

이후 공호공파의 후손 중 주목되는 인물은 김치원의 아들인 김인령金引齡과 김치세의 아들인 김천령金千齡이다. 김인령(1462~1504)은 1493년(성종 14) 생원 진사에 입격하였고, 1497년(연산군 3) 별시문과에 급제하였다. 김인령은 봉상시 주부와 예조좌랑, 시강원문학을 거쳐 1503년(연산군 9) 겨울에는 사헌부지평에 제수되었다. 지평 재직시에는 동료인 장령 이맥李陌·김근사金謹思 등과 함께 연산군에게 언로의 보장을 요구하는 계사를 올렸고, 승려에게 증명서를 주고 부처에 공양함을 허락하는 것은 이단異端을 허락하는 것이라며 반대하는 계사를 올린 적이 있다. 1504년(연산군 10) 3월에는 후궁인 숙원淑媛 장씨의 이웃집 철거를 반대하는 계사를 대사헌 이자건李自健, 대사간 박의영朴義榮 등과 함께 제출하였다가 연산군의 진노를 불러일으켜 의금부 옥에 하옥, 임실로 유배되어 사망하였다. 사망 직후에는 종 장내은산張內隱山이 신원을 요구하였으나 결국 장내은산은 국문을 받았고, 김인령에게는 부관참시와 함께 가산을 적몰하게 하였다.

김천령(1469~1503)은 문과에 장원으로 급제하였다. 김천령이 장원 급제를 하자 세간에서는 "인재를 얻었다"라고 경축하였다고 한다. 같은 시기 동방同榜 중 한 명인 박은朴誾은 이때의 상황에 대해 김천령 사후 작성한 제문에서 다음과 같이 묘사하였다.

당초에 내가 어릴 때 / 始我幼時

고루과문하고 몽매하여 / 寡陋而蒙

장자들 사이엔 끼질 못하고 / 不齒長者

동년배들과 어울리면서 / 在儕輩中

왕왕 소문으로 들은 것이 / 往往有聞

인로의 이름이었어라 / 仁老之名

그러다 성균관에 들어가서는 / 及遊儒庠

들리는 명성이 더욱 놀랄 만하여 / 所聞益驚

마음속으로 사귀고 싶었으나 / 心竊願交

한 번도 그와 만나지 못하였기에 / 而不一逢

오매불망 그리워하는 마음이 / 寤寐思之

가슴속에 답답하게 맺혔었지 / 有鬱於胸

병진년에 열린 과거에서 / 丙辰之第

군은 장원으로 급제하여 / 裒然首擧

그 명성을 크게 떨쳐서 / 聲華藹如

임금께 알려지게 되었어라 / 達于王所

나도 당시 함께 급제하여 / 余亦旅進

군의 뒤를 따르면서 / 隨君之後

그 용모를 바라보고서 / 望見其貌

후덕한 인품을 알았었지 / 知德之厚

경과 사대부로서 / 卿士大夫

무릇 조정에 있는 이들은 / 凡在搢紳

다 함께 칭찬하여 / 翕翕稱道

모두 이 사람이라 했지 / 咸曰斯人…(하략)…

(박은, 『읍취헌유고』 4권, 祭文, 「祭金仁老文」)

박은의 제문에 따르면 김천령은 어릴 때부터 탁월했으며, 학문하는 과정
에서도 세간에 상당히 주목받았던 인물이었음을 알 수 있다.

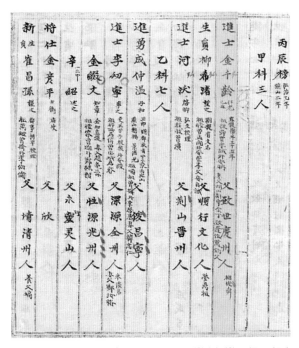

〈도-1〉 1496년(연산군 2) 문과 방목의 일부로, 김천령의 장원 급제를 보여준다.

김천령은 장원급제하였기에 처음부터 정6품인 성균관 전적에 제수되었고, 이후 이조 좌랑과 교서관 교리, 홍문관 응교 등을 비롯해 장령과 집의 등 청직 淸職을 역임하였다. 정치현장에서 김천령은 외척의 권력 농단을 비판하였고, 작상爵賞의 남발을 비판하거나, 국왕에게 효의 실천을 요구하기도 하였다. 사후인 1504년(연산군 10) 갑자사화 때는 생전에 정침鄭沈에게 가자加資한 것이 부당하다는 계사를 올렸다는 이유로 능지처사와 가산적몰의 처벌을 받았다.

갑자사화는 직접적으로는 연산군 생모 윤씨의 폐비廢妃 · 사사賜死 문제를 둘러싸고 발생한 사건이지만, 이 사건으로 인해 종전까지의 권력 관계에 파탄을 불러왔다는 데서 정치적 의미를 갖는다. 즉 갑자사화 직전 『경국대전』 체제의 변칙적인 법 운용이 진행되었고, 임사홍任士洪 등 척신 세력이 등용되었으며, 능상凌上 및 불경不敬을 명목으로 신료 탄압이 진행되었다. 결국 갑자사화는 능상 및 불경 풍조의 타파 과정이고 한편으로는 조선 초기 이래 정립되어온 군신 권력 관계의 파탄을 초래한 사건이었다. 이런 상황에서 김인령과 김천령의 피화는 이같은 파행적인 정치 관행을 개선하려는 과정에서 나왔던 것이다.

김천령 등의 이런 정치 성향은 그와 함께 한 동방同榜들과의 관련성에서 살펴볼 수 있다. 동방은 동년同年이라고도 하는데, 단지 같은 시기 과거에 급제한 것에 그치지 않는다. 동방은 "형제의 의리를 맺고 천륜에 비기려 한다."는 점이 당연하게 받아들여지던 것이 조선 사회의 특성이다. 따라서 이들과의 친밀도는 일반적인 교류와는 차이가 있다. 동방 명단 중 성중온·이자화·박은 등은 갑자사화 때 유배되거나 화를 당하였고, 김세필·문근 등은 중종 연간 기묘사화 때 피화된 인물이다. 이런 점들은 경주 김씨 공호공파 가문의 정치적 성향이 점차 사림적인 성향으로 전환하면서 나타난 결과였다.

이런 모습은 김인령의 아들 김만균(?~1549) 때에서도 확인된다. 김만균은 1528년(중종 23) 문과에서 장원으로 급제하였으나, 같은 해 11월 모친상을 당하여 상장을 치렀다. 이후 김만균은 복상服喪을 마친 뒤 세자시강원 사서를 거쳐 홍문관 수찬을 비롯해 홍문관 부제학, 사간원 대사간, 승정원 동부승지와 도승지, 형조와 예조 참판 등 청요직을 두루 역임하였다. 김만균은 수찬 당시에 당대 대표적인 척신계 인물인 김안로金安老의 독단을 비판하였다가 김안로의 반격을 받고 고신을 빼앗겨 관직 진출이 제한되었다가 1537년(중종 32) 10월 재서

용되기도 하였다. 김만균의 경우, "젊었을 때 경박하다는 말을 들었으나 장성하자 자신의 결점을 스스로 알아서 끝내는 중후한 사람이 되었다"라고 평가된 바 있는데, 그는 『대학』이나 『중용』 등에서 강조하는 성리학적 정치 이상을 실현하고자 했다.

한편 이런 상황 속에서 공호공파 구성원들의 거주지 변화가 확인된다.

:: [표 2] 공호공파 구성원의 묘산 소재지 분포

세대수	성명	묘산소재지
4세	김치운 (金致運)	경기 용인 부곡
5세	김인령 (金引齡)	경기 용인 광교 (현 수원)
5세	김구령 (金龜齡)	경기 평택 송탄
6세	김만균 (金萬鈞) (系)	경기 고양(벽제)
7세	김경원 (金慶元)	경기 고양(관산)
8세	김수인 (金守仁)	경기 고양(관산)
9세	김남헌 (金南巚)	충청 목천 행암
10세	김시진 (金始振)	충청 천원 동면
11세	김양신 (金亮臣)	경기 고양(대자)
10세	김익진 (金益振)	충청 천원 동면
11세	김보신 (金輔臣)	충청 목천 행암
10세	김하진 (金夏振)	경기 과천 동면
11세	김몽신 (金夢臣)	경기 시흥 군포

세대수	성명			묘산소재지
7세	김명원 (金命元)			경기 고양(벽제)
8세		김수렴 (金守廉)		경기 양주 동정
9세			김남중 (金南重)	충청 전의
10세			김홍진 (金弘振)	충청 전의
11세			김정신 (金鼎臣)	충청 전의
10세			김일진 (金一振)	경기 고양(대자)
11세			김성신 (金聖臣)	경기 고양(대자)
11세			김주신 (金柱臣)	경기 고양(대자)
10세			김필진 (金必振)	경기 양주 동정
11세			김개신 (金介臣)	경기 양주 동정
4세	김치세 (金致世)			경기 고양(대자)
5세	김천령 (金千齡)			경기 고양(대자)
6세		김만억 (金萬億)		경기 고양(벽제)
7세		김효원 (金效元)		경상 합천
5세	김백령 (金百齡)			경기 고양(관산)
6세		김만종 (金萬鍾)		경기 고양(관산)
7세		김효원 (金孝元)		경상 영해

    위의 〈표-2〉는 공호공파 구성원의 묘산 소재지를 정리한 것으로, 조선시대에는 대개 묘산 소재지와 세거지가 일치하는 경향이 있다. 따라서 묘산 소재

지의 이동을 통해 세거지의 변화를 볼 수 있다. 〈표-2〉에 따르면 4세인 김치운과 5세인 김인령과 김구령대에는 경기의 용인과 평택으로 이거했다가 6세인 김만균대에 이르러 다시 경기 고양 일대로 옮겨왔다. 이후 김만균의 후손인 9세 김남헌대에 충청도로 옮겼으며, 11세인 김양신대에 다시 고양으로 옮겨왔다. 충청도로 이거한 세대로 10세의 김익진과 11세의 김보신 등도 확인된다. 또한 10세 김하진과 11세 김몽신의 경우는 경기의 과천과 시흥 등지로 옮겨가고 있다.

7세인 김명원의 경우 경기 고양에서 세거하다가 8세 김수렴 때에 경기 양주로, 그리고 다시 9세인 김남중과 10세 김홍진, 11세 김정신의 경우 충청도로 이거하였다. 이에 비해 10세의 김일진과 11세의 김성신, 김주신 등은 여전히 고양으로 확인된다. 한편 4세인 김치세와 5세 김천령과 김백령, 6세인 김만억, 김만종의 경우 세거지가 경기 고양으로 확인된다. 그러나 이후 7세인 김효원과 김효의의 경우는 경상도의 합천과 영해 등지로 옮기는 모습이 확인된다.

16세기 후반 공호공파에서는 김경원, 김명원과 같은 걸출한 인물을 배출하였다. 김경원은 문과에 장원 급제한 뒤 사환을 시작하였고, 동생 김명원도 문과에 갑과 탐화랑으로 급제하여 역시 사환을 시작하였다. 양인은 명종 연간에 사환을 시작하여 두루 청요직을 역임하였다. 다만, 당대의 정치적 지형에 따라 정치적으로 부침하였다. 그 하나의 예가 1563년(명종 18) 7월 동반 파직된 것이다. 당시 사헌부에서는 김경원과 김명원의 행실을 문제 삼아 파직을 청하였던 것이다. 그런데 이때의 파직은 표면적으로는 행실이 문제가 되었으나, 정치적으로는 이량李樑 세력의 몰락과 맥락을 같이한다.

이량은 문정왕후의 수렴청정 철회 후 명종이 윤원형尹元衡을 중심으로 한 척신 세력의 견제 차원에서 발탁한 인물이다. 명종은 당초 윤원형 등의 척신 세력 견제를 위해 또 다른 외척인 인순왕후의 친가인 청송심씨를 선택하고자 하였다. 그러나 문정왕후와 윤원형 등의 견제가 만만치 않자 명종은 그 대신으로 국구國舅인 심강沈鋼의 처남이자 왕의 처외숙인 이량을 주목한 것이다. 명종에게 발탁된 이량은 국왕의 측근에서 권력을 행사하는 한편 자파 세력을 부식하였다.

김경원은 대표적인 이량 세력으로 볼 수 있는 인물이다. 그러나 이량 세력이 비대해지면서 윤원형 세력과 대립하게 되자, 윤원형은 왕실과의 결합이 필요하게 되었다. 아울러 명종도 비대해진 이량 세력의 견제가 필요하게 되었다. 그런 상황에서 명종 18년경이 되면 성장한 사림 세력이 이량을 공격하게 되며, 결국 이량은 정국에서 축출되게 되었다. 앞서 김경원이나 김명원의 축출은 이런 맥락에서 이루어진 것이었다.

다만, 김경원이나 김명원 등이 이량 등 척신 세력과의 연대를 통해서 정치 활동을 하였다고 하여 이들의 정치적 성향을 단정할 수는 없다. 예를 들면 김명원의 경우는, 젊어서는 사림의 영수領袖였던 퇴계退溪 이황李滉에게서 학문을 배운 것

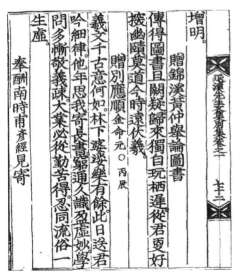

〈도-2〉이황이 김명원에게 준 시(퇴계집, 증별응순)(한국고전번역원)

으로 알려져 있다. 퇴계 문하에서 김명원은 특히 『주역周易』에 조예를 보였다.

김명원은 출사 이후 청요직을 두루 역임한 바, 사후에 신도비명을 찬술한 이정구는 그의 생애를 다음과 같이 정리하였다.

> 문과에 급제하여 바로 옥당에 선발되어 경연 강의를 8년간 하는 동안 임금의 사랑과 대우가 날로 높아갔다. 순안巡按에서 돌아오자 공에게 변방의 일을 맡긴 것은 그가 장수와 정승의 재능이 있음을 알았기 때문이다. 북방의 오랑캐가 걱정되면 공을 북으로 보내고, 남방에서 왜적의 경보가 급하면 남으로 보냈다. 변방 백성을 진압하고 왕의 교화를 펴는 데 공이 아니면 안 되므로, 공이 나아가 병사나 수사가 되었고, 인물을 저울질하고 국정을 관장하는 데 공이 아니면 안 되므로 공이 들어와 이조와 병조의 판서가 되었다. 국가가 공으로 인하여 중시되어 온 것이 거의 40년으로 그의 충성과 노고가 중외에 드러나고 인망과 실적이 조야에서 믿음을 받은 만큼, 정승으로 삼은 것은 임금의 특별 선발에서 나온 것이니, 이는 더욱 특별한 대우에서 나온 것이었다.
>
> (이정구, 『월사집』 권44, 신도비명 下, 「좌의정경림부원군증시충익김공신도비명」.)

이정구의 평가에 따르면 김명원은 문무겸전文武兼全한 인물로 파악된다.

김남헌과 김남중의 뒤를 이어 김남헌의 아들인 김시진金始振은 호조참판을 역임하였고, 김익진金益振은 1651년(효종 2) 문과에 급제하였으나, 과거 시험 과정에서 피봉皮封한 것이 문제되어 파방되었다가 같은 해에 치러진 별시 문과에서 다시 급제하였고, 김하진은 소과에 장원 급제한 뒤 1660년(현종 1년) 선릉 참봉을 지냈다. 김남중의 뒤를 잇는 김홍진은 호조 정랑을 비롯해 신계현령 등을 역임하였고, "승상의 손자요 상서의 아드님"인 김일진은 33살의 나이에 요절하였으며, 김필진은 성천부사를 역임한 바 있다.

공호공파 구성원들은 대개 서인으로 활동하면서도 서인 중 정치적 기반이나 지향성에 따라 산당山黨과 한당漢黨이 분리될 때 주로 한당 계열에서 활동했던 것으로 보인다. 인조 말녀~효종 초 서인 내부에서 호서 지역을 기반으로 하는 산당과 서울·경기 지역을 기반으로 하는 한당으로 분화된 것이다. 이 중 한당은 정치 명분보다는 실리를 강조하며 각종 제도 정비를 주도하던 계열이었다. 한당은 대동법의 시행 문제나 현종 연간 청국 사신의 접대 문제 등을 놓고 산당과 대립하였다. 공호공파의 후손들은 이들 중 한당을 중심으로 활동하였다.

예를 들어 김시진의 경우, 앞서 언급한 청국 사신의 접대 문제가 논란이 될 때 송시열 등으로부터 배척받았다. 청국 사신 접대 문제란, 1664년(현종 5) 도승지 김만균金萬均이 병자호란 때 순절한 할머니 때문에 청국 사신 접대를 할 수 없다고 하는데서 출발한 사건이다. 이를 계기로 찬반론이 거세게 일어났다. 산당 계열인 송시열 등은 비록 사적인 의리라고 하지만 할머니가 숨지게 된 계기가 호란을 일으킨 청나라로부터 주어졌는데, 승지라도 청나라 사신을 맞이할 수는 없다고 하였다. 이에 대해 김시진 등은 송시열 등 산당의 주장이 틀리다면서 반대 의견을 제출해서 조정에 상당한 논란을 야기하였다. 당시 김시진과 같은 정치적 입장을 보인 인물들은 평소 교류했던 이경휘李慶徽, 이경억李慶億, 서필원徐必源 등이었다. 이들은 대개 한당으로 분류되는 인물들이며, 김시진 역시 마찬가지였다.

개인적인 친분으로써 김시진이 산당과 서로 교류가 없었던 것은 아니다.

이와 관련해서는 박세당이 찬술한 묘갈명에서 다음과 같이 기록하고 있다.

> 소싯적에 피난하면서 회덕懷德에 우거하여 이송二宋, 宋時烈·宋浚吉 에게 드나
> 들며 상당히 친분이 있었다. 당시 이송은 중망重望이 있어 그 문하에 드나드
> 는 자들이 모두 복건幅巾을 썼는데, 공만 홀로 진건晉巾을 썼다. 조정에 오르게
> 되어선 두 사람이 진심으로 추어주었고 공도 허물없이 내왕하였는데, 논의할
> 일이 있을 때 구차하지 않게 거리낌 없이 바른말을 해대자 이송이 실로 좋아
> 하지 않게 되었고, 평소 사귀던 친구들도 따라서 배척하고 공격하면서, "훗날
> 보답을 받으려고 한다." 하였다. 공은 듣고 웃으며, "내 어찌 거사居士처럼 맑
> 은 이슬이나 마시면서 이승의 몸으로 내세의 복을 구하겠는가. 나는 내 마음
> 이 편한 것을 추구할 뿐 다른 것은 돌아볼 겨를이 없다." 하였다.

(박세당, 『서계집』 권13, 갈명, 「禮曹參判金公墓碣銘」)

위의 기록만으로 본다면 김시진은 송시열 등과 긴밀한 유대를 형성했던
것으로 보인다. 그러나 현실 정치에서 국정 운영 방향이나 지향성 등에서 서로
차이를 보였던 것이다. 아마도 공호공파의 경우는 김시진과 같이 한당적인 성
향이었을 것으로 추정해볼 수 있다.

김명원의 뒤를 이어 후손들은 서인 계열의 정치적 입장으로 활동하는 한
편 당대 유력 가문과의 혼인을 통해 가격家格을 유지하였다. 주목되는 가계는
김명원의 처가인 청주한씨와 김만균의 사위인 나주임씨 임제林悌, 김남헌의 처
가인 안동권씨, 김익진의 처가인 풍양조씨, 김하진의 처가인 한산이씨, 김일진
의 처가인 풍양조씨, 김양신의 사위인 여흥민씨 민암閔黯, 김하진의 사위인 반

남박씨 박태유朴泰維, 김주신의 처가인 함안조씨 등이다. 김명원의 장인은 청주 한씨 한관韓縮이며, 한관의 부친은 영의정을 지낸 한효원韓效元이다. 김명원의 처남은 공조참의를 지낸 한수민韓壽民이다. 김만균의 사위인 임제는 16세기 후반 시단詩壇을 풍미한 인물로, 전라도 나주 지역을 지역 기반으로 하였다. 그는 소세양蘇世讓·송순宋純·임억령林億齡 등 당대 호남의 대표적인 인물들의 후원을 받았다 임제의 사위는 양천허씨 허교許喬인데, 허교의 아들은 미수 허목許穆이다. 허목이「외가묘문유사外家墓文遺事」라 하여 김천령, 김만균과 관련한 유사를 작성한 배경이다.

김남헌의 처가인 안동권씨는 권흔權昕 가문으로, 형은 인조 연간 형조판서를 역임한 권반權盼이며, 권흔과 처남 매부 사이가 되는 인물이 이조판서를 지낸 전주이씨 이수광이다. 이수광은 『지봉유설』의 저자로도 알려져 있다. 김하진의 처가는 한산이씨 이기조李基祚로 판서를 역임하였다. 이기조의 부친 역시 이조판서를 역임한 이현영李顯英이고, 이기조의 처가는 한음과 오성에서 한음으로 잘 알려진 이덕형李德馨의 딸이다.

김익진의 장인은 풍양조씨 조속趙涑으로, 17세기 대표적인 문인 화가의 한 명이다. 조속의 부친 조수륜趙守倫은 우계 성혼成渾의 문인이다. 조속은 인조반정에 적극적으로 참여하였는데, 이는 조속의 매형인 이후재李厚載와 이후원李厚源 등이 인조반정에 참여한 것과 관련된다. 김일진의 처가 역시 풍양 조씨로, 장인은 조내양이다. 조내양의 부친은 좌의정을 지낸 조익趙翼으로, 이른바 사우四友라 일컬어지는 장유와 최명길, 이시백 등과 교류하였다. 이들은 대개 인조반정 공신이다.

김양신의 사위는 여흥민씨 민암으로, 민암은 숙종조에 우의정을 역임하였다. 민암의 부친은 민응협閔應協으로, 현종 연간에 대사헌을 역임한 바 있다. 민암의 형 민희閔熙는 승지를 역임하였고, 민점閔點은 이조판서를 역임하였다. 조카인 민취도閔就道와 민창도閔昌道, 민흥도閔興道와 아들 민장도閔章道 역시 숙종 초반 남인 집권 세력의 대표적인 인물로 활동하였다. 김하진의 사위인 반남박씨 박태유朴泰維은 병조좌랑과 거제현령 등을 역임하였다. 박태유의 부친은 박세당으로, 송시열 등 노론계열 인물들에게 사상적 입장의 차이로 상당한 비판을 받았던 인물이다. 박세당의 처남이 숙종 연간 영의정을 역임한 남구만이다.

이상 공호공파와 연결된 인물 가문을 살펴보다 보면, 흥미로운 점이 몇 가지 발견된다. 첫째는 공호공파와 연결된 성씨 중 풍양조씨 조속이나 조내양 가계나 반남박씨 박태유 가계 등은 17세기 서인 집권기에는 서인 내에서 산당과 한당으로 정치적 입장에 분화가 생길 때, 주로 한당 계열로 활동하였다. 이후 이들 가계는 17세기 후반 서인이 노론과 소론으로 분화될 때 대부분이 소론 계열로 당색을 갖는 가계라는 점이다. 공호공파의 경우 한당 계열에서 활동하였고, 서인이 노론과 소론으로 분화되면서는 소론 계열로 활동하게 된 것은 이같은 인척 구성이 주요한 역할을 했을 것으로 추정된다.

둘째로, 몇몇 남인 가계들이 확인된다. 김만균의 사위인 임제와 연결된 양천허씨 가계, 김남헌의 처가인 안동권씨 권흔, 김양신의 사위인 여흥민씨 민암 등이 이에 해당된다. 특히 민암의 경우는 숙종 초반 남인 집권기 가장 대표적인 남인 계열의 인물로 활동했던 인물이다. 여기에 민암의 형제나 아들, 혹은 조카들도 함께 참여하였다. 이같은 양상이 어떤 의미인지는 좀더 추구해야겠으나, 이는 공호공파가 온건한 정치 노선을 갖고 활동하게 된 것이 아닐까 추정해본다.

03
왕실의 외척가로 우뚝서다

김주신은 서계 박세당의 문인이다. 김주신은 스승 박세당이 『남화경南華經』을 주해할 때 이 책의 가치를 높이면서도 자못 박세당이 배척당할까 걱정을 하기도 하였다. 『남화경』은 장자의 책이다. 김주신은 박세당의 아들로 인현왕후의 폐위를 반대하다가 장살당한 박태보朴泰輔를 애도하는 시를 짓기도 하였다. 김주신은 또한 소론 재상인 최석정崔錫鼎과 남다른 인연을 가지고 있다. 최석정은 김주신이 생원시에 응시하였던 1696년(숙종 22) 시관이었다. 최석정은 과거 급제한 김주신의 후원자가 되기도 하였다. 김주신은 또한 역시 소론 재상이며 최석정이 스승으로 섬겼던 남구만도 인연이 있다. 남구만은 김주신의 백부인 김홍진金弘振과 숙부 김필진金必振과 동문수학한 사이였다. 이런 인연으로 김주신은 아버지 김일진의 묘표를 남구만에게 부탁하였다.

김주신은 과거 급제 후 순안현령 당시 딸이 왕비(인원왕후)로 간택되면서 이후 정치에 직접적으로 참여하는 것이 제한되었다. 김주신은 딸이 왕비로 간택되고 영돈녕부사와 경은부원군으로 봉해졌으며, 국왕 측근의 호위대장으로 활동하였다. 이 시기 외척으로서 김주신의 동향에 대해서는 사관들이 다음과 기록을 남겨놓았다.

김주신은 나이 젊은 음관蔭官으로 갑자기 국구國舅가 되었는데, 사람됨이 상명
祥明하고 간묵簡默하며 조심스런 마음으로 근신하여 처신處身하는 것이 한사寒
士와 같았으므로, 한때 사람들이 모두 칭찬하였다."

(『숙종실록』 37권, 숙종 28년 9월 6일(갑인))

천품이 염정恬靜하고 의도儀度가 단아端雅하였으며, 소시少時적부터 문사文辭
를 좋아하여 사우士友들이 추앙하고 허여하였다. 국구國舅가 되어서는 더욱 근
신하는 마음을 가져 평소에 검약儉約함이 한사寒士와 다름이 없었고, 벼슬길에
나아가 일을 처리할 적에는 자신을 낮추기에 힘썼으며, 가내家內의 행위도 독
실하여 숙모를 어머니처럼 섬겼고, 형의 자부子婦를 거두어 집을 지어주고 생
계를 꾸려 주었다. 조정의 일에는 일찍이 간섭함이 없었고 또한 부탁하는 일
도 하지 않았으니, 시론時論이 칭찬하지 않는
이가 없었다 그러나 평소의 친구들도 혐의를
받을까봐 왕래를 끊었지만 김창집金昌集만은
척의戚誼가 있다 핑계하고 아무때나 거리낌없
이 왕래하였는데, 간혹 그에게 꾀여 그릇된 방
면으로 인도되기도 하였다.

(『경종실록』 4권, 경종 1년 7월 24일(계축))

〈도-3〉 김주신 묘비

대체로 정치에 간여하지 않은 것은 긍정적으
로 묘사하고 있음을 알 수 있다. 다만, 마지막 구절
에 다른 친구들과 혐의로 왕래를 끊었으면서도 김

창집과는 척의를 내세우며 교류한 점을 특서하고 있는 점이 주목된다. 이와 관련해서 후일 이건창은 김주신에 대해서 "본래 소론이었으나 마음이 일찍부터 노론에게로 향해 갔다"라고 한 바 있다. 당대 세간에서 이런 점들은 상당히 오해를 가지고 보았는데, 오히려 이런 점은 김주신의 정치적 입장을 이해할 수 있는 단서가 되지 않을까 판단된다. 즉 김주신이 노론 핵심 세력과 교류한 면도 있으나, 소론의 정치 의리도 중시한 점으로 볼 때 이는 온건하고 서로 배타적이지 않은 김주신의 정치적 입장에 따른 것으로 보인다. 정치적으로 김주신의 당색은 소론이지만, 김창집金昌集과 척분戚分이 있어 거리낌 없이 왕래할 정도로 노론과 밀착된 인물이었다. 노론 세력이 주도하여 간행한 『경종수정실록』에서는 연잉군의 건저를 언급하면서 "종사가 오늘날에 이르러 억만년 왕업의 기초를 세우게 된 것은 모두 김주신의 힘이다"라고 평가한 바 있다.

김주신의 딸로 숙종의 세 번째 왕비가 되는 인원왕후는 당시 정치적 상황의 혼돈 속에서 중요한 정치적 역할을 수행하였다. 인현왕후의 승하 후 왕비에 대한 간택 논의는 약 1년여 시간이 지난 1702년(숙종 28) 7월 말경 시작되어, 8월 10일에는 처녀단자가 입계되었다. 당초 57장의 처녀단자가 접수되었으나 이 중 앞선 1696년(숙종 22) 세자의 가례 때 입궐했거나 인경왕후의 이성친異姓親 범위에 들어가는 단자 등을 제외한 35장만이 입계되었다. 이후 지방에서 처녀단자가 속속 접수되었고 그 결과 8월 19일에 급제及第 양성규梁聖揆의 딸을 비롯해 31명이 초간택에 입궐한다는 보고가 제출되었다. 초간택의 결과 전 현감 김해金氵+解의 딸과 정언 맹만택孟萬澤의 딸, 진사 정욱선鄭勖先의 딸, 유학 김신행金愼行의 딸 등이 선정되었다. 이들과 함께 사정으로 초간택에 참여하지 못한 순안현령 김주신金柱臣의 딸도 재간택 대상이 되었다. 8월 27일 재간택이 행해졌고 여기서 김주신의 딸과 김해의 딸, 정욱선의 딸이 선정되었고, 이들을 대상으로 한 9월 3일 삼간택에서 김주신의 딸이 최종 간택되었다. 김주신의 딸은 당초 초간택에 병으로 참여하지 못했으나 이후 재간택부터 참여해서 최종 간택된 것이다.

<도-4> 인원왕후 봉왕비 옥책

새로 간택된 왕비의 가례는 앞서 인현왕후 때의 가례와 같이 육례에 준용해서 진행되었다. 부친인 김주신은 영돈녕부사 경은부원군慶恩府院君에, 부인 조씨趙氏는 가림부부인嘉林府夫人에 봉해졌다. 인원왕후의 정치적 행보는 특히 숙종 말~경종대 국왕의 후계자를 두고 노론과 소론간 첨예한 대립이 있을 때 주목된다. 즉 경종 즉위 후 정국을 주도하던 김창집金昌集 · 이이명李頤命 등 노론 세력들이 속히 왕세자를 세우는, 즉 건저建儲를 추진하였다. 김창집 등의 주장에 대해 경종은 이를 당시 왕대비였던 인원왕후仁元王后에게 보고하여, 언문교서諺文教書를 통해 이를 대외적으로 천명하였다

당시 인원왕후는 언문교서에서 효종대왕의 혈맥과 선대왕의 골육으로 경종과 연잉군 만이 있음을 거론함으로써 연잉군의 왕세제 책봉을 인정하였다. 왕대비의 언문교서는 다시 전지傳旨로 작성해서 연잉군의 왕세제 책봉을 대외적으로 천명하였다. 왕대비가 거론한 삼종혈맥이라는 논리는 연잉군의 왕세제

책봉이 정당성을 보장받게 되는 중요한 논리가 되었다. 인원왕후가 제시한 삼종혈맥의 논리는 영조 즉위 이후 소론 세력에 대해 보복하는 중요한 논리로도 기능하였다. 예컨대 1725년^(영조 1) 6월 이휘진李彙晉은 상소에서, 신임옥사辛壬獄事는 소론 세력이 선왕의 우애를 손상시키고 삼종혈맥을 단절시키려고 한 것이라고 한 바 있다. 인원왕후는 이같은 정치적 판단이 필요할 때 자신보다 연상인 "김성궁인", 즉 영빈寧嬪에게 자문을 받았는데, 그 가운데 하나가 연잉군 문제였다. 영빈은 연잉군^(후일의 영조)를 보호했던 대표적인 왕실 인물이었다. 영빈이 연잉군 문제에 관심을 갖게 된 것은, 연잉군이 그녀의 양자였기 때문이다. 연잉군의 사친인 숙빈 최씨가 일찍 연잉군을 영빈의 양자로 들어 혼란한 정치 상황에서 자신의 아들을 보호하려고 하였고, 그런 정치적 판단이 주효해 경종 연간 연잉군을 보호하게 된 중요한 배경이 되었으며, 인원왕후가 연잉군과 관련한 문제를 자문한 이유이다.

이밖에도 인원왕후는 영조대 중반 사도세자의 보호에도 주력한 것으로 보인다. 잘 알려진 바와 같이 1749년^(영조 25) 사도세자가 대리청정을 시작한 이후 국왕과 사도세자에 갈등이 생겼다. 양자의 갈등 속에서 인원왕후와 영조의 원비元妃인 정성왕후와 함께 사도세자를 보호하는 위치에 있었다. 1757년^(영조 33) 동시에 인원왕후와 정성왕후가 승하하자, 사도세자의 보호막이 없어지면서 양자의 갈등은 더욱 심해졌다.

왕실의 외척 가문이 되면서 공호공파의 정치적 진출은 용이하지 않았다. 다만 정조대에는 손자 김효대金孝大가 총융사와 공조판서를 역임하였고, 증손자 김사목金思穆은 재상에 오르기도 하였다. 김사목은 70년 동안 삼조三朝^(영조·정조·순조)의 신하가 되어 원로 정승의 반열에 올랐으며, 회방回榜: 登科回甲을 맞아 궤장几杖을 하사받기도 하였다. 관직에 물러나 있을 때에도 나라에 큰일이 있으면 왕이 언제나 자문을 구하였다.

:: [표 3] 경주김씨 공호공파 세계도 초략

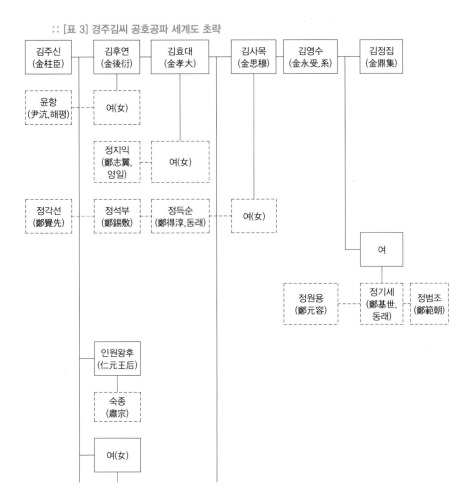

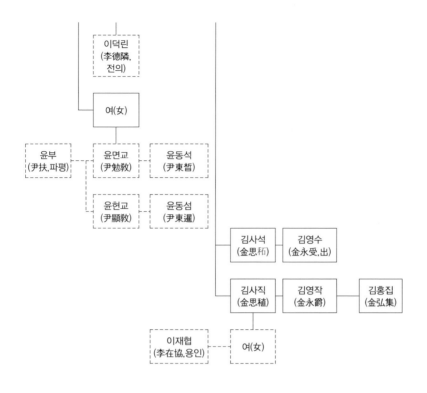

　　이 시기 공호공파와 혼인을 맺는 가문으로써 몇몇 주목되는 가문이 있다. 그 하나는 김주신의 사위 중 한 명인 파평윤씨 윤면교尹勉敎이다. 윤면교의 부친은 윤부이고, 그의 아들 윤동석은 한성부 판윤을 역임한 인물이다. 그리고 윤면교의 동생 윤혜교는 이조판서를 역임한 인물이다. 이밖에 김효대의 부인인 영일정씨는 효종의 부마 중 한 명인 인평위寅平尉 정제현鄭齊賢의 증손녀이다. 김사직의 장인은 용인이씨 이재협李在協으로, 정조 연간에 영의정까지 올랐던 인물로, 조부는 1728년(영조 4)에 발생한 무신란으로 공신에 책록된 이보혁李普赫이고, 부친은 한성부 판윤을 역임한 이경호李景祜이다. 김영수의 사위 중 한 명은 동래 정씨 정기세鄭基世로, 정기세의 부친은 정원용鄭元容으로 70여년간 재조에서 활동하면서 20여년간 정승으로 활동했던 인물이다. 정기세의 아들은 고종 연간 이조판서를 비롯해 좌의정 등을 역임한 정범조鄭範朝이다.

| 참고문헌 |

고양시씨족협의회, 『고양시씨족세거사』, 2011

나영훈, 「조선초기 김종순의 정치적 성장과 경주김씨 계림군파의 형성」, 『한국계보연구』8, 2017

이근호, 「조선시대 경주김씨 공호공파의 정치사회적 동향」, 『공호공 김종순선생 학술발표회 자료집』, 2017

3부

안산,
여주이씨 성호星湖
이익李瀷 가문

01
개경에서 서울로

여주의 토성인 여주이씨는 인용교위仁勇校尉 이인덕李仁德을 시조로 하는 성씨이다. 이인덕의 아들인 이원걸李元傑이 향리직인 부호장副戶長을, 이원걸의 아들인 이효온李孝溫이 호장으로서 향직鄕職인 군윤軍尹을 지냈다. 향리직을 세습하던 여주이씨는 대략 이효온의 아들인 이교李喬 때를 전후해 중앙 관직으로 진출하기 시작하였다. 이교(1187~?)는 고려시대 경군京軍 가운데 하나인 금오위金吾衛의 교위 및 산원, 별장 등을 거쳐 낭장과 중낭장을 역임하였다.

　　이후 이교의 아들 때에 이르러 과거 급제자를 배출하기도 하였다. 1자인 이수산李秀山은 동정직同正職을 제수받았고, 2자인 이수해李秀海는 동정직인 예빈 승을 거쳐 검교 군기감, 그리고 호부 영사令史와 상서호부 주사를 지냈으며 이후에도 양온서령과 상의원 직장, 위위衛尉 주부 등을 지냈다. 3자인 이수룡李秀龍은 문과에 급제한 뒤 지문하성사를 역임하였다. 이들 3자 가운데 성호 가문은 2자인 이수해의 후손들이다. 3자 이수룡의 고손으로는 고려말 문신으로 활동하였던 기우자騎牛子 이행李行이 있는데, 이 가계는 후일 여주이씨 가운데 황해도 금천을 거쳐 영남 일대에 정착하였다.

　　여주이씨 성호 가문은 고려 후기 무인집권기 출사 이후 고려 말에 이르면 여러 명의 문과 급제자를 배출하며 관인 집안으로 자리잡게 되었다. 이수해의 자인 이겸李謙(1262~?)은 검교군기감을 역임하였으며, 이겸의 3자는 모두 동정직인 사온서령을 역임하였다. 이후 이윤방李允芳의 1자인 이진李珒(1329~?)과 3자인 이고李皐(1338~1420)가 문과에 급제하였으며, 이진의 경우 판사복시사를, 이고가 고려말에 사헌집의를 역임하였고, 조선초에는 공안부윤을 역임하였다.

조선 건국을 즈음한 시기에도 성호 가문은 지속적으로 과거급제자를 배출하였는데, 이진의 자인 이유李猷와 이고의 자인 이심李審의 경우가 이에 해당된다. 이유의 경우는 급제 후 봉화현감을 지냈고, 이심은 이조참판을 역임하였으며, 이유의 아들인 이의인李依仁(1398~1449)은 음서로 진출하여 광흥창부승을 역임하였고, 이의인의 자인 이계손李繼孫은 병조판서를 역임하였다.

13세기를 전후해 여주이씨 성호 가문은 여주에서 개경으로 이주한 것으로 보이며, 이주 사실에 대해서는 가장家藏으로 전해진 각종 호적을 통해서도 확인된다.

:: [표 1] 고려후기 호적에 나타난 여주이씨의 거주지

작성 시기	대상자	거주지
1237년(고종 24)	이교(李喬)	개성 북부 흥국리
1271년(원종 11)	이수해(李秀海)	개성 북부 흥국리
1341년(충숙왕 후 2)	경주최씨(慶州崔氏, 李謙의 妻)	개경 남부 덕산리
1372년(공민왕 21)	영천이씨(永川李氏, 李允芳의 妻)	개경 북부 오관리

위 표에 따르면, 1237년(고종 24)에 작성된 이교의 호적에는 거주지가 개성 북부 흥국리로 기록되었으며, 이후 1271년(원종 11)에 작성된 호부주사 이수해의 호적 역시 동일한 곳으로 기록되었다. 그러던 것이 1341년(충숙왕 후 2)에 작성된

이겸의 처인 경주최씨의 호적에서는 개경 남부 덕산리로, 1372년^(공민왕 21)에 작성된 이윤방의 처 영천이씨의 호적에는 개경 북부 오관리로 기록되었다. 즉 이교의 중앙 출사를 계기로 여주이씨 성호 가문은 13세기를 전후해서 여주에서 개경으로 거주지가 변화하였으며, 개성의 남과 북을 오가며 거주하였음을 알 수 있다.

이후 조선 건국이라는 정치적 격변은 사족 집단의 거주지 이동을 촉발하였다. 특히 새롭게 경기 지역으로 편성된 곳으로의 이동은 더욱 빈번하였다. 여주이씨 성호 가문의 경우도 예외는 아니었다. 고려후기 재경사환^{在京仕宦}하면서 개경 일대에 주로 거주하던 여주이씨 성호 가문은 조선 건국을 전후하여 근기 남부지역으로 이주하였다.

이윤방의 묘가 수원 광교산에 위치하였다고 한다. 또한 이윤방^{李允芳}의 아들 이진^{李珒}의 묘가 화성 반월에 위치하고 있고, 이고^{李皐}는 노년에 수원으로 퇴거해서 생활하였으며, 묘소도 현재의 수원시 장안구에 위치하고 있다.

八達山主人處士李皐墓遣官致祭文

山名八達　中有逸民　薇長首陽　莊釣不顧
聖人攸錫　獨寐寤宿　土肥盤谷　魏居省識
即地建治　樓榴間井　主翁於此　頹戚者深
控撫揉帶　一大都會　悅若神脣　爲傳靈興

〈도-1〉 정조가 내린 팔달산주인처사이고묘견관치제문
(장서각 소장)

산 이름이 팔달인 것은 / 山名八達
성주(聖主)께서 주신 바였으니 / 聖人攸錫
그 가운데 일민이 있어 / 中有逸民
홀로 기거하며 지냈네 / 獨寐寤宿
고사리는 수양산에 자라고 / 薇長首陽
토지는 반곡에 비옥하니 / 土肥盤谷

장자(莊子)는 낚시를 드리운 채 돌아보지 않았으며 / 莊釣不顧

위야(魏野)는 자신이 살 곳을 알았네 / 魏居省識

이곳에 나아가 화성(華城)을 건치(建置)하니 / 卽地建治

팔달산이 끌어당기듯 둘러싸고 있네 / 控揖襟帶

망루가 즐비하고 여정이 갖추어져 / 樓櫓閭井

하나의 큰 도회를 이루었네 / 一大都會

주인옹이 여기에 있어 / 主翁於此

황연히 신이 살피는 듯하니 / 怳若神胥

광세(曠世)의 감회가 깊은지라 / 曠感者深

이에 나의 행차를 멈추었네 / 爲停鑾輿

이고가 노년에 수원에 퇴거해서 거처한 것과 관련해서 수원 일대에는 그와 관련된 여러 곳이 있다. 팔달산이란 명칭도 조선 태조가 이고에게 경기우도 안렴사를 주어 출사토록 하였으나 끝내 거부하자 사는 곳을 그려 보내라고 하고는 이를 받아보고 명명한 이름이며, 고려말 이고가 조견趙狷과 이집李集 등 8학사들과 노닐며 머리도 감고 발도 씻으며 노년을 보냈고 그의 호로도 명명된 망천忘川, 옛 집터로 알려진 곳에 있는 우물인 학사정學士井, 이고가 물고기를 잡던 조대釣臺, 이고가 사람들에게 선善을 권하여 마을이 선하게 되었다는 권선리勸善里 등이 있다. 이밖에도 수원시 권선구에는 이고가 자기 집터에 심었다는 은행나무를 지칭하는 압각수鴨脚樹가 있다. 이고가 수원에서 생활할 때 조카 이유가 함께 생활하다가 만년에는 이고의 거처에서 20리 정도 떨어진 곳으로 후일 재실齋室이 조성된 병곡丙谷으로 이거하였다.

02
서울에서 안산으로

수원의 팔달산 일대나 "광주廣州 송동촌松洞村" 일대에 거처하던 성호 가문은 세조대에 중앙에서 활약하던 이계손 때에 이르러 성포리聲浦里 일대에 선영과 거주지를 마련하였다. 이계손은 조부 이유가 만년에 거처하던 병곡丙谷에 거주하면서도 새롭게 이들 지역을 찾게 된 것으로 보인다. 18세기 중반 이맹휴李孟休가 찬술한 「분산영역비墳山塋域碑」에 따르면, 이계손 때에 이르러 첨성촌에 묘산을 조성하게 되었으며, 이전 선대의 묘산도 가까이는 5리 이내에, 멀게는 10리 이내에 위치하고 있다고 하였다.

이계손이 부친 이의인을 먼저 이곳에 장사지낸 뒤 조부인 이유의 경우도 이곳에 장사지냈으며, 자신도 북쪽에 안장됨으로써 이후 선영으로 조성되었다고 한다. 이계손이 이곳에 선영을 마련한 시기는 1478년(성종 9) 이후였다. 즉 이계손은 1478년 2월 21일 경기감사에 제수되었으며, 경기감사 재직시 몸소 이곳을 복득卜得한 것이었다. 당시 이곳에는 촌가들이 성하였는데 이계손이 이들에게 자금을 주어 이주케 한 후 선영으로 조성하였다고 한다. 이 시기 이계손은 이 곳 뿐 아니라 승교繩橋와 병곡의 선산도 마련하였다고 전한다.

:: [표 2] 15~16세기 여주이씨 성호 가문의 묘산 위치

11세	12세	13세	14세	15세	16세	17세	묘산위치
이계손 (李繼孫)							시흥 수암면 성포리
	이지임 (李之任)						화성 매송면 송라리
		이희석 (李希晳)					병실
		이희문 (李希文)					병실
			이만지 (李萬枝)				병실
			이천지 (李千枝)				홍천 남면
	이지화 (李之和)						화성 반월면 4리
		이수려 (李壽旅)					화성 반월면 4리
		이수용 (李壽傭)					화성 반월면 4리
			이세유 (李世維)				화성 매송면 송라리
			이세경 (李世經)				화성 반월면 4리
	이지시 (李之時)						성포리
		이공려 (李公礪)					성포리
			이사언 (李士彦)				(성포리)*
				이우직 (李友直)			성포리
					이상경 (李尙絅)		성포리
				이우량 (李友諒)			성포리
					이상운 (李尙雲)		여주 흥천면 귀백리

11세	12세	13세	14세	15세	16세	17세	묘산위치
			이사필 (李士弼)				성포리 탑동
			이우인 (李友仁)				성포리 탑동
				이상홍 (李尙弘)			성포리 탑동
						이지화 (李志和)	공주 신풍면 영정리 (충청)
						이지강 (李志剛)	성포리
						이지천 (李志賤)	공주 신풍면 산정리 (충청)
					이상의 (李尙毅)		금천 고동면 송현리 (황해)

* 족보에 묘산의 위치가 명시되지 않았으나 아들들의 기록 등을 통해서 확인하여 기록함.

　　한편 성포리 일대에 마련된 여주이씨 선영은 16세기 전주이씨 종실의 묘
산으로 제공되기도 하였다. 바로 청연수 이숙의의 경우가 이에 해당되었다. 이
공려의 요절로 인해 그의 아들들은 외조인 청연수의 지도아래 성장하였다. 전
주이씨 청연수 가계는 그의 만년에 가속을 인솔하고 남원부 남쪽 고달리에 가
서 생활한 적이 있었다. 남원부는 청연수의 부인인 신인愼人 김씨의 외가 소유
전장이 있었다. 이후 청연수는 다시 서울로 올라와서는 남부 명철방 남소문동
제3가에 생활하다가 사망하였는데, 사망후에는 부인과 함께 첨성촌에 묘를 조
성하여 안장되었다. 이공려의 자인 이사필은 모친의 부탁으로 그 후사를 자처
하기도 하였다.

　　이렇게 이계손대를 전후해서 여주이씨 성호 가문은 팔달산을 비롯해 송
동, 그리고 성포리 일대를 거주지와 선영으로 삼아 생활하였으며, 이후 후손들
의 주 거주지가 되었다. 그리하여 이계손의 1자인 이지임과 이지임의 자인 이

희석 · 이희문, 그리고 이희문의 자인 이만지 등이 병곡 일대에서 거주하였다. 그리고 이계손의 2자인 이지화, 이지화의 자인 이수여 · 이수용이 승교 일대, 이세유가 병곡 일대에 거주하였다. 이계손의 3자인 이지시와 그의 자인 이공려, 이공려의 자인 이사언과 이사필을 비롯해 이사언의 자인 이우직, 이우직의 자인 이상경, 이사필의 자인 이우인 등이 성포리 일대를 주무대로 생활하며 가문을 이어갔다.

물론 이 시기 성호 가문은 이지임(1446~1515)이 사헌부 감찰을, 이사언이 공조좌랑을, 이사필이 홍문관 응교를, 이우직이 우찬성을 역임하는 등 지속적으

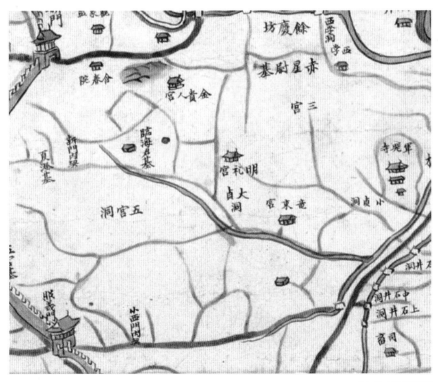

〈도-2〉 소정동(여지도)

로 재경사환 생활을 하였다. 따라서 송동이나 성포리는 향저 내지 재향在鄕 제종諸宗의 거주지였으며, 이와는 별도로 서울에 경저를 보유하고 있었다. 즉 이공려의 자인 이사필의 경우 남소문 내에 집이 있었고 형 이사언의 경우는 남대문 밖에 집을 마련하였다. 이후 이사필의 손자인 이상의李尙毅(1560~1624)의 경우 한성부 서부 반송방 아현제에서 태어났는데 이곳은 이상의의 외조인 허형의 집이었다. 이상의가 생활하던 집은 서부 황화방 소정동小貞洞이라 불렸는데, 성호 가문을 정동댁貞洞宅 내지 "정동지이貞洞之李" 등으로 부르게 된 것은 이 때문이었다.

이상의가 생활하던 정동은 후손들을 결집하는 장소로 활용되었다.

> 지금 우리 족인族人은 모두가 우리 선조고先祖考를 조상으로 삼는다. 신주는 오히려 장방으로 옮겨갔지만, 매해의 제사를 성대히 거행하여 아래로 6, 7세까지 소목昭穆이 다 있고 많은 제관祭官들이 제사를 받드니, 완연히 동성同姓으로 결속하여 함께 제사를 올리는 뜻을 볼 수 있어서 이미 아름답다고 이를 만하였다. 이후로 더욱 면려하여 아버지는 아들에게 가르치고 아들은 다시 손자에게 전하여 이루어 놓은 법도를 계승하고 지켜서 먼 후대까지 전한다면 어찌 자연히 백세百世의 종통이 되지 않겠는가. 이에 마땅히 조약條約을 만들고 맹세를 하여 예법을 성실히 행하고 모이기를 자주 하며, 한결같이 화수花樹의 법도처럼 거행하여 거르는 일이 없도록 한 뒤에야 비로소 영원히 변함이 없을 수 있을 것이다.
> 마침내 서로가 수만數萬의 돈을 마련하여 출연出捐하고 약간의 농토를 사서 매해의 수입으로 즐거운 잔치를 마련하는 것을 보조하게 하였으니, 종약宗約

이 이에 이루어졌다. 신해년(1731, 영조7) 봄에 정동貞洞의 구택舊宅에서 큰 모임을 개최하자 같은 족보族譜에 올라 있는 먼 지방의 종친宗親들도 소문을 듣고 와서 보며 함께 손님의 자리에 앉아 있는 것을 즐거워하였다. 이때에 거듭 변고를 겪은 터라 세상 사람들은 삶의 의욕을 상실하고 있었지만, 우리 족인들만은 능히 홀로 온전하게 지내며 세상의 환란에 빠지지 아니하였고, 거친 풍파가 있은 뒤에도 세시歲時마다 조용히 모임을 주선하니, 사람들은 부족한 점이 많다는 것을 모른 채 모두들 감탄하며 칭찬하였다. 기이하게 여기는 사람은 하늘이 내려 준 아름다운 복이라고 하였고, 부러워하는 사람은 공경하게 법도로써 지켰다고 하였다. 종인宗人들이 그 말을 듣고는 또한 자신이 나온 근본을 미루어 말하기를 "우리 선조께서 전한 가르침이 영원히 공고鞏固하여 그것을 이룬 것이 아니겠는가." 하였다. 그러고는 마침내 서로 이끌고 중당中堂에 봉안되어 있는 소릉공少陵公의 화상畫像을 배알하였다. 배궤례拜跪禮를 마친 뒤에 처마를 우러르고 대지垈地를 굽어보자 아련히 공의 음성이 들리는 듯하였는데, 족인들 모두가 공경하는 마음을 지니고 성찰하면서 직접 공의 가르침을 받는 것과 다르지 않게 생각하였다. 아, 이만하면 잊지 않기에 충분하리라. 아, 이만하면 어긋남이 없기에 충분하리라. 이에 첩帖을 만들어 이름과 자字와 생년生年을 나란히 기록하고, 또 서문을 지어 후손에게 보인다.

(이익, 『성호전집』 권49, 서, 「宗契帖序」)

03
성호를 중심으로 한
가문의 학문적, 사회적 활동

성호는 종형제나 후손들을 통해 학문을 확산시키거나 종사의 일을 추진하였다.
이진李澄은 경학經學에 조예가 깊고 천문, 지리, 의약, 산술, 성명星命의 학술에 널
리 통하였다. 이에 대해 성호는 "육경六經, 사서四書, 이락伊洛의 서적들을 깊이 이
해하고 천문, 지리, 의약, 산술, 성명의 학술에 널리 통하였는데, 『주역』에 더욱
힘을 기울여 전념하였다"라고 기록하였다. 이에 따르면 특히 『주역』에 전력하
였는데, 이진은 『주역』과 관련하여 별도로 『계몽啓蒙』 1권을 만들고, 다시 괘효卦
爻와 상수象數의 근원을 추구하여 『도설圖說』 1권을 만들었다.

성호는 이진의 『도설』에 대해 윤동규에게 보낸 편지에서 논의하기도 하
였다. 성호는 이진에 대해서 제문을 작성하였는데, 다음과 같이 기록하였다.

> 선생은 여러 경전에 널리 통하였으나 행동에 적용한 것은 『주역』이었다. 홀로
> 행하여 그 뜻을 구하는 것은 『주역』의 소리素履에서 터득하였고, 세상의 명성
> 을 구하지 않는 것은 분지賁趾에서 터득한 것이요, 빈천하게 지내면서 자신의
> 뜻을 바꾸지 않는 것은 고상高尚에서 터득한 것이다. 편안한 마음으로 세상을

살아가면서 늙을 때까지 한결같아서, 살아서는 즐겁게 지내고 죽으면서도 슬퍼하지 않았으니, 선생은 『주역』의 이치에 따라 사신 분이라 하겠다. 남겨 놓은 저술의 초고가 책 상자에 가득하여 선생의 정신이 없어지지 않고 뒤에 올 사람을 기다리고 있으니, 후세의 자진(子雲, 한나라 때 揚雄-필자주)이 될 사람이 누구인가?

(이익, 『성호전집』 권57, 「祭從父兄素隱先生文」)

성호가 형인 옥동 이서와 이진에게 배웠다는 구절을 통해서 보면, 성호의 『주역』 이해에 상당 부분은 이진의 학설이 영향을 미친 가능성을 배제할 수 없다. 성호는 이진을 통해서 광주廣州 양천良川에 거주하던 박호朴浩와 인연을 맺었으며, 이진과 사돈인 윤구尹俅, 외손인 윤당尹戇과도 인연을 맺었다. 윤구는 성호의 형인 이서와도 "의기가 투합하여 서로 허여한" 바 있다.

성호의 친형으로, 후일 삼촌 이명진에게 출계한 이침에 대해서는 형제의 애틋한 정을 추념한 두 편의 제문을 찬술하였다. 성호는 제문에서 이침에 대해, "형님 나를 걱정하여/보살피고 키워 줬네"라며 형에 대한 애틋한 정리를 드러냈다. 그러면서 이침의 자손에 대해서,

딸이 크면 시집보내고	女壯乃字
아들 크면 공부시켜	兒長則學
내 힘이 닿는 대로	視力所逮
치숙 노릇 하리이다	越有癡叔

(이익, 『성호전집』 권57, 제문, 「祭四兄文」)

라며, 숙부로서 조카들에 대한 양육을 맹세하기도 하였다. 성호는 이침을 통해서 그의 처가인 한양조씨 조석제趙錫悌 가문과 인연을 맺었다. 옥동 이서는 성호의 학문 형성 과정에서 영향을 끼친 인물이다. 옥동 사후 성호는 형의 학문을 정리하지 못한 것을 후회하기도 하였다.

> 아, 선생이 돌아가신 후 아들이 뒤이어 죽고 문인들도 대부분 뿔뿔이 흩어져 선생의 학설이 갈수록 미약해져서 학문이 실추될 위기에 놓여 있다. 유문遺文이 비록 남아 있기는 하지만 아직 정리를 하지 못하였으니, 이는 나의 잘못이다.(이익, 『성호전집』 권57, 제문 「再祭玉洞文」)

옥동 이서의 문인과도 교류가 확인된다. 예를 들어 이익희李益熙와 같은 경우, 수차례 시를 교환하였는데, 그 중에는 그가 병환에서 일어났을 때 이를 기념한 시를 보내기도 하였다. 이밖에도 이서의 사위인 목건중睦建中과도 관계를 맺었다. 성호는 성남에 살던 목건중에게 그가 사는 곳에 지은 삼락재三樂齋의 서문을 작성해주었다. 목건중은 정조 연간 벽파로 활동했던 목만중睦萬中과 재종형제이다.

아들 항렬의 이상휴李象休, 이용휴李用休, 이정휴李禎休, 이당휴李堂休, 이대휴李大休, 이원휴李元休, 이징휴李徵休, 이태휴李太休, 이병휴 등을 비롯해 손자 항렬의 이중환李重煥, 이양환李陽煥, 이가환李家煥 등, 증손 항렬의 이재후李載厚, 이재혁李載奕, 이재도李載道, 이재준李載峻 등이 확인된다. 이들 중 이병휴는 성호의 조카로서 어려서부터 성호에게 학문을 전수받은 대표적인 문인이다. 아들 이맹휴는 어려서부터 산수算數를 접하여 암산에 능숙했으며, 학문을 하면서는 "옛 주

小注疏에 구애받지 않고 원본의 뜻을 추구"하였다. 시무에 능하여, 『춘관지』와 『접왜역년고接倭歷年攷』 등의 저술을 남겼다. 문장에 뛰어난 이용휴와 성호는 서간을 교환하였다. 이 중에는 이용휴의 아들 이가환의 학문 훈련과 과거에 응시하지 못하게 한 것에 대해 의견을 전하기도 하였다. 종손인 이철환에 대해서는 득남을 축하하는 서간을 보낼 정도로 애정을 보였다.

> 네 아비 연로한데 기쁜 일 별로 없고 / 汝爺年老鮮懽情
>
> 너도 자식 없어 마음 편치 않은 터에 / 汝亦無兒意不平
>
> 상서로운 점이 꿈에 징험된 지 오래더니 / 久矣祥占徵有夢
>
> 과연 성과 같은 종자를 보게 되었네 / 果然宗子見維城
>
> 진주조개 달을 보아 진주 광채 길이 곱고 / 蚌胎得月珠長彩
>
> 하늘이 기린을 내리니 옥으로 이름을 지었네 / 麟慶從天玉作名
>
> 방조가 소식 듣고 내 손자 낳은 듯 너무 기뻐 / 傍祖如吾聞甚喜
>
> 활짝 웃으며 촛불 대령케 하여 시 지어 보내노라 / 掀髯呼燭便詩成
>
> (이익, 『성호전집』 권6, 시, 「賀從孫吉甫 嘉煥 生男))

이들 자손들은 성호의 학문 계승에 핵심적인 인물로 활동하였다.

성호는 이미 주지하듯이 자손들에게 특정의 전공 분야를 갖게 하였다. 이와 관련해서는 이미 잘 알려진 정약용의 다음과 같은 지적이 참고된다.

> 우리 성호 선생은 하늘이 내신 빼어난 호걸로서 도덕과 학문이 古今을 통하여 견줄 만한 사람이 없고, 교육을 받은 제자들도 모두 대유大儒가 되었다. 정

산貞山 병휴秉休는 『역경易經』과 삼례三禮를 전공하고, 만경萬頃 맹휴孟休는 경제經濟와 실용實用을 전공하고, 혜환惠寰 용휴用休는 문장을 전공하고 장천長川 정환嘉煥은 박흡博洽함이 장화張華·간보干寶와 같았고, 목재木齋 삼환森煥은 예에 익숙함이 숭의崇義와 계공繼公 같았고, 섬촌剡村 구환九煥도 조부의 뒤를 이어 무武로 이름이 났으니, 한 집안에 유학儒學의 성함이 이와 같았다.(정약용, 『다산시문집』 권15, 묘지명, 「貞軒墓誌銘」)

　　한편 친족들을 중심으로 가문 유지 차원에서 성호와 진솔회眞率會를 만들어 교류하였으며, 종약宗約을 만들었다.

　　　　우연히 진솔회를 만드니 / 偶成眞率會

　　　　정이 담소하는 사이에 나타난다 / 情見笑語間

　　　　인품은 순주 같아 사람을 취하게 하고 / 氣味醺醇酒

　　　　풍류는 옥산이 환히 비치는 듯해라 / 風流皎玉山

　　　　고가에 아직도 풍속이 남았으니 / 故家猶有俗

　　　　교목에 갑작스레 생기 도누나 / 喬木頓生顔

　　　　한 해 내내 즐거움이 있으니 / 鎭歲歡娛在

　　　　노년에 마음이 더욱 한가해라 / 年衰意轉閒

　　　　　　　　　　　　　　　　(이익, 『성호전집』 권2, 시, 「宗會次家集韻」)

04
성호 가문의 거주지 분화

15~16세기 근기 남부지역에 정착하여 거주하였던 성호 가문의 경우 17세기 전반기를 전후해서 대대적인 거주지 이동이 확인된다. 이같은 거주지의 대대적인 이동은 일단 족세族勢의 번성에 따른 필연적인 것으로 이해될 수도 있겠다. 그러나 여기에 더하여 17세기 중·후반 이후 성호 가문이 갖는 정치적 위상의 변화와도 관련해서 이해될 필요가 있다. 즉 성호 가문은 17세기 중반기까지 중앙 정치에서 영향력을 행사하였으나, 정국의 변동에 따라 17세기 후반에는 이하진李夏鎭이 유배되는 등 부침을 거듭하며 정치적 위상에도 변화가 있었다.

이하진은 1666년(현종 7) 과거 급제 이후 출사하면서 재조의 정치에 참여하였다. 이하진의 정치적 활동이 두드러진 것은 숙종 즉위 이후 남인의 집권과 함께 시작되었으며, 남인 정권내에서 주도적인 역할을 수행하였다. 현종대 후반 서인 산당계와 남인 일부가 연결된 한당계가 주도하던 정국은 현종말 갑인예송 과정을 거치며 한당계와 연결된 남인의 승리로 귀결되었다. 인조반정 이후 소수세력으로 정권에 참여하였던 남인계가 처음으로 정권을 장악한 것이었다. 정권을 잡게 된 남인은 서인세력의 축출에 힘을 기울였다. 그 일성이 송시열에 대한 공격으로 이어졌으며, 송시열의 오례誤禮에 대한 책임 명시는 결국 그의 유배로 이어졌다. 후일 『숙종실록』에서는 송시열이 귀양가게 된 것을 이하진의 힘이었다고 기록하고 있어, 그 역할이 새삼 주목된다.

이밖에도 현종대 예송과 관련해서, 송시열과 이유태의 예설의 차이를 정치적으로 비화시킨 인물 역시 이하진이었다. 한편 이하진은 남인 내에서 중간자적인 위치를 점하였다. 주지하듯이 숙종 원년 남인은 탁남과 청남으로 분기되었다. 청남이란 허목과 윤휴를 영수로 한 세력으로, 오정창·오정위·오시수 등의 동복오씨와 이무·조사기·이수경·장응일·정지호·남천한·이서우·이태서·남천택·이동규 등이 이에 해당된다. 탁남계란 허적과 권대운을 영수로 한 세력으로, 민희·김휘·민점·목내선·심재·권대재·이관징·민종도·이당규·이우정·최문식 등을 비롯해 류명천·류명현·권유·목창명·민암 등이 이에 해당된다. 이같은 남인 내 분기 과정에서 양측과 모두 교감하는 인물들이 있었으니, 이하진을 비롯해 이담명·이옥·조위명 등으로, 당시 실록 기사에서는 이들에 대해 "두 쪽 사이에 양다리를 걸쳤다"고 기록하였다.

이 같은 점이 결국 거주지 이동을 촉발하는 요인이 되었을 것이다. 다만, 그들의 거주지 이동 범위는 서울 지역과 그 다지 멀지 않은 곳이었다. 이점은 후일 최한기崔漢綺나 정약용丁若鏞의 거주지관居住地觀에서도 보이듯이 여러 정치, 사회, 문화적 이유 등이 고려된 때문이었다.

17세기 이후 성호 가문에서 나타나는 거주지 이동의 범위는 황해도 금천 일대를 비롯해 경기도 포천과 충청도 덕산 일대 등 이었다. 먼저 이상의의 경우 경저京邸에서 생활하였으며, 그의 사후에는 황해도 금천에 안장되었다. 이상의의 묘소가 황해도 금천에 위치하게 된 배경에 대해서 현재로서 단언할 수는 없으나, 이곳은 여주이씨 선대의 생활 기반이 있었던 곳이었다. 즉 고려후기 재경

사환기에 개경 일대에서 생활하면서 일파가 금천 일대에서 거주하였다. 그리고 이때 마련된 기반이 이상의 당대, 나아가 후대까지도 유지되었던 것으로 보인다, 실제로 이상의의 손자인 이하진李夏鎭(1628~1680)은 관직에서 잠시 떠나있던 시기에 개성부나 고양에 거주하였다. 황해도 금천 지역은 이후 이상의의 4자인 이지정李志定, 1588~1650과 그의 후손인 이진휴李震休(1657~1709)와 이중환李重煥(1690~1756)까지 이어지면서 여주이씨 일가의 거주지 뿐 아니라 선영으로 조성되었다.

한편 이하진의 경우 안산 수리산修理山 아래에 새로운 복거처卜居處를 마련하고, 당호를 육우당六寓堂이라 명명하였다. 육우당은 천지天地간에 몸을 두고, 경사經史에 마음을 두며 술잔 속에 운치를 두고, 자연 속에 눈을 두며, 시구詩句속에 흥을 두고 서법書法 속에 정신을 둔다는 의미로 작명한 것이었다. 이하진의 표현에 따르면, 이곳은 토양이 비옥하고 수풀이 무성하며 귀신의 가호加護가 있을 만한 곳으로 족히 30~50가家 정도는 포용할 수 있는 곳이라고 하였다.

:: [표 3] 17세기 이후 여주이씨 성호 가문 세계도 초략

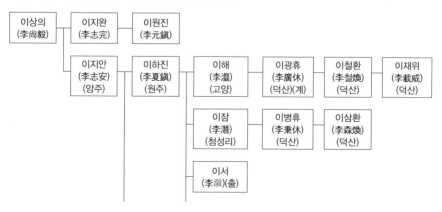

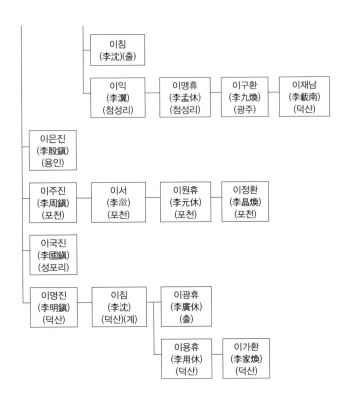

* (출) (계)는 출계의 여부를 표시한 것임
**(   )의 지명은 묘소 소재지임

〈도-3〉 성호 이익 묘소(안산시)

이처럼 종전의 연고지로 돌아가거나 새로운 복거지卜居地를 조성하던 성호 가문은 17세기 후반을 전후해서 지역적인 외연을 확대하였다. 그 범위는 충청도 덕산 일대와 경기 포천 지역이었다. 포천과 관련해서 처음으로 묘산이 조성된 시기는 이상의의 1자인 이지완李志完(1575~1617) 때의 일이었다. 이후 포천 지역에는 성호의 중형으로 숙부 이주진에게 출계한 옥동 이서李溆와 후손들을 중심으로 세거가 이루어졌다. 이서李溆(1662~1723)가 세거하던 곳은 포천의 옥금산玉琴山으로 이곳에서 이서는 2~3명의 학자들과 유유자적하며 "옛날 성현의 글을 강하며" 살았다.

성호의 경우도 여러 차례 이곳을 방문하기도 하였다. 이서李溆 이후 아들인 이원휴李元休(1696~1724)의 경우도 포천 일대에서 생활하였으며, 그에게 입양된 이정환李晶煥 역시 옥금산동으로 이거하여 그곳을 노래한「옥금계자채여일성동부玉琴溪煮茶與日省同賦」를 비롯해 포천 일대를 유람하면서 남긴 기록인「등마침령登磨針嶺」·「유수원동遊水源洞」등의 작품을 남겼다. 현재 포천시 가산면 우금2리에 위치한 옥동반석玉洞盤石은 이서가 인근의 청량동에 거주하면서 수시로 이곳을 찾아 거문고를 즐기며 산수를 벗하였던 곳으로 알려져 있다.

성호 가문의 포천 입향과 관련해서 주목되는 점은 매산 이하진의 전 부인인 용인이씨와의 혼인 사실이다. 용인이씨는 이서에게는 생모가 된다. 이하진의 경우 전 부인인 용인이씨는 이후산李後山의 딸로, 이후산(1597~1675)은 현종 연간에 개성유수와 형조참판을 역임한 인물이며, 사후 그의 신도비명은 송시열宋時烈이 찬하고, 묘지명은 박세채朴世采가 찬하였으며, 행장은 윤증尹拯이 찬하고 있어 당대 사회에서 그 위상을 짐작케 한다.

용인이씨 이후산 가계는 이전에는 주로 양주 일대에 전장을 보유한 가계였다. 그러나 이후산의 조부인 이계인대에 이르러 포천으로 입향하였으며 이후 이사경과 그의 자인 이후산·이후연이 포천에 묘소를 마련하였고, 이후에도 이후산의 손자와 증손자 모두 지속적으로 포천과 관련을 가지고 있었다. 이런 용인이씨의 묘산 분포를 통해서 본다면, 용인이씨의 경우 16세기 중반 이후 포천과 관련을 갖기 시작했다고 추정되며, 성호 가문이 포천과 관련을 맺게 된 것은 아마도 이하진과 포천 지역을 지역적 기반으로 하던 용인이씨와의 혼인에 의한 것이라 하겠다. 이지완의 묘소가 마련된 후 이서를 중심으로 포천에 들어와서 생활하였고, 후일 양부 이주진 역시 포천에 묘소를 마련하였다. 이서의 아들 이원휴와 이원휴의 자 이정환 등이 지속적으로 포천과 관련을 갖고 있었다.

17세기 전반기 여주이씨 성호 가문의 포천 입향은 이처럼 용인이씨와의 혼인이 중요한 배경이 되었을 것으로 생각되는데, 이 밖에도 고려해야 할 점은 인근 지역에 같은 남인계 유력 인사의 거주지가 있었다는 사실이다. 즉 같은 포천 지역 내에 한양조씨 조경趙絅 가문이, 그리고 이웃한 연천 지역에 양천허씨 허목許穆 가문이 세거하였다.

한양조씨 조경 가문은 본래 서울에 종가를 두고 활동하던 가문으로, 임진 왜란때 서울의 종가와 사당이 소실되는 것을 계기로 이전부터 인연을 가지고 있던 포천 지역으로 이거하여 이곳에 집성촌을 형성하고 거주하였다. 포천 지역 한양조씨 집성촌의 형성에는 특히 용주 조경의 은거가 중요한 계기가 되었으며, 조경은 이곳에 은거하면서 그동안 복구하지 못한 사당을 건립하여 세거의 터전을 만들었다. 그리고 조경 사후 후손들이 별도로 사당을 세우고 관리하면서 그 기반이 마련되기 시작하여 손자대인 조구완과 조구주 대에 이르러 선대 문집의 간행이나 행적이 정리되었다. 또한 연천 지역 양천허씨 허목 가문의 경우, 이곳에 입향하게 된 것은 16세기 초반 허목의 4대조인 허완許瑗대의 일이었다. 그리고 허목대에 이르러서는 그를 중심으로 집성촌의 기틀이 마련되었으며, 특히 허목은 왕으로부터 거소居所를 하사받은 것을 기려 은거당恩居堂이라 편액하고 이곳에서 생을 마쳤다.

이서가 포천으로 이거하던 시기 이미 용주 조경을 중심으로 한양조씨 가문과 양천허씨 허목 가문이 경기 북부 지역에 집성촌의 기반을 마련해가던 시기였다. 이 같은 사실은 옥동 이서를 중심으로 한 여주이씨 성호 가문이 포천 지역에 정착할 때 충분히 고려의 대상이 되었을 것이다. 즉 17세기 후반 이래 정치적으로 실세한 기호 남인계의 정치적 재기나 결속이 필요하다는 의식이 있었을 것이라는 점이다. 성호 이익이 중형에게 출입하면서 포천 지역 용주 후손들과 교류한 사실은 이러한 의식의 산물이 아닐까 한다. 즉 남인계 동류의식을 전제로 성호 가문과 용주가문, 그리고 미수가문을 중심으로 이른바 '근기 남인近畿南人의 지역벨트'를 형성하고, 이를 통해서 실세한 남인계의 정치적 결속을 확고하게 하고자 한 것이 아닐까 한다.

이 같은 설명이 비단 포천 지역에만 한정되는 것은 아니다. 매산 이하진의 묘소가 원주에 자리잡게 된 것도 이와 무관하지 않다. 이하진의 묘소를 원주 지역으로 이장한 이유나 그 배경에 대해서 지금 당장 단언할 수는 없겠다. 다만, 당시 원주 지역에는 우담 정시한이 법천장法泉莊에서 우거하고 있었으며, 후일 해당 가문의 세거지가 되었다. 또한 성호 가문이 세거하던 성포리 일대의 경우도, 인근에 진주유씨의 세거지가 있었고, 강세황을 중심으로 한 진주강씨의 세거지 역시 인근 지역에 위치하였다. 이런 사실로 미루어볼 때 17세기 후반 정치적으로 실세한 남인계는 일종의 지역벨트를 고려하여 거주지를 선정하고, 이를 통해서 자신들의 정치적 입지를 재구축하거나 결속을 다지지 않았을 까 생각된다. 이 점이 또한 17세기 후반 성호 가문의 거주지 이동 사실의 배경이 되지 않을 까 한다.

성호 가문은 이상에서 언급한 지역 이외에도 18세기를 전후해서 충청도 덕산 일대에 세거지를 마련하였다. 성호 가문이 덕산과 관련을 맺게 된 것은 16세기 후반 이상의의 활동과, 성호의 숙부가 되는 이지안의 5자子 이명진李明鎭(1641~1696)과 용인이씨와의 혼인이 그 계기가 되었다. 이명진의 처는 이갑준의 딸로서, 이갑준의 증조인 이담은 퇴계 이황과도 종유한 인물로, 덕산현의 북쪽 고산高山에 거주하였다. 덕산 지역에서 용인이씨는 향촌내 사족으로서 18세기에 이르면 회암서원晦菴書院의 설립을 주도할 정도로 그 위세가 상당하였다. 이 명진대에 처가의 재력을 바탕으로 덕산에 정착하게 된 성호 가문은 서울의 경저와 안산의 첨성촌, 그리고 덕산을 오고 가며 생활하였다. 현존하는 성호 가문의 호적을 통해서 보면, 이광휴李廣休(1693~1761)는 1720년(숙종 46)년부터 1741년(영조 17)까지 한성부의 서부 황화방 소정릉동계를 비롯해 서부 반석방 3리 거자리계에서 거주하다가, 1753년에 작성된 호적에서는 안산군 군내면 점성리에서 거주하였다. 이밖에도 이병휴李秉休(1710~1776)는 중형 이용휴李用休(1708~1772)의 표현에 따르면 충청도 덕산의 장천리에서 태어나 장천리에서 생을 마쳤으나, 그 사이인 10살 때는 서울에, 그리고 13세 때부터는 이익에게 학문을 배우기 위해 안산으로 나아가기도 하였다.

| 참고문헌 |

김문식, 구만옥, 최석기, 정만조, 이헌창, 「성호 이익 연구」, 사람의무늬, 2012
이돈형, 「여주이씨성호가문세승기」, 성호선생기념사업회, 2002
이근호, 「여주이씨 성호가문의 거주지 변천」, 「성호학보」5, 2008

4부

양주, 전주이씨
전성부원군 全城府院君
이준李準 가문

01
양주에 입향하다

이준李準은 전주이씨 덕천군파德泉君派로, 파조는 조선의 제2대 국왕 정종과 성빈지씨誠嬪池氏 사이에서 태어난 덕천군이다. 덕천군 이후생李厚生은 1444년(세종 26) 7월 덕원정德原正에 봉해졌고, 이후 덕천정德川正, 덕천정德泉正이라는 봉호가 확인되며 1460년(세조 6) 11월에 덕천군에 봉해졌다. 덕천군은 당시 왕자들 가운데 "호학好學"의 인물로 알려져 있다. 덕천군파를 비롯한 조선조 종친들은 1412년(태종 12)에 제정되어 『경국대전』에 규정된 "제사를 받드는 대수代數가 친진親盡하면 문무관의 자손의 예에 따라 벼슬을 할 수 있다"라는 제약에 걸려 문무관으로의 관직 출사는 제한적이었다.

그러나 정치적 상황 등에 따라 이런 규정은 지켜지지 않아, 덕천군의 넷째 아들인 송림군은 선전관을 역임하기도 하였고, 세조 집권 이후에는 종친으로서 국왕이 주관하는 시사侍射에 참여하거나 거둥에 동행하기도 하였다. 이런 사례는 이후에도 이어져 예종대 완성군莞城君 이귀정李貴丁이 익대원종공신에, 중종대에는 운수군雲水君 이효성李孝誠과 송림군松林君 이효창李孝昌이 정국공신에 책록되는 등 국왕 지원세력으로 활동하였다.

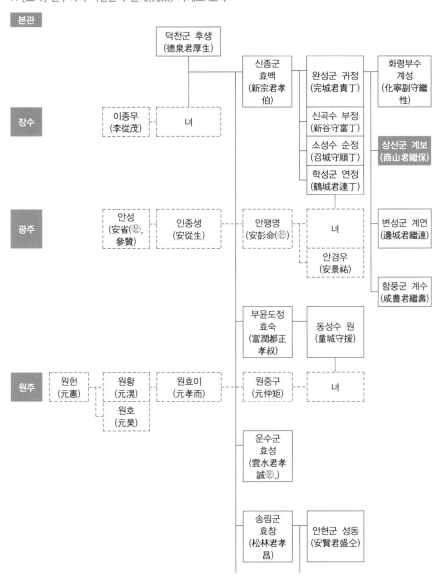

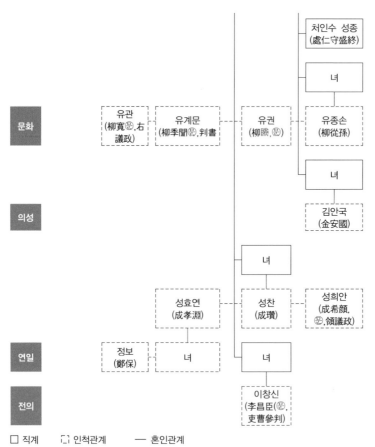

			처인수 성종 (處仁守盛終)

문화

| 유관
(柳寬㉿,右議政) | 유계문
(柳季聞㉿,判書) | 유권
(柳睠,㉿) | 유종손
(柳從孫) |

의성

| | | | 김안국
(金安國) |

| | 성효연
(成孝淵) | 성찬
(成瓚) | 성희안
(成希顔,㉿,領議政) |

연일

| 정보
(鄭保) | 녀 | 녀 | |

전의

| | | 이창신
(李昌臣㉿,吏曹參判) | |

□ 직계   ⌐」인척관계   —— 혼인관계

* 위 가계도는 『선원속보(璿源續譜(德泉君派)』(장서각K2-1144) 및 『만성대동보(萬姓大同譜)』에 의거함

　　한편 덕천군 이후 당대 세가와의 혼인은 덕천군파 일원의 정치적 사회적 활동 기반이 되었다. 위의 〈표-1〉에 따르면, 덕천군파는 광주안씨, 원주원씨, 문화유씨, 의성김씨, 창녕성씨, 전의이씨 등과 혼맥을 이루고 있었다. 우선 주목되는 집안은 덕천군의 사위인 창녕성씨 성찬成瓚의 경우이다. 성찬은 성효연의 아

들로, 성효연에게는 성찬 이외에 성완 두 아들이 있었다. 이 가운데 성완의 가계는 손자 성세장成世章이 김안국金安國에게서 학문을 배웠으며 이런 관계로 사림적 성향을 보였다. 이에 비해 성찬의 가계는 훈척적 성향을 보이는 것으로 판단된다. 이는 성찬의 아들 성희안成希顔이 중종반정의 주도자 가운데 1명으로, 대표적인 훈척계열 인물인데서 알 수 있다. 성희안과의 관련성은 덕천군파 후손들 가운데서 운수군 이효성과 송림군 이효창을 비롯해 처인수 이성종, 학성군 이연정 등이 중종반정 후 공신에 책록되는 것을 통해서도 알 수 있다. 특히 위에서 언급한 운수군의 경우 중종반정이 있기 하루 전날 박원종·성희안 등이 주도한 모임에 참석하는 등 적극적으로 반정에 가담하여 2등공신에 책록되었다.

덕천군파는 창녕성씨와 같은 훈척계열 이외에 사림계열 인사들과도 혼맥으로 연결되었다. 학성군 이연정의 처가는 광주안씨로 장인은 안팽명安彭命이다. 안팽명은 문과 급제후 사간과 예빈시 부정을 역임하였던 인물로, 1515년(중종 10) 2월에는 우참찬 이계맹에 의해서 청백리로 추천되기도 하였다. 그의 아들로 학성군에게 처남이 되는 안경우安景祐는 명종대 을사사화의 여파로 1547년(명종 2)에 발생한 벽서사건에 연루되어 유희춘·노수신 등 당대 사림 명망가들과 함께 피화된 인물이다. 또한 동성수童城守 이원李援의 처가는 원주원씨로 장인은 원중구이다. 원중구의 조부는 원황元滉인데, 원황은 이른바 생육신의 한명으로 말해지는 원호의 형이다. 중종조 이후 사림세력들이 절의를 강조하며 '단종복위운동' 관련자의 포장에 적극적이었다는 점을 고려해본다면, 생육신의 한명인 원호 가문과의 혼맥은 덕천군파의 정치적 성향 변화에 계기가 되었을 것으로 추정된다.

이상의 인물 이외에도 16세기 덕천군파의 정치적 성향과 관련해서 또한 주목되는 인물이 송림군 이효창의 사위인 의성김씨 김안국金安國이다. 김안국은 조광조와 함께 중종대 사림계열을 이끄는 중추적 역할을 하던 인물로, 성리학의 보급과 향약 및 향촌 교육을 통한 향촌 교화 등 새로운 가치 질서 확립에 주력하였던 인물이었다. 당대 사림사회에서 김안국이 차지했던 위상을 고려해볼 때 덕천군파 일원들이 비록 정국공신에 책록되는 등 훈척적 성향을 보이기는 하였으나 점차 그 후손들이 사림계열로 정치적 변신을 할 가능성은 충분해진다. 이런 상황에서 덕천군파 일원은 15세기 후반 이후 종친으로서 친진이 되며 점차 과거 급제자를 배출하기 시작하여, 상산군 이계보의 자 이억손과 영창부수 이연동의 아들인 이억상이 문과를, 심주부수 이연손의 아들인 이억복과 이억기가 무과에 급제하며 관료 가문으로서의 성장 기반을 마련하기 시작하였다.

　　덕천군파는 16세기 후반 이후 가문의 성세를 구가하였는데, 이를 주도한 가계가 함풍군 계열의 우곡공파 계열과 전성부원군 이준 가계 계열이다. 이 가운데 전성부원군 이준은 상산군 이계보의 후손으로, 이계보의 아들 억손은 이조판서에 추증되었고, 이억손의 아들 이유정은 영의정에 추증되며 완계부원군에 추봉되었다. 이런 관직의 추증은 이준의 활동에 의한 것이었다.

　　전주이씨 덕천군파는 파조 이후 대개 서울에 경저京邸를 두는 한편 광주廣州·과천 흑석리(오늘날의 서울시 동작구 흑석동 일대)에 전장과 묘산을 두어 운영하였다. 이에 대한 추이의 파악을 위해 시조로부터 5세까지의 묘산 분포를 정리하면 아래와 같다.

:: [표 2] 전주이씨 덕천군파 선계의 묘산 분포

1세	2세	3세	4세	5세	묘산 소재지
덕천군					광주 중대면 여염리(거여리)
	신종군				광주 낙생면 도논리
		완성군			과천 북면 흑석리
			화령부수		과천 북면 흑석리
				종윤	과천 태림
			상산군		과천 북면 흑석리
				억손	과천 북면 흑석리
				억년	서산 농암
			변성군		서산 음암면 소탐산
				학수	서산 음암면
			함풍군		과천 북면 작곡 사당리
				수광	과천 북면 작곡

위의 표에서 보듯 시조 덕천군의 묘역은 광주 중대면 여염리(즉 거여리, 오늘
날의 서울 송파구 거여동 일대, 1974년 공주 의당면 태산리로 이장)에 위치하였고, 2세 신종
군 역시 광주 낙생면 도논리에 위치하였다. 신종군의 묘역은, 본인이 평소 사냥
을 즐기던 곳으로 생전에 이곳을 사후 복장처ㅏ葬處로 정한데서 유래하였다. 신
종군의 묘역은 그러나 이후 관리가 제대로 이루어지지 않다가 백헌白軒 이경석
李景奭이 일대 묘역의 토지를 매입하고 또 본인 스스로 이곳에 묻히면서 대대로
후손들의 세장처世葬處가 되었다.

신종군대까지 광주 일대에 위치했던 덕천군파의 묘산은 3세 완성군대에
이르러 과천 북면 흑석리(오늘날의 서울시 동작구 흑석동 일대)일대로 소재지가 변화하
였다. 완성군의 묘역이 있는 과천 북면 흑석리, 즉 오늘날의 서울 동작구 흑석
동 일대는 원래 처가인 배천조씨 조석견趙石堅의 전장이 있던 곳으로, 완성군 사
후 아들 상산군의 요청에 의해 이곳에 묻히게 되면서 이후 후손들의 세장처가

되었다고 한다. 이후 과천 북면 일대에 4세 화령부수나 함풍군을 비롯해 5세 이종윤, 이억손, 이수광 등이, 광주 일대에는 4세 부안령과 여산부령을 비롯해 5세 이수번과 이언정 등의 묘산이 위치하게 된다. 이를 통해서 본다면 대개 덕천군파의 선계는 광주를 위시해 과천 일대에 전장을 보유하고 있던 것으로 파악해 볼 수 있다. 다만 4세 변성군과 이후 5세 억년과 학수 등의 묘산이 서산 일대에 위치하고 있는 것은 흥미로운 사실이다. 변성군을 비롯한 이들의 묘산이 서산에 위치하게 된 이유에 대해서는 관련 내용을 전하는 기록이 확인되지 않아 단정할 수는 없다. 다만 변성군의 처가가 서산송씨 송유징宋有徵 가문이라는 사실을 통해서 처가를 배경으로 입향하게 된 것이 아닐까 추정될 뿐이다.

〈도-1〉 완성군묘역 전경(문화재청)

이렇게 대개는 광주나 과천 일대를 재지기반으로 삼던 덕천군파는 6세 이후 다른 지역으로 확산되게 되는데, 본고에서 대상으로 하는 상산군파 이준 가계의 경우는 5세 이억손까지 과천 지역에 묘산이 소재한 것으로 확인되는 것과는 달리 6세 이유정李惟貞대에 오면 양주 남면 신산莘山에 묘산이 위치하고 있다. 그리고 이후 이유정-이응 가계는 과천과 송탄, 홍성, 안성 등으로 재지 기반이 변화하였고, 양주 지역에는 이유정-이준을 잇는 가계가 세거하였다. 이렇게 볼 때 이준 가계가 양주 지역으로 입향하는 시기는 대략 16세기 후반 이후라 하겠다. 이 시기 이준 가계의 양주 입향의 기반은 이준에게 내려진 사패지였다. 즉 이준이 공신에 책봉되면서 이에 따라 노비를 비롯해 사패지를 받게 되었으며 이것이 양주 입향의 배경이 되었다.

02
전성부원군 이준의 정치, 사회적 활동

1545년⁽ᴵⁿᵈ⁾ 윤1월 20일 출생한 이준은 1561년⁽ᵐᵉᵉⁿᵍ ¹⁶⁾에 사마시에 입격하였다. 그로부터 7년 뒤인 1568년⁽ˢᵉⁿᵉⁿᵒ ¹⁾ 증광문과에 급제한 이준은 이후 본격적인 관직 생활을 시작하였다. 그의 관직 생활은 대략 3기로 나누어 볼 수 있지 않을까 한다. Ⅰ기는 출사 이후부터 1590년⁽ˢᵉⁿᵉⁿᵒ ²³⁾ 평난공신에 책록된 시기에 해당된다.

이준은 과거 급제후 승문원 권지로 출사한 이후 주서직을 역임하였다. 주서 재직시인 1573년⁽ˢᵉⁿᵉⁿᵒ ⁶⁾ 1월 유희춘이 경연석상에서 외교를 위해 한어漢語에 능통한 인재의 육성이 필요함을 언급하면서 이준이 이에 능통하여 중국 사신들의 말을 통사通詞들이 전하기 전에 이미 먼저 알아들을 정도라고 그의 뛰어남을 언급한 바 있다. 그러자 선조는 이준에게 더욱 정진할 것을 권하였다. 이 기록을 통해서 보면 당시 관료들 중 이준의 한어 실력은 상당한 정도로 평가받고 있음을 알 수 있으며, 이로 인해 임진왜란 때 명나라 군사의 접대를 관장하였고, 명나라에서 파견된 제독提督 동일원董一元 접반사로 활동하기도 하였다.

이준은 이후 각조 정랑과 좌랑 등을 비롯해 1574년⁽ˢᵉⁿᵉⁿᵒ ⁷⁾ 9월에 경성판관에 제수되었다가 그로부터 약 4개월여가 지난 윤12월 25일 정언에 제수되었다.

1574년이라는 시기는 선조 즉위후 사림 주도의 정치가 시작된 후, 이른바 구신舊臣과 신진新進의 대립이 가중되던 시기로, 이러한 대립은 결국 1575년(선조 8)경 동·서 붕당이 형성되는 과정이었다. 마침 1574년 7월 후일 동·서 분당의 불씨를 제공한 김효원이 이조전랑에 제수되었다. 이준이 경성판관에 제수되었다가 얼마 후 경관직인 정언에 제수된 것은 이런 상황과도 무관하지 않을 것이다.

이준은 1576년(선조 9) 이후 몇 차례 헌납에 제수되었는데, 특히 1581년(선조 14) 8월 헌납 제수는 당시 대사헌직에 있던 이이李珥가 체직되고 동인 정지연鄭芝衍이 대신 그 자리에 제수되는 것과 맥락을 같이 하는 것이어서 주목된다. 당시 윤승훈이 함께 정언에 제수되었다. 1575년경 동서붕당 형성 이후 정치적 분쟁이 계속되었으며, 그 과정에서 이이와 김우옹金宇顒 등에 의해서 사림의 조제가 추진되었다. 그러나 점차 동인과 서인의 경쟁은 심해졌는데, 이런 와중에 1580년(선조 13) 12월 정탁鄭琢이 대사헌에, 이이李珥가 대사간에, 정인홍鄭仁弘이 장령에 제수되었다. 장령에 제수된 정인홍은 다음 해인 1581년 1월 출사하였는데, 출사 이후 정인홍은 자파의 확대 및 서인 세력의 축출에 주력하였다. 그런 와중에 이이가 6월에 특배特拜로 대사헌에 제수되었으나, 계속된 정인홍 및 동인의 공격으로 인해 결국 체직되고 이 자리를 정지연이 대신하게 되었던 것이었다. 따라서 이 시기 이준의 헌납 제수나 정지연의 대사헌 제수, 윤승훈의 정언 제수 등은 일시적으로나마 동인에 의한 언관권의 장악이라는 측면이 강하다.

이준은 이후 의주목사를 거쳐 승지에 제수되며, 승지 재직시인 1589년(선조 22)에 정여립 옥사가 발발하였다. 기축옥이라고도 명명되는 정여립 옥사는 1589년 10월 2일 황해감사 한준韓準이 비밀장계를 통해 고변한 것이 계기가 되어 발생한 옥사이다. 한준의 고변으로 정여립 등 관련 죄인들이 체포되어 국문을 받고 결국 죽음을 맞이하였는데, 이 옥사는 우두머리 정여립의 처리에 그치지 않고 정여립 사후에도 관련 인물들에 대한 토죄가 지속되어, 동인계 인물들이 대거 피화되었다.

옥사가 진행되던 당시 이준의 구체적인 동향에 대해서는 사실 잘 파악되지 않는다. 다만 옥사가 진행되던 당시 승지직에 있었기에 위관으로 참여하였고, 아마도 그 진행과정을 국왕에게 보고하는 역할을 하였던 것으로 보인다. 이와 관련해서는 현전하는 이준 관련 묘도문자들에서 공통적으로 전하는 내용이 있는데, 옥사 당시 이준은 국왕의 신임을 바탕으로 형방승지로서 참여하였음이 확인된다.

> 선조宣祖 기축己丑에 여립의 옥사가 일어나자 공公은 국문에 참여하라는 명령을 받았는데, 이때 매양 사실을 임금께 아뢰면 임금은 술을 하사하여 위로해주었다. 어느날 공이 술에 취하여 임금께 아뢸 글을 어좌御座에 빠트리고 나왔다. 이튿날 임금이 불러서 묻자 공은 대답하기를, "어제 저녁에 신이 술로 인해서 올릴 글을 잃었사오니 청컨대 종이와 붓을 주시면 신이 마땅히 다시 써서 올리겠습니다"고 했다. 이에 임금께서 "그 잃었다는 지축을 외우면 내가 그 글과 맞춰보리라" 하자, 공은 바로 그 글에 적힌 죄수 수백명의 문안 수 축軸을 외웠는데 한 글자의 착오도 없었다. 임금의 교유서에 이른 바, 죄수의 이름과 나이를 모두 외우는데 반드시 자획의 편방을 대조했다고 한 것은 곧 이를 찬미한 말이었다

정여립 옥사가 이어지던 1590년(선조 23) 5월 16일 호남 사람 양형梁泂과 양천경梁千頃 등이 상소하여, 정언신鄭彦信이 위관으로 있을 적에 고발자 10여 명을 참했다고 고발하였다. 이는 정언신이 옥사를 덮기 위해 한 처사라는 지적으로, 우의정 정언신은 정여립과는 9촌에 해당되며, 이산해 · 이발 · 백유양 등과 평소에 정여립을 두둔하던 인물이었다.

양형 등의 고변에 대해 선조는 당시 위관으로 참석하였던 김귀영 · 이준 · 유홍 · 홍성민 등을 불러 일의 진상을 조사하였는데, 김귀영은 "신은 왼쪽 귀가 어두워 큰 소리가 아니면 들을 수가 없습니다"고 하였고, 이준은, "앉았던 자리가 조금 멀어서 듣지 못하였습니다."고 하였다. 반면 유홍俞泓과 홍성민洪聖民은, "그때 언신이 말하기를, '이것은 근거가 없는 말이다. 만약 다스리지 아니하면 장차 모두 시끄러워질 것이니, 이런 말을 낸 사람 10여 명만 죽이면 뜬 말이 스스로 그칠 것이다.'하므로 신들이 힘써 그 말을 반박하였습니다."라 하여 양형 등의 고변이 사실임을 진술하였다. 당시 이산해는 처음에는 칭병하고 나오지 않다가 다음 날 국왕이 사람을 시켜 사실을 물으니, "시일이 오래 지나서 분명히 기억되지 않으나 처음에 역변을 고발하는 감사 장계가 자세하지 못하므로 다시 자세히 알아 보아 사유를 갖추어 급히 아뢰려고 회답하여 아뢸 때에 언신의 그런 말이 아마 나왔던 것 같습니다."하였다. 정언신은 결국 옥사에 연루되어 유배되었다가 유배지에서 죽음을 맞이하였다.

위에서 이준은 양형과 양천경의 상소에서 언급된 내용에 대해 명확하게 가부를 언급하지 않고 있다. 더 이상의 기록이 없어 이것이 무슨 의미인지 파악하기가 쉽지는 않다. 다만 정여립 옥사를 보는 대부분 동인의 시각이 무옥誣獄이라 인식한 것을 보면, 이준이 승지였기에 어쩔 수 없이 위관委官에 참여하기는 하였으나 대부분 동인들과 같은 시각이 아니었을 까 생각된다. 위의 기록에서 나타나는 이준의 발언이 실제 듣지 못했기 때문일 수도 있겠으나, 다른 한편으로 생각해본다면 처벌에 대한 미온적인 태도가 작용한 것으로도 이해된다. 그런 때문인지, 후일 이병관이 찬한 신도비명에서 "기축옥사의 변고는 옛 선철先哲들도 모두 슬퍼했네/공이 이들의 국문에 참여하여 죄주고 의심나는 것을 모두 경輕하게 다스렸네"라고 기록하였다.

이준이 비록 옥사의 처리 과정에서 미온적으로 대처하였으나, 결국 위관에 참여했다는 이유로 1590년 평난공신平難功臣 2등에 책록되었다. 당시 훈봉에서 2등으로 책록되는 과정에 선조의 전적인 신임이 게재되었는데, "그후 훈봉을 정할 때에 임금은 특별히 하교하기를, 이모李某는 처음부터 옥사를 다스리는데 공로가 많았으니 금부당상의 밑에 있을 수 없다고 하고 드디어 2등훈에 기록되었다"고 한다. 이때의 공신 책봉으로 이준은 벼슬이 2계階가 승급되었고, 그 부모와 처자도 역시 2계階가 승진되었으며, 반당伴倘 6인, 노비 9구, 구사丘史 4명, 전田 80결, 은銀 30냥, 비단 1필, 내구마 1필 등을 하사받았다.

〈도-2〉 전성부원군 이준 영정(문화재청)

이준의 정치적 생애 Ⅱ기는 임진왜란 기간 전란의 극복을 위해 주력했던 시기이다. 1592년 4월 부산 앞바다에 20만 일본 대군의 침략으로 시작된 임진왜란의 초기 전투 상황은 우리에게 불리하게 전개되었고, 결국 선조의 몽진으로 이어졌다. 임진왜란이 발발했을 때 이준은 전해인 1591년에 모친의 상을 당해 시묘살이를 하고 있었다. 그러나 국가의 위기 상황에서 이준은 결국 기복起復하여 운량사運糧使에 제수되어 군량 조달에 주력하였고 또한 삼도순찰사三道巡察使에 제수되기도 하였다. 운량사의 제수는 류성룡의 추천에 의한 것이었다.

우리는 여기서 당대 사림의 행동 양식 가운데 한 요소를 추출하게 된다. 즉 부모에 대한 효의 실현을 위한 시묘살이보다 국난 극복을 우선시하는 태도, 즉 충忠을 우선시하는 태도이다. 조선조 사림에게 충효는 가장 중요한 윤리적 덕목이다. 충은 신민臣民의 군왕 및 국가에 대한 최고의 덕목이고, 효는 모든 사람의 가家에 있어서 최고 덕목이다. 단, 모든 행동의 근원이 효라고 말해지는 유학에서 효는 충의 연장선상이기에 그 순위는 이미 결정된 것이지만, 전쟁과 같은 극한 상황을 맞이하였을 때 실천 순위가 시대마다 다를 수 있다. 임진왜란 때 순국한 동래부사 송상현의 사례에서 보듯이 이준이 생존하던 시기만해도 효의 논리보다 충의 논리가 앞섰다. 충의 실천이 효의 실천이라는 인식에서 나온 귀결이었다. 후에 1595년(선조 28) 2월 이후 사헌부에서 이준이 소명을 기다리지 않고 바로 기복하였다고 하여 논죄하기를 청하는 것은 이와 같은 상황이 충돌하는 과정에서 발생한 일이었다.

이준 역시 국가의 위기 극복을 우선 과제로 둔 것으로, 그렇다고 하여 효를 그만둔 것이라고 할 수 없다. 이와 관련해 묘지墓誌에서는 "정성스러운 효성이 천성에서 나와서 부모 봉양하는 것이 비록 나이가 많고 벼슬이 높은 후에도 몹시 춥거나 몹시 더워도 반드시 의관을 갖추고 좌우에 모셨으며, 친히 쇄소灑掃의 예절을 행했다"고 기록하고 있다.

한편 류성룡이 이준을 천거한 것과 이준의 삼도순찰사 제수는 아마도 그의 예지력 및 재정에 해박한 그의 경험이 밑바탕된 것으로 보인다. 이와 관련해서 행장 등에서는 안주 칠보사의 승려 혜련과 일화가 수록되어 있다. 즉 임진왜란 발발 이전 이준이 안핵사로 안주 등지를 시찰하던 와중에 안주 칠보사를 들르게 되는데 이때 혜련이란 승려를 만나게 되어 그와 정의를 돈독하게 하였다는 것이다. 당시 칠보사에는 많은 식량들이 저장되어 있었다고 한다. 그런데 임진왜란이 발발하자 이준은 혜련에게 청해 그곳에 저장되어 있는 미 6천석과 소 20마리, 간장 수십 항아리를 얻어 명나라 군사들에게 먹임으로써 전투력 향상에 기여하였다는 것이다.

삼도순찰사 이후 이준은 동지의금부사를 비롯해 한성부 좌윤·춘천부사을 비롯해 예조와 호조, 병조 참판 등을 두루 역임하였다. 1600년(선조 33)에 대사간직을 받아 언관직의 책임자로 활약하기도 하였다. 한편 난중에는 국난 극복을 진두지휘하던 비변사에 참여하여 명나라 군사의 접대를 비롯해, 전쟁으로 고통받은 민심의 수습에도 주력하였다. 일례로 1599년(선조 32) 9월 명나라 환관인 고태감이 별조인삼別造人蔘을 요구한 적이 있었다. 별조인삼이란 나무로 묶어서 건조한 인삼이라고 하는데, 고태감의 요구를 들은 조선의 각 관사에서 이를 시전 상인들에게 조달하도록 요구하였다. 그러나 당시 명나라 장수 등의 요구로 시전에 상품이 고갈된 상태에서 시전에서 생산하지도 않는 별조인삼을 조달하는 것이 여의치 않았던 듯 시전상인들이 이로 인한 고통을 비변사에 호소하였다. 이에 대해 이준과 조정趙挺이 국왕에게 건의하여 이를 평안도에 배정해서 조달하기를 청한 바 있었다.

한편 전쟁이 종식되면서 조정은 전쟁의 사후 처리 과정에서 북인의 남인에 대한 공세가 가세하였다. 기축옥 이후 동인 내에서 분당된 남인과 북인은 임진왜란 과정에서 일시적인 공조를 취하기도 하였으나 전란이 종식되면서 북인에 의한 류성룡에 대한 탄핵이 이루어지면서 당색이 더욱 공고해졌다. 이후 북인은 정치적 이해관계에 따라 대북·소북을 비롯해 골북·육북·중북 등으로 분화되었다. 이런 과정에서 이준은 홍여순의 지지 세력으로 분리되는데, 이에 따라 1600년^(선조 33) 소북세력에 의한 대북 공격 과정에서 이유중^{李惟中}·유희서柳熙緒·윤홍尹宖 등과 함께 홍여순의 세력으로 분류되어 탄핵받기도 하였다.

이후 한때 외직인 안동부사에 제수되었던 이준은 얼마 후 다시 중앙으로 복귀, 1601년^(선조 34) 7월에 있었던 일본과의 강화 문제 논의에 참여하였다. 종전 후 일본은 조선과의 관계 개선을 꾀하였고, 그 과정에서 1600년^(선조 33) 2월에는 전쟁 중에 납치해간 160여명의 조선인을 송환하였으며, 같은 해 4월 대마도주가 조선인 남녀 3백여 명을 송환하며 통상 재개를 요청한 바 있다. 1601년 6월 하순 일본에서는 다시 대마도 도주를 통해서 조선인 250여명을 송환하고 강화를 요청하였다. 일본측의 요청에 대해 조선 조정에서는 1601년 7월 4일 대신 및 2품 이상 관원이 모여 강화 문제를 논의하였다. 이 자리에 참석하였던 이준은 다음과 같이 자신의 의견을 진술하였다.

"흉적은 우리나라에 있어 불공대천의 원수입니다. 더구나 이번에 보내 온 글에도 공갈하는 말이 많으니, 마음을 고쳐먹고 의를 향하지 않으리라는 것을 이 글에서도 알 수 있습니다. 본디 우리나라의 도리로서는 갑자기 화의和議를 거론해서도 안 되니 우선 준엄한 말로 거절하여 그들의 진퇴를 살피는 한편,

사유를 갖춰 주문해 중국의 처분을 따르는 것이 시의時宜에 합당할 듯합니다. 상께서 재단하소서."(『선조실록』권139, 34년 7월 4일(기해))

위에서 이준은 일단 화의를 반대하는 입장을 표명하면서 중국과의 협의를 통해야 함을 역설하고 있다. 이같은 이준의 견해는 논의에 참여하였던 최흥원, 윤근수, 구사맹 등 대부분 인사들의 의견과 유사한 것이었다. 당시 논의는 결국 명나라를 구실로 내걸고 이를 반대하며 조선인의 계속된 송환을 요구하는 것으로 결론이 내려졌다.

그러나 시간이 경과하면서 일본과의 강화 재개 논의는 탄력을 받게 되었다. 이후에도 일본이 지속적으로 포로를 송환하며 적극적인 의사를 보이면서, 이준 역시 전향적 자세로 변하였다. 즉 1603년(선조 36) 9월 다시 강화 문제와 관련된 논란이 있었는데 이때 이준은 비변사에서 기미羈縻를 위해 대마도의 관시館市를 허가할 것을 요청하는 건의에 대해 의견을 개진하면서 우리의 현실이 "10년 동안 세월만 보내고 스스로 강해지지 못하여 병력이 단약하고 인심이 이산하므로 갖가지로 생각하여도 싸우고 지킬 방책이 없다"고 하며 부득이하게 기미를 위해서는 관시를 허가할 수밖에 없는 현실을 인정하였다. 결국 1604년(선조 37) 조선에서는 일본의 정세를 살피고 아울러 피납인들의 송환을 위해 일본에 사절을 파견하기로 결정되었다. 이준은 당시 국익과 백성들의 인심 수습을 목적으로 하여 이를 찬성하는 내용으로 선회하게 된 것이었다.

이준의 정치적 생애 Ⅲ기는 광해군대를 거치며 활동하던 시기이다. 임진왜란 종전 후 일본과 강화교섭이 진행되던 와중인 1604년(선조 37) 6월 임진왜란 당시 공훈과 관련해 공신 책봉이 이루어졌으며, 이준은 효충장의적의협력선

무원종공신效忠仗義迪毅協力宣武原從功臣 2등에 책록되었다. 선조 승하 후 광해군이 즉위한 직후인 1608년(광해 즉위년) 8월 이준은 이산해 등과 함께 연명으로 영창대군을 지지하며 광해군의 즉위를 방해한 유영경의 처벌을 요청하였다. 이후 이준은 의정부좌참찬을 역임하면서 인산수개도감咽山修改都監 제조를 겸하였으며, 1610년(광해군 2) 11월에는 공조판서에 제수되었다.

이후 이준은 1612년(광해군 4년) 9월까지 활동하는 모습이 보이지만 이후 한동안 기록이 확인되지 않다가 1615년(광해군 7) 4월경에 비로소 다시 그의 모습이 기록에 등장한다. 약 2년 반이 넘는 기간 동안 정치적으로 공백기였다고 본다. 이 시기 광해군대의 정치는 복잡다단하였다. 광해군 재위 전반 토역 정국과 영창대군의 사사, 인목대비의 서궁 유폐 등이 전개되는 상황에서 이준은 은둔이라는 방법을 통해서 당시 잘못된 정국 운영에 이의를 제기했던 것으로 본다. 이와 관련해서 행장을 비롯한 이준 관련 각종 묘도문자에 다음과 같은 내용이 기록되어 전한다.

혼조의 정치가 어지러울 때를 당하자 조정에 있는 것을 좋아하지 않아 나가서 개성유수가 되었는데 일년이 넘자 조정이 크게 변하여 군소배群小輩들이 화를 만들므로 공은 드디어 벼슬을 버리고 돌아와 문을 닫고 자취를 감추었다. 사는 집이 한찬남의 집과 서로 연해 있었으나 일찍이 서로 만나지 않고 온 집안의 자제들도 또한 그 얼굴을 본 일이 없었다. 그런데 이이첨이 사람을 시켜서 거취와 화복을 말하자 공은 웃으면서 말하기를, "몸이 죽고 집이 망하는 것이 어찌 운명이 아니겠는가?" 하였다.(行狀)

주지하듯이 한찬남과 이이첨은 광해군대 정국 주도 세력인 대북의 핵심적인 인물로, 이들은 자신들의 정치적 행동에 대한 명분 확보를 위해 이준 등의 포섭에 주력하였던 것으로 보인다. 그리하여 위의 인용문에서도 보이지만, 이이첨 같은 이는 이준에게, "만일 우리들을 따라 논다면 성공할 수 있다"고 회유하였으나. 이준은 "만일 내 몸을 끌어 가려거든 내 머리를 베어 가라"며 단호하게 거절하였다. 그리고는 이내 관직도 버리고 두문불출하였다. 그리하여 약 2년 반 동안은 정계에서 활동이 찾아지지 않는다. 그러다 1615년^(광해군 7) 이후가 되면 다시 이준의 행적이 확인되나, 이 시기는 앞서 자신에게 회유와 협박을 일삼던 한찬남과 이이첨 등이 정국을 주도하던 상황에서 고식적으로 관직에 나오는 정도에 불과하였다. 다만, 1620년^(광해군 12)에 제기했던 기로연의 시행 논의는 주목된다. 태조 이후 기로소는 국왕들의 관심 속에서 운영되었고, 1591년^(선조 24)과 1615년^(광해군 7) 등에서 시행되었다. 그런데 1620년에 이준이 다시 기로연의 시행을 제안한 것이었다. 이준은 삼공을 초청해 간략하게 기로연을 베풂으로써 조정에서 기로소를 설치한 뜻을 복원하자고 제안하고 있다. 물론 이같은 제안이 일상적인 국가 고위 신료들에 대한 예우 차원의 일상적인 발언으로 볼 수도 있겠다. 그러나 이를 좀 더 적극적으로 해석해보면, 광해군대 이후에 지속적인 정국의 혼란상과 영창대군의 죽음, 인목대비의 폐비 등으로 이어지는 일련의 정국 속에서 조정 원로의 위상을 제고하려는 것이 아닐까도 해석된다. 즉 정치에서 원로들의 위상을 강화하고 이를 통해서 국가의 안정을 취하려는 의도가 숨어 있던 것은 아닐까 한다.

이준은 이후 한동안 다시 정치에 모습이 드러나지 않다가 1623년^(인조 1) 인조반정 성공 후 인조의 소명을 받았다. 그러나 이준은 소명에 응해 입조해서는 "노신老臣이 죽지 않고 다시 국가의 대변혁을 보았고, 또 나이가 치사致仕할 때가 지났사오니 원컨대 돌아가기를 빕니다"며 끝내 출사하지는 않았다. 아울러 이때 이준은 자신을 불러준 인조에게 "옛 임금을 죽이지 마시옵소서"라며 광해군의 목숨을 부지하게 할 것을 건의한 점은 주목되는 구절이다. 인조반정 직후 이준에 대한 인조의 소명은 일단은 정권 안정을 위한 원로에 대한 예우 차원이자 동시에 명분 확보를 위한 것으로, 반정 직후 남인 이원익을 불러들인 것도 마찬가지 이유에서였다. 이준은 1624년(인조 2) 4월 일기를 마감하였다.

〈도-3〉 숙헌공(이준)사우

03
경기 지역의 주요 가문으로 자리잡다

양주 지역에 입향한 이준 가계는 당대 유력 사족들과의 혼맥을 형성하며, 이를 바탕으로 정치 사회적 활동을 하였다. 먼저 16세기 중반 혼맥에서 주목되는 성씨는 이응의 처가인 풍천노씨 노연盧禋 가계와 이준의 처가인 청주경씨 경시형慶時衡 가계이다. 풍천노씨 노연의 부친은 노우랑盧友郞이고, 노우랑의 부친은 노반盧盼이다. 노반의 아들에는 노우랑 이외에 노우명盧友明이 있는데, 노우명의 아들이 노진盧禛이다. 따라서 노연과 노진은 사촌관계가 되므로, 이응에게 노진은 처삼촌의 관계가 된다. 노진은 호가 옥계玉溪 또는 우재迂齋 등으로 불리던 인물로, 1546년(명종 1) 증광문과에 급제 후 승문원권지부정자를 시작으로 명종대에는 이조참의와 충청도관찰사, 전주부윤, 부제학 등을 역임하였고, 선조 연간에는 대사간을 비롯해 경상도관찰사, 대사헌, 이조판서 등을 역임하였다. 1552년(명종 7)에는 염근리廉謹吏로 선정되기도 하였고, 1555년(명종 10)에는 어린아이들의 수신 교재인 『양정편養正編』 1천여 건을 인출하여 향리의 자제들에게 배포하기도 하였다. 그는 평소 김인후를 비롯해 노수신 등과 교류하였으며, 1562년(명종 17)에는 용천사라는 절에서 이항과 회합하였고, 1565년(명종 20)에는 진주 덕천에 우거하고 있던 조식曺植을 방문하거나 이황을 찾아가 서신을 주고 받는 등 당대 사림계 인사들과 교류를 갖고 있던 인물이다.

　이준의 처가인 청주경씨 경시형의 부친은 경혼慶渾으로, 경혼의 집안 역시 당대 사림계열의 가문이었다. 경혼은 문과 급제 후 사관을 비롯해 충청도관찰사, 승지와 부제학 등을 역임하였으나 그가 활동하던 시기는 을사사화가 발발하고 이후 소윤 윤원형이 득세하던 시기였다. 이런 상황에서 경혼은 윤원형의 심복인 진복창의 비난으로 결국 관직에서 체차되는 등 정치적으로 불운을 경험하였다. 경혼의 부친인 경세청은 김종직 문하에 출입하면서 김안국 등과 교유하였으며, 경혼 역시 부친의 영향을 받아 김안국 문하에서 학문을 수련하였다. 이처럼 이응과 이준의 처가는 당대 사림세력과 일정한 관련을 갖는 집안이었다.

　이밖에도 이준의 사위 해평윤씨 윤제尹璟는 윤승길尹承吉의 아들로, 윤승길의 조부 윤은필은 기묘사화때 피화된 인물로 기묘당적己卯黨籍에 이름이 올라 있는 사림계 가문이었다. 윤승길은 좌참찬까지 역임한 인물로, 후일 택당 이식은 그에 대해 "공만은 유독 조정에 선 지 50여년이 되도록 드러나게 지목할 만한 당파가 있지 않았다"고 평가하였다. 윤승길 이하 3대는 음사로 관직 생활을 하다가 현손대부터 그나마도 여의치 않았던지 포의布衣로 생활하였다. 윤승길 가계는 후대에 이산해를 비롯해 허목, 윤휴 등과 세교를 맺은 가문이었다. 윤승길의 형제는 윤승경 · 윤승서 · 윤승훈 등이 있었는데 윤승경은 문과 급제자이고, 윤승훈은 선조조에 영의정을 역임한 인물이다.

　이후 이준의 사후 만장挽章 찬술자를 비롯해 몇몇 기록을 통해서 그의 교유 관계를 확인해볼 수 있다. 기록상으로 확인되는 예로 본다면, 이준은 선배 그룹으로 서인 계열인 황정욱黃廷彧과 퇴계의 문인인 정곤수鄭崑壽 등과 교류하였음이 확인된다. 이들 이외에 이준이 주로 교류했던 인물들을 정치적으로 보면, 당대 각 붕당세력이 고루 분포하고 있다. 남인으로 이원익을 비롯해 이정형 · 이광정 · 한준겸 · 이수광 · 이성구 · 이민구 · 목대흠 · 이정겸 등이 확인되며, 서인으로 이호민을 비롯해 이경함 · 서성 · 이성록 · 이정구 · 신흠 · 여우길 · 이시발 · 윤황 · 이경여 · 이경의 등이 확인되고, 북인으로도 정광적 · 한효순 · 척관 등이 확인된다. 이준은 정치적으로 "젊어서 홍여순洪汝諄과 결탁하였다"(『인조실록』)는 기록을 통해서 보면, 동인 계열, 그리고 동인이 남인과 북인으로 분당되면서는 북인계 정치적 성향을 가진 것으로 파악된다. 그러나 이준은 위에서 열거한 바와 같이 특정 당색에 한정되지 않는 광범위한 교류 관계를 보이고 있다. 이는 학통에서도 마찬가지이다. 즉 학통상으로도 특정 학통에 집중되지 않는다. 조욱의 문인인 이직언을 비롯해 유희춘의 문인인 이호민, 윤근수의 문인인 이정구, 이덕윤의 문인인 이시발, 홍지성과 박순의 문인인 이춘원, 송인수와 이제민의 문인인 신흠 등과 함께 이이와 송익필의 문인인 서성 · 유순익 · 정엽과 성혼의 문인인 여우길 · 윤황 등이 확인된다. 이러한 사실은 이준의 교류 범위 내지 인적네트워크가 특정 당파, 특정 학통에 치우치지 않음을 말해주는 것이다.

이준의 인적 교유 관계를 확인할 때 주목되는 것이 1568년(선조 1) 문과 급제시에 동방同榜으로 급제한 인물들이다. 기록상의 한계로 다른 인물들과의 교류 관계를 확인하기는 어렵지만, 동년同年 혹은 동방이라 불리는 이들은 단지 과거 급제한 것에 그치지 않는다. 동방은 "형제의 의義를 맺고 천륜에 비기려고 하는 것"이 당연히 받아들여지던 것이 조선 사회의 특성이므로, 이들과의 친밀도는 일반적인 교류와 차이가 있을 것이다. 그의 동방으로는 병조판서를 역임한 홍여순을 비롯해 대사성을 역임한 우성전, 좌의정을 역임한 김응남, 영의정을 역임한 최흥원 등 당대 내로라하는 인물들이 대거 포함되어 있었다. 특히 앞서 언급한 바와 같이 홍여순과는 젊은 시절부터 상당 밀접하게 교류하였던 것으로 보인다. 이밖에도 성낙 · 윤선각(윤국형) · 김성일 이외에도 동방 인물들과 밀접하게 교류하였을 것이다.

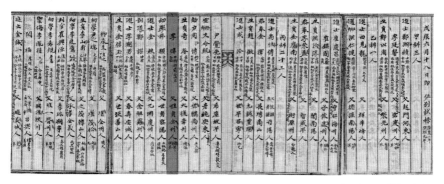

<도-4> 1568년(선조 1) 방목

이준의 교류 인물은 물론 이보다 폭이 넓었을 것이다. 이는 이준과 교류하였던 재종숙 이유간의 교류 범위와도 상당히 겹칠 것으로 판단되기 때문이다. 이유간과 이경직은 당시 서울의 서부인 근동(오늘날의 서대문구 미근동 일대이며, 주위의 합동, 의주로 1가동, 충정로2가동, 충정로3가동 등을 포함하던 지역임)에 거주하였는데, 이들의 교류 범위는 친계를 벗어나 처계나 외계 등 그 범위가 상당히 광범위하며, 또한 다양한 학통이 교류하고 있고, 특정 붕당에 국한되지 않는 교류를 보이고 있었다. 이들의 교류 인물은 상당수가 이준과 겹칠 것으로 판단된다.

이준 사후 후손들은 선영인 양주를 중심으로 세거하는 한편 지역적 기반을 확대하였다. 이준-이정익-이덕항으로 이어지는 가계를 양주를 비롯해 파주와 적성 등지로 확대하는 동시에, 이덕항-이로李輅 계열의 경우는 호서의 연산으로 지역적 기반을 확대하였다. 이준-이정익-이덕함 계열의 경우는 경상도의 칠곡이나 진주 등으로 기반을 확대하는 계열이 있는 가하면 이덕함-이택-이익년 계열은 양주 인근의 적성 일대에서 세거하였다. 이익년의 경우 1689년(숙종 15) 증광 진사시에 입격한 뒤에 같은 해 증광시 문과에 급제하였다. 이익년은 기사환국 이후 남인 정권하에서 승정원 가주서를 비롯해 율봉 찰방, 성균관 전적, 병조 좌랑, 전라도 도사와 지평 등을 역임하였다. 그는 갑술환국 이후 서인 정권이 들어선 뒤에도 병조 좌랑을 비롯해 장연 부사, 해주 목사, 진주 목사 등을 지냈는데, 진주 목사에 재직하면서 사망하였다. 이준-이공익 계열의 경우는 주로 양주와 적성을 지역 기반으로 생활하였고, 이준-이방익 계열 역시 양주 일대에서 주로 세거하면서 이덕하와 이찬 등의 사마시 입격자를 배출하였다. 조선 후기 전성부원군 이준의 가계는 주로 경기 북부 지역에 세거하면서 주요 가문으로 자리 잡았다고 하겠다.

:: [표 3] 전성부원군 이준 후손의 가계도 초략

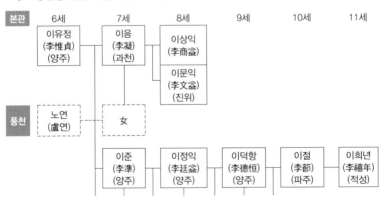

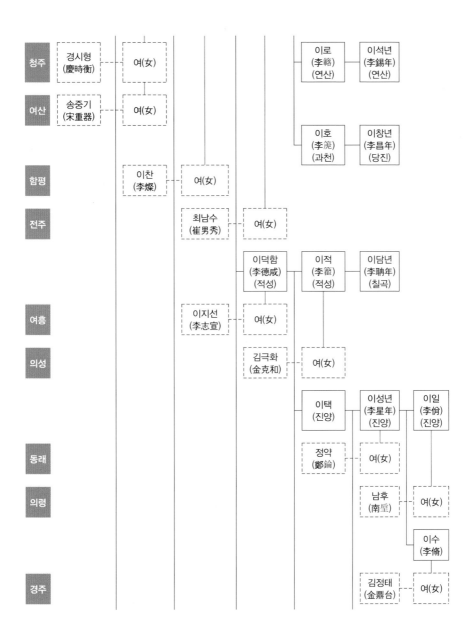

청주	경시형 (慶時衡)	여(女)			이로 (李輅) (연산)	이석년 (李錫年) (연산)
여산	송중기 (宋重器)	여(女)				
					이호 (李滈) (과천)	이창년 (李昌年) (당진)
함평	이찬 (李燦)	여(女)				
전주		최남수 (崔男秀)	여(女)			
				이덕함 (李德咸) (적성)	이적 (李藋) (적성)	이담년 (李聃年) (칠곡)
여흥		이지선 (李志宣)	여(女)			
의성		김극화 (金克和)	여(女)			
				이택 (진양)	이성년 (李星年) (진양)	이일 (李佾) (진양)
동래				정약 (鄭鑰)	여(女)	
의령					남후 (南垕)	여(女)
						이수 (李脩)
경주					김정태 (金鼎台)	여(女)

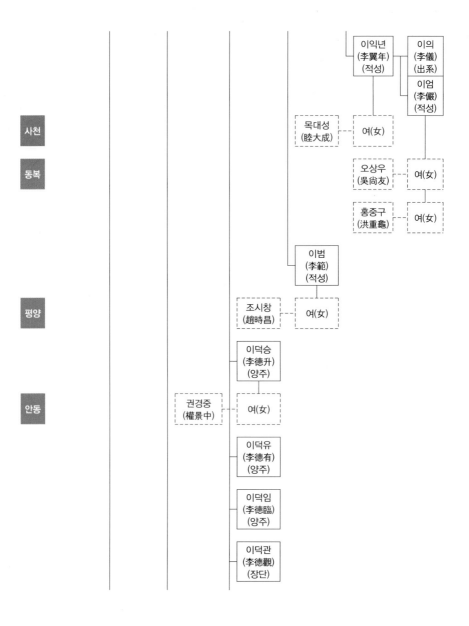

사천

동복

평양

안동

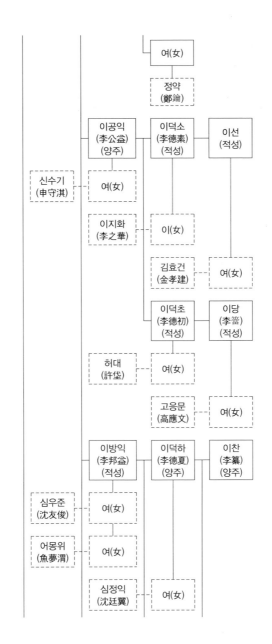

초계

고령

전의

안동

양천

제주

청송

함종

청송

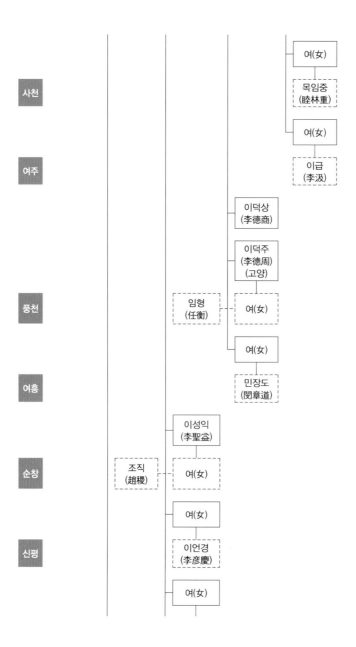

사천

여주

풍천

여흥

순창

신평

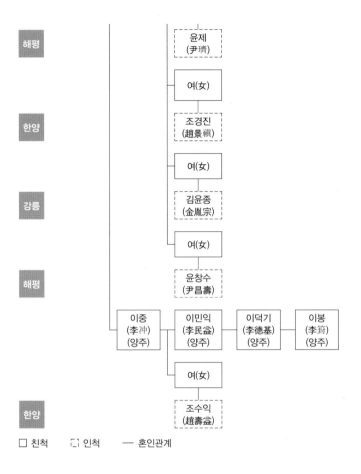

해평	윤제 (尹璿)
한양	여(女) 조경진 (趙景禛)
강릉	여(女) 김윤종 (金胤宗)
해평	여(女) 윤창수 (尹昌壽)

이중
(李冲)
(양주) — 이민익
(李民益)
(양주) — 이덕기
(李德基)
(양주) — 이봉
(李箁)
(양주)

여(女)

| 한양 | 조수익
(趙壽益) |

□ 친척　　⸌⸍ 인척　　── 혼인관계

　　이준 사후 후손들은 동인 계열, 그리고 나중에 동인이 남인과 북인으로 분당되어서는 초기에는 북인으로 활동하다가 인조반정 이후에는 남인으로 자정한 것으로 판단된다. 이는 전성부원군 가계의 혼맥을 통해서 확인된다. 이준의 손자인 이덕함의 처가인 여주이씨 이지선李之宣 가계, 이덕승의 처가인 안동권씨 권경중權景中 가계, 이덕소의 처가인 전의이씨 이지화李之華 가계, 이덕초의 처가인 양천허씨 허대許坮 가계, 이준의 손녀 사위(이정익의 사위)인 초계정씨 정약鄭鑰 가계, 여흥민씨 민장도閔章道 가계 등이 이에 해당된다.

이덕함의 처가인 여주이씨 이지선은, 부친이 소릉 이상의李尙毅이다. 이상의는 화담 및 남명학파와도 교류한 인물로, 성호 이익李瀷의 증조가 되는 인물이다. 이지선을 매개로 이준 가계는 기자헌奇自獻 가계와 연결되었다. 이덕승의 처가인 안동권씨 권경중은, 부친이 권협이다. 권협의 아들로는 권경중 이외에 권신중·권필중·권정중·권근중·권심중·권위중 등이 있으며 권신중의 아들 가운데 한 명인 권대임은 선조의 부마로, 부인은 정선옹주이다. 이밖에도 이덕소의 처가인 전의이씨 이지화는 영남 인동의 장현광張顯光의 문인이고, 이정익의 사위 정약은 숙종조에 도승지와 강원도관찰사, 개성 유수 등을 역임한 인물로, 그의 사위가 옥동체로 유명한 여주이씨 옥동 이서李漵이다. 여흥민씨 민장도는 숙종조 남인의 거두였던 민암의 아들로, 부친과 함께 숙종조 남인 정권의 실세로 활동하였던 인물이었다.

이상에서 거론한 가계는 대개 정치적으로는 동인, 그리고 동인에서 분화된 남인 및 북인 계열이며, 북인 계열의 경우도 대개 인조반정 이후에는 남인으로 정치적 입장을 갖는 가계들이다. 후에 이준의 손자 이덕하李德夏 형제가 윤휴尹鑴와 종유從遊하고, 이덕하의 부친인 이방익李邦益의 묘갈명을 윤휴가 찬술하고 허목許穆이 쓴 것은 이런 가계 구성에 연유한 정치적 배경이 주요한 요인으로 작용하였을 것이다. 이방익은 이수광李晬光 및 한준겸韓浚謙과 교류하기도 하였다.

이방익에 대해 윤휴는 다음과 같이 평하였다.

"공은 성품이 엄하여 혹은 남의 과실을 면전에서 힐책하기도 하였으나 마음속에는 간격을 두지 않았고, 만년에는 또한 남들과 친근하게 왕래하는 일도 드물었다. 집이 남산南山 밑에 있었는데, 조용하고 경치 좋은 터를 잡아 집 한 칸을 짓고 그 안에 기거하면서 매양 손이 올 적마다 있고 없음을 따지지 않고 손을 위해 술자리를 베풀어 도도히 즐기었다. 서법書法은 조송설趙松雪의 서체를 본받았는데, 수시로 붓을 휘둘러 글씨를 써서 흥을 부칠 뿐이었고, 이것을 남들에게 과시하지는 않았다. 지위는 덕에 차지 못하였고 나이는 5, 60에도 이르지 못했으니 슬프다."(윤휴, 『백호전서』)

윤휴의 기록을 보면, 이방익은 당시 서울의 남산 일대에 경저를 가지고 있었음을 알 수 있다.

이준의 후손들은 17세기 후반 이후가 되면 남인계 핵심 가문들과 혼인을 맺었다. 17세기 중반 이후인 10세~11세에는 이덕하의 사위 가계인 사천목씨 목임중, 10세 이익년의 처가인 사천목씨 목대성 가계, 11세 이엄의 처가인 동복오씨 오상우 가계 등이 주목되는데, 이

〈도-5〉 이방익 묘갈

들 모두 남인내 핵심 가문이라는 사실은 주목된다. 사천목씨 목임중의 부친은 목겸선이고, 조부는 지중추부사를 역임한 목서흠이다. 숙종대 남인세력의 핵심 인물인 목내선은 목겸선과 형제간으로, 목임중은 목내선의 조카이다. 동복오씨 오상우는 오시복의 아들로, 오시복은 숙종조 이조판서를 역임하였던 대표적인 남인계 인물이다. 사천목씨와 동복오씨는 17세기 후반 남인계를 대표하던 가문이자, 정치적으로 상당한 위치를 점했던 가계이다.

대체로 16세기 중반 이후에는 사림계열의 성씨들과 혼인을 하였고, 이후 사림세력이 동·서인으로 분당된 16세기 후반~17세기 전반 때까지는 동인 계열과 혼인을 하였다. 그리고 17세기 중반 이후에는 주로 남인계 가문들과 혼인이 이루어지고 있다. 이러한 혼인관계는 상산군과 이준 가계의 정치적 성향을 반영하는 것이다.

| 참고문헌 |

전주이씨덕천군파 전성부원군종회, 『전성부원군유사』, 1988
이근호, 「17세기 전반 경화사족의 인적관계망」, 『서울학연구』37, 2010

5부

양평,
광주이씨 한음漢陰
이덕형李德馨 가문

01
양근(양평)에 정착하다

광주이씨의 시조는 신라 때 내사령을 지낸 이자성李自成인데, 광주를 본관으로 한 것은 고려 때로 알려져 있다. 이자성의 후손들이 고려 태조 왕건에 복종하지 않자, 왕건이 이들 일족을 회안淮安으로 옮겼다. 회안이 후에 광주廣州로 개칭되면서 이들의 본관지가 되었고, 광주이씨는 이 지역의 토착성씨가 되었다.

　　광주이씨가 역사상 주목을 받게 된 것은 중시조인 둔촌遁村 이집李集 때 이르러서였다. 이집은 고려 말 과거에 급제하여 이른바 신진사대부 계열로 활동하며 이색이나 정몽주, 이숭인 등과 교류하다가, 신돈의 집권기에는 둔촌(오늘날의 서울시 강동구 둔촌동 일대)의 토굴에 은거하였다. 광주이씨는 고려 말 조선 초라는 역사적 격변기를 거치면서 새로운 왕조 조선에 적극적으로 출사하여, 이집의 아들인 이지직은 충청감사를, 이지강은 호조판서와 예조판서, 대사헌 등

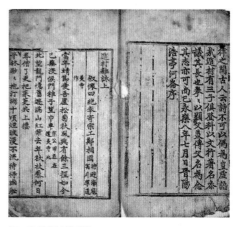

〈도-1〉 이집의 둔촌잡영

을, 이지유는 성주목사 등을 역임하는 등 가문 성장의 발판이 마련되었다.

광주이씨는 이지직의 아들과 손자대를 거치면서 조선조의 최고의 문벌로 평가되었다. 이지직의 아들인 이인손과 이예손, 그리고 손자대에 이른바 8극八克으로 불리는 이인손의 아들인 이극배, 이극감, 이극증, 이극돈, 이극균과 이예손의 아들인 이극규, 이극기, 이극견 등을 배출하며 최고의 성세를 구가하였다. 이인손의 다섯 아들은 모두 과거에 급제했을 뿐 아니라 이극배는 병조참의를, 이극감은 형조판서를, 이극증은 병조판서를, 이극돈은 이조와 병조판서를, 이극균은 우의정을 역임한 것 이외에도 이들은 좌익공신이나 익대공신, 좌리공신 등에 책록되기도 하였다. 이런 때문인지 조선 전기 최고의 문호로 알려진 성현成俔은 광주이씨를 가리켜 당대 최고로 문벌이 성한 가문이라 칭하였다.

다음은 광주이씨의 묘소 소재지 분포 상황이다. 세거지의 변화를 확인하기 위해 작성한 것이다.

:: [표-1] 광주이씨 묘소 소재지의 변화(1대~9대)

1대	2대	3대	4대	5대	6대	7대	8대	9대	묘소 소재지
이집 (李集)									광주 세촌면
	이지직 (李之直)								광주 세촌면
		이장손 (李長孫)							광주 세촌면
			이극규 (李克圭)						광주 세촌면
		이인손 (李仁孫)							여주
			이극배 (李克培)						광주 구천면

1대	2대	3대	4대	5대	6대	7대	8대	9대	묘소 소재지
			이극감 (李克堪)						충청 중원군
			이극증 (李克增)						광주 탑동
			이극돈 (李克墩)						광주 세촌면
			이극균 (李克均)						광주 탑동
				이세준 (李世俊)					진위
					이수충 (李守忠)				양주 진건면
						이진경 (李振慶)			광주 율현
							이민성 (李民聖)		양근 서중면
								이덕형 (李德馨)	양근 서중면
		이예손 (李禮孫)							광주 세촌면
			이극기 (李克基)						광주 돌마면

〈표-1〉에 따르면, 1대 이집과 2대 이지직은 광주 세촌면으로 확인된다. 이후 3대에 이르면 묘소 소재지가 변화하는데, 이장손과 이예손은 광주 세촌면에, 이인손은 여주에 위치하였다. 한음 직계 선대인 4대 이극균은 광주 탑동, 5대 이세준은 진위에, 6대 이수충은 양주에, 7대 이진경은 광주에 위치하였다. 그리고 이덕형의 부친인 이민성대부터 양근으로 확인되며, 이덕형의 묘소도 양근(현 경기 양평군 양서면 목왕리)에 위치하였다. 이 같은 묘소 소재지는 세거지의 변화와 맥락을 같이한다. 이민성과 이덕형의 묘소가 양근에 위치하게 된 과정에 대해서는 『경기도 불천위』에서 다음과 같이 기록하고 있다.

"선생의 장남(이여규)이 양근군수로 몇 년 지내는 동안 선생과 부친 지사공 (이민성)이 가끔 이곳에 들렀다. 당시 선생 부자가 자주 다니던 중은사(中隱 寺 또는 叉溪寺 차계사)라는 절이 있었고, 선생의 조부 항렬인 이준경 선생의 묘소가 있는 목왕리의 산수를 좋아하였기 때문에 이곳에 부모 산소자리를 친 히 잡아놓았다.

임진왜란 때 통진에서 돌아 간 모친 문화류씨와 부인 한산이씨의 묘를 1603 년에 현재 위치인 양서면 목왕리로 이장한 뒤에 북한강 건너 십리 거리로 두 분의 묘소가 잘 보이는 이곳을 은거지로 잡았고, 광해군이 집권하면서 간신 들의 모함이 심해지자 관직을 사양하고 이곳으로 내려와 살았다.

선생이 이곳에 머물 때면 그와 절친했던 이항복, 박인로, 사명대사 등이 가끔 들러서 함께 지내기도 하였는데, 1613년 선생이 타계하자 후손들이 그의 부 인과 합장으로 장사지냈고, 타계한 지 150년이 지난 영조 때 이르러 왕명으로 양서면 목왕리, 부용리 그리고 조안면 송촌리 일대를 그의 사패지로 지정하 여 후손들로 하여금 영구히 제사를 모시도록 하였다."

(경기문화재단,『경기도 불천위』3 , 2015 인용)

이덕형(1561~1613)은 이극균의 후손으로, 서울에서 태어나 서울과 외가가 있 던 경기도 포천과 경상도 상주 등지에서 생활하였다. 이덕형의 어릴 적 생활을 이야기하면 오성 이항복(1556~1618)을 거론하지 않을 수 없다. 오성과 한음에 대 해서는 많은 이야기가 전한다. 그러나 사실 이들 두 사람의 만남은 어릴 적이 아닌 이덕형이 18살 때인 1578년(선조 11) 소과小科라고도 알려진 생원진사시 때 였다. 시험장에서 만나 이후 두 사람은 친밀한 관계를 유지하며 교류하였다.

1580년(선조 13) 과거에 급제한 이덕형은 젊은 나이임에도 불구하고 이미 문장에 대해서는 이름을 날렸던 것 같다. 1582년(선조 15) 명나라에서 파견된 사신 왕경민이 시를 보내 정신적 교류를 요청하였으니 말이다. 이덕형은 임진왜란을 종식시키는데 중요한 역할을 하였다. 전쟁 발발 초기 고니시 유끼나가[小西行長]가 조선 측에 공문을 보내 화의和議를 맺고자 하면 이덕형을 보내라고 한 적이 있었다. 이덕형은 목숨이 위태로운 상황임에도 주저하지 않고 대화를 하기 위해 나아갔으나 일본 측에서 나오지 않아 회담은 성사되지 않았다. 이덕형은 또한 명나라에 지원군 요청을 주도하였고 선조가 평양에 있을 때는 대동강에서 겐소[玄蘇]와 회담하며 일본의 침략을 공박하기도 하였다. 이밖에도 이덕형은 명나라에 파견된 이여송과 함께 방비를 강화하는 한편 직접 전장에 나아가 조선 측 군대를 지원하였으며 민심의 수습에도 힘을 기울였다. 전쟁 후 이항복이 이덕형의 공신 책봉을 건의했으나 본인이 사양하여 책록되지는 않았다.

전쟁 후에는 국가 재건에 주력하였고, 광해군이 즉위한 뒤에는 광해군의 책봉을 미루

그림-2 이덕형 초상

는 명나라로 달려가서 그들을 설득해 결국 책봉을 받아냈다. 명나라 사신이 왔을 때는 이들을 상대하기 위해 광해군은 부리나케 용진龍津(오늘날 경기도 양평 일대)에 물러나와 휴가를 보내고 있는 이덕형을 즉시 소환하였다. 이렇게 국가적 위기에서는 한 치의 망설임도 없이 나아갔던 이덕형이었지만 광해군이 영창대군을 처형하고 인목대비를 유폐하려고 할 때는 목숨을 아까워하지 않고 극력 반대하다가 관직이 삭탈된 후 용진에서 생활하다가 일생을 마쳤다.

02
한음 사후 위선사업과 변무록辨誣錄 시비

한음 이덕형은 이여규李如圭(1581~1635), 이여벽李如璧(1585~1622), 이여황李如璜 (1590~1632) 등의 아들을 두었다. 이 중 장남인 이여규는 아산현감 및 면천군수와 사복시 내승을 거쳐 상주목사를 역임하였다. 차남인 이여벽은 현감을 역임하였고, 삼남인 이여황은 1612년(광해군 4) 증광시에 급제, 세자시강원 설서를 위시하여 홍문관 수찬과 부수찬, 안서安西(海州의 다른 이름)현감을 거쳐 사간원 장령, 홍문관 교리를 비롯해 승정원 우부승지와 황해감사를 역임하였다.

이덕형 아들들의 관직 생활은 사실 서인들의 견제 하에 있었다. 일례로 1626년(인조 4) 2월 이여황이 수찬에 제수된 바 있는데, 해당 일자의 실록에는 사론史論이 수록되었다. 해당 사론의 내용은 이여황에 대해서 "물의가 모두 외람되다고 하였다物議皆以爲冒濫"라고 표현하였다. 물론 사론의 논평이 후대에 실록을 작성하면서 첨가된 것이어서 당대의 사실이 아닐 수 있다. 그러나 실록에 수록된 사론이 대개는, 사론이 수록된 시기에 재직하였던 사관史官의 사초史草에 의거한 다는 점을 놓고 본다면 관직 제수 당시 서인들의 생각을 반영한 것으로 보아도 무리는 없을 것이다. 물의가 외람되다고 하는 것은 이여황의 관직 제수가 서인들의 입장에서는 못 마땅하다는 인식을 반영하는 것임과 동시에 서인들이 이여황에 대해 상당히 의식하고 있음을 반영하는 사실이다. 이처럼 이여황을 비롯해 이덕형 후손들은 서인 정권 하에서 끊임없이 감시와 견제의 대상이 되었고, 그로 인해 그들의 관직 진출은 제한적일 수밖에 없었을 것이다.

이 같은 상황은 광해군대와 인조대의 정치적 상황에 따른 것이었다. 이덕형의 생존 당시에도 그렇지만 사망한 직후인 광해군대 정국에서 그에 대한 시호를 청하는 일조차 어려웠던 상황에서 자손들의 관직 진출은 쉽지 않았을 것이다. 이런 상황은 인조반정 이후에도 크게 변하지는 않았다고 보인다. 주지하듯이 인조반정은 서인 주도 하에 이루어졌으며, 반정 성공 후 정국은 서인이 주도하는 상황에서 일부 남인과 소북 인사들이 등용되는 정도였다. 특히 남인이나 소북의 등용은 인조가 공신들을 제어하기 위한 "억강부약抑强扶弱"의 측면에서 이루어진 것이기도 하다.

국왕의 남인이나 소북 인사의 진용進用을 당시 서인측 공신들은 경계하였다. 그 결과 공신들이 모여 밀약하기를 이조 참판 이하는 남인의 참여도 허용하지만 이조 판서 이상과 의정부에는 남인의 진출을 허용하지 말자고 하였다. 물론 남인으로서 이성구李聖求 같은 인물이 상신에 제수된 경우가 있기는 하지만 이는 이례적인 일이었다. 이와 같은 정국 상황에서 남인의 당색을 띤 이덕형 후손들의 정치적 진출이나 정권에서의 비중은 명약관화한 일이었다.

그러나 이 같은 견제에도 불구하고 이덕형 가문이 남인 가문에서 차지하는 영향력은 적지 않았을 것으로 판단된다. 이러한 이해는 아래에서 제시한 세교世交의 범위를 살펴보면 가능하다.

이덕형 가문의 세교에서 먼저 주목되는 것은 안동권씨로, 이여규의 처부가 권반權盼이고, 이여규의 손녀사위가 권환權煥이다. 권반은 인조 초 충청도관찰사로 재직하며 대동법의 시행을 시도했던 인물로 잘 알려져 있다. 권반 당대 안동권씨는 광주이씨 이덕형 가문을 비롯해 사천목씨 목내선睦來善, 전주이씨 이수광李晬光 가문 등과 혼인 관계를 맺고 있다. 이여규의 손녀사위인 권환은 숙종대 남인 정권의 핵심인 권대운의 조카로 숙종 초에는 지평과 부수찬, 교리 등을 역임한 인물이다. 예송과 관련하여 숙종 초에는 송시열의 고묘론告廟論을 주장한 대표적인 남인 내 대노론 강경인물이었다.

안동권씨 이외에 이덕형 가문과 세교로 주목되는 성씨는 사천목씨이다. 이덕형의 증손녀 사위 중 한 명이 목임현睦林賢이고, 고손인 이수인李壽仁의 처가가 사천목씨 목임형睦林馨의 가계이며, 이덕형의 차남 이여황의 사위가 목행선睦行善이다. 목임현과 목임형은 형제간으로 모두 목서흠의 손자이며, 목서흠의 아들로는 목임형의 부친인 목기선을 비롯해 목겸선, 목내선 등이 있다. 목임형과 목임현은 모두 숙종대 남인 정권의 핵심인물인 목내선의 조카이다. 또한 이여황의 사위인 목행선의 부친은 목서흠과 형제간인 목대흠이다.

다음으로 주목되는 가문이 한양조씨 조경趙絅 가문과의 혼인이다. 이덕형의 증손인 이윤적李允迪이 조경의 손녀인 조위봉趙威鳳의 딸과 혼인 하였다. 이밖에도 이윤수李允修의 딸과 조경의 증손인 조수원趙守元, 이윤해李允諧의 딸과 역시 조경의 증손인 조수일趙守一이 혼인하였다. 조경은 효종~현종대에 남인계를 대표하던 인물로, 그의 위상으로 한양조씨 조경 가문은 당대 남인계 유력 가문들과 혼인을 맺고 있다. 조경 가문은 17세기 후반~18세기에 당대 남인계를 대표하던 사천목씨, 진주유씨, 여흥민씨 등과 혼인하였다. 사천목씨와는 목내선의 딸과 조경의 손자인 조구로趙九輅가 혼인하였고, 진주유씨는 역시 조경의 손자인 조구완과 혼인하였고, 여흥민씨는 조경의 증손인 조수문이 민암閔黯의 외손녀와 혼인하였다. 이런 조경 가문의 사회적 관계 역시 광주이씨 이덕형 후손들의 정치 사회적 활동에 중요한 배경이 되지 않았을 까 추정해본다.

이덕형 가문은 동복오씨와도 혼맥이 연결되어 있다. 이덕형의 손자인 이상정의 처부가 오단吳端이고, 이덕형의 손녀사위 중 한 명이 오정규吳挺奎로, 오정규의 부친은 오정吳靖이다. 동복오씨는 인조의 왕자 중 한 명인 인평대군麟坪大君의 처가로, 숙종 초 남인 정권에서 핵심적인 역할을 수행하였던 오정일을 비롯해 오시복, 오시수의 가문이기도 하다. 이밖에도 같은 남인계 가문으로 청송심씨 심유행 가문과의 혼맥이 있다. 이덕형의 증손녀 사위가 심유행의 아들인 심재沈梓로, 심재의 아들은 심최량과 심중량 등이 있고, 심재의 사위가 정도겸으로, 정도겸은 압해정씨 정시한의 아들이다.

광주이씨 이덕형 가문은 이상과 같이 17세기 이래 당대 대표적인 남인계 가문과의 혼맥을 통해 남인계 가문에서 주요한 위치를 점하였다. 이밖에 혼맥으로 볼 때 주목되는 가문이 서인 계열인 경주이씨 이항복李恒福 가문, 한산이씨 이현영李顯英 가문 등 이다. 이덕형의 증손녀 중 한 명이 경주이씨 이시망李時望과 혼인하였다. 이시망은 이항복의 손자로, 부친은 이성남李星男이다. 경종대 이후 영조대 중반까지 소론의 영수로 활동하였던 이광좌李光佐는 이시망의 종질이다. 또한 한산이씨와는 이기조李基祚가 이덕형의 첫째 아들인 이여규의 사위로 들어오면서 연을 맺고 있다. 이기조의 부친은 이현영으로 이조판서를 역임하였고, 이기조 역시 예조판서를 역임하였다. 이들 경주이씨와 한산이씨 가문은 후일 서인에서 분화된 소론의 정치적 성향을 보인다.

이상과 같은 명가들과의 세교는 이덕형 후손들이 남인 내에서 명가로서의 위상을 유지하게 하는 중요한 배경이었다. 다만, 이 중 서인계 그리고 후일 소론계 가문과의 혼맥은 광주이씨 이덕형 가문의 일종의 정치적 보험으로 작용하였을 것임은 물론이다.

이덕형 사후 후손들은 가문의 명성을 이어나가는 방편으로 이덕형에 대한 위선 사업을 추진하였다. 그 가운데 하나가 당대 명망인들로부터 이덕형에 대한 제문이나 만사를 비롯해 묘도문자를 받는 일이었다.

:: [표 2] 한음 이덕형 관련 문자의 찬자

문체(文體)		찬자(撰者)		
		성명(姓名)	본관(本貫)	주요 관력
제문(祭文)		심희수(沈喜壽,1548~1622)	청송	좌의정
		한준겸(韓浚謙,1557~1627)	청주	영돈녕부사, 국구(國舅)
		김두남(金斗南,1602~1697)	원주	동지중추부사
만사(挽詞)		심희수(沈喜壽,1548~1622)	청송	좌의정
		이항복(李恒福,1556~1618)	경주	영의정
		한준겸(韓浚謙,1557~1627)	청주	영돈녕부사, 국구(國舅)
		이호민(李好閔,1553~1634)	연안	좌찬성, 호성공신
		유근(柳根,1549~1627)	진주	대제학, 좌찬성
		이정구(李廷龜,1564~1635)	연안	좌의정
		오억령(吳億齡,1552~1618)	동복	형조판서, 우참찬
		이유홍(李惟弘,1567~1619)	전주	승지
		이경전(李慶全,1567~1644)	한산	형조판서
		이원(李愿)		
묘도 문자 (墓道 文字)	묘지(墓誌)	이항복(李恒福,1556~1618)	경주	영의정
	행장(行狀)	이준(李埈,1560~1635)	흥양	대사간, 부제학
	시장(諡狀)	정경세(鄭經世,1563~1633)	진주	이조판서, 대제학
	신도비명(神道碑銘)	조경(趙絅,1586~1669)	한양	이조판서
	본전(本傳)	신흠(申欽,1566~1628)	평산	영의정
	유사(遺事)	이귀(李貴,1557~1632)	연안	좌찬성, 정사공신

* 李德馨, 「한음문고」 부록 권3, 권4에 의거함.

이덕형과 관련된 문자의 찬자는 면면으로 본다면 당대 명사들을 대부분

포함하고 있다. 이는 이덕형 생존 당시의 위상을 반영함과 동시에 사후 이덕형 가문이 당대 사림 사회에서 차지하는 위상을 그대로 드러낸다고 해도 과언은 아니다. 명단 중 당색을 초월하고 있는 점도 주목되며, 남인들 가운데서도 근기 남인을 대표하는 조경과 영남남인을 대표하는 이준, 정경세 등이 포함된 점 역시 인상적이다. 한편 묘도문자는 사후 종종 시비를 야기한다. 조경이 찬술한 한음의 신도비명 역시 그런 시비를 촉발하였다. 이점에 대해서는 후술한다.

〈도-3〉 이덕형묘(문화재청)

이밖에도 후손들이 이덕형 사후에 위선 사업으로 추진한 것으로 문집의 간행을 들 수 있다. 이덕형에 대해 문집의 발문을 쓴 이준李埈은 한음을 가리켜 "문장과 사업을 겸비한 인물"로 묘사하였다. 김상헌은 이덕형에 대한 만사輓詞에서 역시 "문장 솜씨 뛰어나서 국가 시책 빛내었네文章贏得煥鴻猷/한평생에 이룬 훈업 청사 속에 남아 있고一生勳業餘靑簡"라고 평가한 바 있다. 그런 만큼 이덕형은 상당히 많은 저술이 있었을 것으로 생각되나 정경세鄭經世의 표현에 따르면, "시문이 아주 많았으나 병화兵火에 거의 다 산실되었다"고 한다.

다만 남아있던 글을 중심으로 이덕형의 문집 간행이 그의 사후 20여년이 지난 시기에 추진되었다. 이덕형의 문집 간행이 사후 20여년이 지나 추진된 것은 1633년(인조 11) 이덕형에게 문익文翼이라는 시호가 내려진 것에 맞추어 진행되었기 때문이다. 문집 간행은 아들 이여규와 이여황에 의해서 추진된 것으로, 처음에는 상주목사였던 이여규가 주도하고 이를 선산부사였던 이여황이 도왔던 것으로 보인다. 당시 이여규는 상주 지역 출신인 이준에게 발문을 요청하였다. 이여규가 사망한 뒤 이여황이 이를 맡아 주관하여 1634년 1월 이준의 발문을 받아 상주에서 초간본을 4권으로 간행하였다.

그 뒤 이덕형의 손자 이상진李象震이 주서로 재직하면서 승정원일기의 기록을 등출하는 등 유문遺文을 확보하였다. 그리고 외손이던 이송령李松齡이 마침 상주목사가 되어서는 집안의 조력을 기다리지 않고 문집의 간행을 주도하였다. 그러나 뜻하지 않게 외손 이송령이 사망하면서 직손直孫인 이상정李象鼎이 다시 간행을 도모, 상당수의 글을 모았다. 이상정 등이 모은 글은 운문韻文 약 300여 수, 표表· 차箚· 계사啓辭· 교서教書 등 110여 문장, 헌의獻議· 정문呈文 약간, 서독書牘 90여장, 명나라 장수와 주고받은 서간 7장, 일본 사신에 답한 문장 7장, 비지碑誌· 제문祭文· 잡저雜著 등 1권 등의 분량이었다. 이상정은 이렇게 모인 자료를 아들 이윤적李允迪을 통해 조경에게 보내어 서문을 요청, 1668년 중간본 12권을 간행하였다.

명망인들에게 묘도문자를 받거나 문집 간행 등을 통해 선조에 대한 추숭 사업이 진행하는 와중에 그 일환으로 1691년(숙종 17) 이덕형의 묘 앞에 신도비를 세우는 사업이 진행되었다. 이는 이덕형의 직손인 이윤수와 이수인 등이 주도하는 동시에 외손까지 참여하는 방대한 사업이었다. 그리고 이 과정에서 앞서 언급한 바 있는 조경으로부터 신도비문을 받았는데, 이것이 문제가 되면서 이른바 '변무록辨誣錄 시비'가 일어났다. 시비의 출발은 조경이 찬술한 이덕형의 신도비문 내용 중에 광해군 대 지평 정호관에게 불리한 문자가 있음이 알려지고, 이에 정호관의 후손들이 비문 내용의 일부를 산거刪去해 주기를 주장하면서 시작되었다. 문제의 내용은 정호관이 광해군대 대표적인 폐모론자인 윤인尹訒과 정조鄭造 등과 함께 폐모론을 발론하였다는 것이다. 정호관은 인조반정 이후 폐모론에 대해 반대한 사실이 참작되면서 관작이 복구되었으나, 조경은 이 사실을 도외시한 채 비문을 작성하였던 것이다.

정시한 측은 선조 정호관의 무욕에 대한 관련 자료를 수집, 이를 이덕형 가문과 조경 가문에 함께 보내 이의 원만한 처리를 요구하였다. 그러나 정시한의 요구는 수용되지 않았다. 광주이씨 이덕형 가문의 경우는 정시한 가문과의 연혼 관계 등을 고려, 일단은 비문을 찬술한 조경 가문의 입장에 따르겠다는 유연한 자세를 보였다. 그러나 조경 가문은 산거에 대한 냉담한 입장을 보였다. 선조의 문자를 후손이 함부로 손댈 수 없다는 입장과 함께 조경이 확실한 근거와 춘추필법의 편찬 원칙 하에서 비문을 지었기에 산거할 수 없다는 것이었다. 난감해진 정시한 측은 경중 사림의 공론을 유도하거나 영남 남인과의 연계를 통해 우호적인 여론을 조성하고 협조를 구했다. 그러나 정호관이 원하는 내용으로 결과가 이루어지지 못하자, 1709년(숙종 35) 정시한의 문인으로 진주목사에 재직하던 조식趙湜에 의해 정시한 측의 주장을 담은 『변무록』이 간행되어 세상에 알려졌다.

이렇게 되자 문제는 더욱 확산되면서 광주이씨나 조경을 지지하는 입장에서도 가만히 있을 수는 없었다. 그리하여 급기야 그 사실이 조정에까지 알려졌다. 즉 1709년(숙종 35) 9월 19일 전 하양현감 이복인李復仁과 장원서별제 이명좌李命佐 등이 연명해서 상소를 올렸다. 이후에도 같은 해 10월 8일 다시 이명좌를 소두로 하여 이성좌李聖佐 등 10여명 이상이 연명해서 상소를 올렸으며, 같은 날 이복인 등이 다시 상소를 올렸고, 전 좌랑 이존도李存道 등 또한 이 사안과 관련해서 상소를 올렸다. 상소 제출자 대부분은 이덕형의 후손들이지만, 이밖에도 경주이씨 이항복 가문의 인물인 이명좌와 전주이씨 이원익 가문인 이존도 등의 인사가 포함된 점은 주목된다.

이명좌는 이항복의 현손으로, 생부는 이세장李世章이고 이세만李世萬에게 출계하였다. 부친 이세만 역시 이시망李時望에게 출계한 인물이다. 이명좌 등 경주이씨 이항복 후손들의 상소 참여는 이덕형 가문의 혼인 관계 속에서 그 배경을 찾을 수 있다. 즉 앞서 언급하였듯이 이명좌의 조부인 이시망의 처부가 이상건李象乾으로, 이상건은 이덕형의 손자이다. 한편 이명좌와 함께 같은 시기에 상소를 올린 이존도는 오리 이원익의 현손으로, 생부는 이상현李象賢이고 양부는 이증현李曾賢이다. 이존도의 참여는 이덕형 가문의 세교를 볼 때 의외로, 일단 혼맥으로 이덕형 가문과는 연결성이 쉽게 찾아지지 않는다. 다만 그 개연성을 추적해본다면 학연이 주요 배경이었을 것으로 판단된다. 즉 이존도의 생부인 이상현이 미수 허목의 문인이라는 사실이다. 이덕형 가문에서도 이윤수가 미수의 문하에서 수학하였던 것이다. 이를 확장해본다면 이 시기에 발생한 변무록 시비 과정에서 이덕형 가문은 미수 허목 학맥의 적극적인 지원을 받고 있다고 하겠다.

사후에 동료 이준李埈은 이덕형을 가리켜 "문장과 사업을 겸비한 인물"로 평가하였다. 김상헌은 다음과 같이 애도하는 만사輓詞를 지었는데, 그 중 일부를 옮겨본다.

> 젊은 나이 좋은 명망 청류 중에 으뜸이라 / 妙齡英望冠淸流
> 선조 때에 인정받아 임금 총애 두터웠네 / 遭遇先朝寵渥優
> 풍도 모습 훤칠하여 국기(나라의 인재)로다 추앙됐고 / 風度翕然推國器
> 문장 솜씨 뛰어나서 국가 시책 빛내었네 / 文章嬴得煥鴻猷
> 한평생에 이룬 훈업 청사 속에 남아 있고 / 一生勳業餘靑簡
> 양대 동안 경륜한 건 백성들이 숭상하네 / 兩代經綸尙黑頭
>
> (김상헌, 『청음집』 권5, 칠언율시, 「漢陰李相國挽詞」)

03
무신란戊申亂과 한음의 국불천위國不遷位 인정

이런 상황에서 이덕형 후손들은 숙종대 일시적이지만 남인 정권에 참여, 남인계 일원으로서의 정치적 역할을 수행하였다. 이여벽의 손자로, 허목의 문하에서 수학한 이윤수李允修는 1681년(숙종 7) 문과 급제 후 홍문록에 등재되기도 하였고, 정언을 거쳐 홍문관 수찬, 지평, 장령, 부교리, 교리, 사간, 집의, 부응교, 응교, 승지, 황해도 관찰사, 대사간 등 청요직을 두루 역임하였다. 이윤수는 뿐만 아니라 동문들과 함께 남인계 산림이자 스승인 허목의 환향還鄉을 유보케하도록 하였고, 서인 정권하에서는 같은 남인계 인사인 민희閔熙나 권대운權大運 등을 구제하다가 삭탈관직 되기도 하였다. 이윤수는 또한 기사환국 직후 남인 정권하에서 송시열의 오례誤禮 책임을 물어 극변에 위리안치하거나 극형에 처하기를 청한 바 있다. 또한 서인계 중진인 김만중의 극변 안치나 김수항의 파직을 청하기도 하는 등 기사환국己巳換局으로 남인의 재집권이 이루어지자 역시 서인들의 축출에 전면에 나서서 활동하였다. 한편 주목되는 것은 1689년(숙종 15) 4월 중궁전인 인현왕후의 폐출이 논란이 될 때 이윤수는 동료인 목창명睦昌明이나 이식李湜 등과 함께 폐출을 반대하는 차자를 올린 사실이다. 이로 인해 나문拿問의 벌을 받았으나 권대운의 요청으로 사면되었다.

이윤수 이외에도 이여황의 손자인 이윤문의 활동도 주목된다. 이윤문은 음서로 관직에 진출, 활인서별제를 비롯해 공조좌랑과 임실현감, 한성부판관, 영천군수 등으로 재직하다가, 1692년(숙종 18) 문과에 급제하였다. 문과 급제 이후에는 정언, 문학, 필선, 보덕, 헌납, 사간, 집의, 문학, 집의 등 청직을 두루 역임하였다. 이윤문은 숙종 대 후반 같은 남인계 인사의 복관 문제에도 관여하였다. 즉 1712년(숙종 38) 유성명柳星明이 부친인 유혁연柳赫然의 복관을 청원하여, 유혁연과 함께 이원정李元禎의 복관 문제가 함께 논의되었다. 이때 대신들과의 논의 끝에 유혁연과 이원정이 혐의가 없다고 하여 복관을 명하였다. 그런데 이를 둘러싸고 이후 서인계 언관들이 격렬하게 부당함을 지적하자 이윤문은 역시 언관으로서 피혐避嫌을 해가며 서인계 언관들이 반대하는 것을 공박하였다.

이들 이외에도 역시 이여황의 손자인 이윤명은 1689년(숙종 15) 문과에 급제한 뒤에 검열, 대교, 정언, 지평, 부수찬, 교리 등을 역임하였다. 이수인은 1691년(숙종 17) 문과에 급제, 검열과 대교, 주서 등을 역임하였고, 이복인은 천안군수를 역임하는 등 지속적으로 사환자를 배출하였다.

한편 이들이 사환 활동을 하던 시기인 숙종대 후반 경종대 초반은 남인 내부에서 세력 분화가 진행되었다. 경종대 신축옥사辛丑獄事가 발생하여 소론이 집권하면서, 김일경을 중심으로 남인과의 연립을 꾀하는 움직임이 전개되자 그 분열이 더욱 가속화되어, 문외파門外派·문내파門內派·과성파跨城派로 나뉘어졌는데, 이들은 대개 기호남인 내의 분열이었다. 문외파는 심단沈壇을 중심으로 이인복李仁復(李元翼 후손)·이중환李重煥(李尙毅 후손)·오광운吳光運(吳端 후손)·강박姜樸(姜伸 후손) 등이 중심이 된 세력으로, 허목을 종주宗主로 하는 세력들이었다. 문내파는 권중경權重經·권서경權敍經·김화윤金華潤 등으로 이들은 기사환국 이후 당국자인 권대운이나 김덕원金德遠의 손자들이었다. 과성파跨城派는 문내·문외파로 분기된 남인세력 내에 중도세력들이었다. 이 중 문외파를 이끌던 심단은 이덕형의 종가인 이윤문의 사위이기도 하다. 광주이씨 이덕형 가문의 정치적 성향을 짐작케 하는 대목이다.

이렇게 남인계열이 분화를 거듭하는 사이 정국은 서인 중심으로 운영되었다. 주지하듯이 숙종말 경종초는 왕위 계승 논쟁을 둘러싸고 환국이 거듭되던 시기였다. 신임옥사는 그 대표적인 환국으로, 신임옥사의 결말은 서인 중 소론이 정권을 장악하였다. 정권을 장악한 소론은 노론의 처벌 문제와 함께 남인 세력의 진용 문제를 둘러싸고 이견이 드러나게 되고, 그 결과 강경파인 급소와 온건파인 완소, 중간파라고 할 수 있는 준소 등으로 분화되었다. 그러나 이후 정국 명분론에서 우세를 보인 급소 계열이 정국을 주도하였으며, 이를 주도한 인물이 김일경金一鏡이었다. 김일경은 반대 세력인 노론의 구축을 목적으로 일단은 남인계의 진용을 추진하였으며, 이때 제휴한 대표적인 인물이 심단이다.

심단은 앞서 언급한 문외파의 대표적인 인물이었다. 심단은 청송심씨 심온의 후손으로, 부친은 심광면이고 모친은 해남윤씨 윤선도의 딸이다. 그는 모친의 집이 있는 해남의 백련동에서 출생했으며 어려서는 윤선도의 훈도를 받은 것으로 말해진다. 숙종 초반부터 관직 생활을 시작하였으며, 1701년 이른바 무고옥으로 장희빈이 사사된 뒤 그 복제와 관련해서 민언량 등 일부 남인계 인사들이 장희빈이 국모를 지냈기에 일반 후궁들과는 복제가 달라야 한다고 하였을 때, 심단은 사대부들이 후궁을 위해 상소를 올리는 것은 부당하다는 입장으로 이들과는 일단 다른 입장을 보였다. 1721년(경종 1) 신축옥사로 소론들이 정권을 잡은 뒤에 김일경에 의해서 전격적으로 발탁, 이조판서에 제수되었다.

소론과 남인의 동상이몽을 확인할 수 있는 것이다. 당시 김일경이 굳이 67세인 고령의 심단을 발탁한 것은 그가 남인계에서 차지하는 위상 때문이었을 것임은 쉽게 짐작된다.

경종대 신임옥사로 정권을 잡은 소론계의 정권 장악은 그리 오래가지 못했다. 경종이 재위 4년 만에 승하하였기 때문이다. 새롭게 왕위에 오른 영조는 자신을 반대하던 소론 세력과 함께 남인 세력을 배제하였다. 당연히 소론과 남인 세력의 반발을 초래하였고, 이는 결국 정국의 불안 요소로 자리 잡았다. 그리고 그것이 끝내는 무신란과 같은 역변으로 나타났다. 무신란은 이전 남인 계열의 세가世家가 대거 참여하였다. 숙종 대 대신이었던 여흥민씨 민희와 민점의 후손인 민관효閔觀孝·민문효閔文孝를 비롯해 안동권씨 권대운의 후손들이나 원주김씨 김덕원의 후손들, 진주유씨 유명천·유명현의 후손들이 이에 연루되었다. 여기에 조선조 사림을 대표하는 상징적 인물인 조광조의 봉사손인 조문보趙文譜(여흥 민씨 민창도의 사위임)가 가담하는 등 광범위한 남인계 가문이 참여하였다. 이는 결과적으로 남인의 정치적 존립을 위태롭게 하였다.

무신란 당시 이렇게 남인계 가문의 대다수가 참여한 반면에 동복오씨 오광운의 경우는 오히려 진압군의 진영에서 공을 세우기도 하였다. 오광운은 먼저 무신란의 성격을 전국 단위의 역모 사건으로 파악하고, 소론 세력인 이광좌나 이종성 등을 설득해 경중에 거주하는 남인들의 구금과 민관효 등에 대한 국문을 주장하였다. 또한 박문수와 함께 동요하는 영남 인심을 수습하는데도 주력하였다.

무신란 당시 남인 계열이 이런 엇갈린 행보를 보이는 상황에서 광주이씨 이덕형 가문도 유사한 행태를 보였다. 무신란 당시 이덕형 가문은 조정의 입장에 있던 진압군과 반란군이 모두 드러났다. 먼저 진압군의 경우 이석인李錫仁이 이에 해당된다. 이석인은 이윤적의 아들로, 자는 계수이다 이석인의 모친은 한양조씨 조위봉의 딸로, 조경의 손녀이다. 이석인은 권유權愈의 문하에서 수업하였고, 1707년(숙종 33) 경녕전참봉을 시작으로 관직 생활을 시작하였다. 이어 제용감부봉사와 상서원직장을 거쳐 공조좌랑 등을 역임하였고, 1721년(경종 1) 이후 내섬시주부와 청풍현령, 익산군수와 김포군수 등을 지냈다.

영조 즉위 후인 1727년(영조 3) 예빈시주부에 제수되었다가 얼마 안 있어 전주 판관으로 나아가서는 전주시장에 걸린 흉서를 봉진하기도 하였다. 그리고 이듬해인 1728년 무신란이 발발하자 관찰사 정사효鄭思孝를 대신해서 병사를 점검하고, 태인군수 박필현朴弼顯이 이끄는 반란군을 진압하였다. 당시 이석인의 비장한 각오는 "관아에 들어가 가묘에 하직하고 가족과 작별한 뒤" 반란군의 체포에 나서는 모습에서도 알 수 있다. 결국 이석인의 주도하에 전주지역은 반란군으로부터 사수할 수 있었다. 이에 대한 공로가 즉각적으로 인정되지 못하고 다음 해 관찰사가 교체된 뒤 이광덕李匡德의 요청으로 결국 당하관으로 가자加資하라는 명이 내렸으나 "방해하는 사람이 있어서"시행되지 않았다.

이석인이 진압군의 입장에서 서 있었다면 이지인李志仁은 반란군의 입장에서 무신란과 관련되어 거론되었다. 이지인은 이여벽→이상정李象鼎→이윤수李允修 계통으로 말해지는데, 앞서 언급했던 1709년(숙종 35) 10월 8일 이복인 등이 연명 상소에 함께 연명을 했으며, 경종대에는 제릉참봉에 제수되기도 하였다. 이지인은 무신란과 관련되어 조사받은 신광원愼光遠의 입을 통해서 거론된 인물이다. 이지인이 체포된 것은 1728년(영조 4) 3월 21일 경으로, 청파역青坡驛 근처 창동倉洞에 있던 사촌형 이홍인李興仁의 집 사랑방에서이다. 처음 문초 때 이지인은 불복하였다. 그러나 1차 형신 뒤에는 무신란과 관련해서 처벌된 민관효와 관련설을 시인하였고, 3차 형신 과정에서 양성陽城 사람 권서린權瑞麟, 용인龍仁 직곡直谷에 사는 진사 안헌국安憲國의 아들 안황安熿, 같은 마을에 사는 안지원安趾遠, 과천果川 상포霜浦에 사는 이운징李雲徵의 손자 이인좌李麟佐 형제 등과 함께 모의했음을 실토하였다. 결국 이지인은 반란 세력과 관련성에 대해서 자술하게 되었고 신광원과 함께 역모를 도모했다는 사실을 자술하여 결국 참형에 처해졌다. 그리고 함께 있었던 이홍인 역시 귀양을 갔으나, 1736년(영조 12) 3월 20일 이지인과 함께 죄를 받는 것이 억울하다는 이유로 사면 조치가 내려졌다.

무신란의 여파는 이후 한 동안 지속되었다. 이 과정에서 이덕형의 후손이 연루되는 일이 있었다. 1733년(영조 9) 3월 21일 보은 사람 이귀흥李貴興과 이제동李濟東 등이 주도한 역변이 발생하였다. 그리고 여기에 이호인李好仁이 연루되어 조사를 받았다. 이호인은 앞서 언급된 이윤수의 아들로, 이제동의 공초에서 이호인이 무신년의 일을 거론하였으며, 이인관李仁寬의 공초에서는 이호인이 기전에서 도당 1백명을 모았다는 말이 거론되었다. 결국 이호인이 문초를 받는데 그 때 이호인은 물론 관련설을 전면 부인하였다. 그러자 이제동과 2차례 대질 신문이 이루어졌다. 그리고 끝내 이제동으로부터 "이호인과는 본래 혐의나 원한이 없는데 신이 형장을 이기지 못하여 과연 무고하였습니다. 이호인은 남인이 그의 말을 쉽게 믿는 까닭에 끌어 고하였습니다"라고 하여 이호인 관련설을 부정하면서 방송放送되었다.

이처럼 이덕형의 후손들은 당대 남인계 명가의 상당 가문이 연루된 무신란 당시에 한편에서는 진압군의 입장에서, 그리고 다른 계파는 반란군에 참여함으로써 처벌되기도 하였다. 그러나 조정의 입장에서 본다면 그렇다고 하여 무신란에 연루된 남인계 가문을 모두 폐고廢錮킬 수는 없었다. 탕평을 표방하던 영조의 입장이나 그를 도왔던 정치 세력의 입장에서는 더욱 그러하였다. 이에 따라 비록 무신란과 관련해서 처벌된 가문일지라도 다른 한편으로 이들 가문의 인물들을 조용하는 정책을 구사하였다. 이덕형 가문에 대해서도 마찬가지였다. 즉 무신란과 관련된 주범의 조사와 처벌이 어느 정도 일단락되었다고 판단, 1728년(영조 4) 4월 22일 영조는 창덕궁 인정전에서 백관들의 하례를 받고는 대소신료와 기로, 군민에게 교서를 내렸다.

그리고 다음날인 1728년 4월 23일 조태억趙泰億의 건의를 받아들여 이덕형 후손들의 조용調用 명령이 내려졌다. 당시 조태억은 이덕형을 거론하면서 임진왜란 때 이덕형의 공로는 원훈元勳과 다를 바가 없는데 녹훈되지 않았고 다만 분조를 잘 도운 공으로 한음부원군에 봉해졌으나 역시 광해조 때 파훈罷勳되어 공신호가 복구되지 않는 것이 애석하다며 공로에 대한 각별한 대우가 필요하다고 하였다. 그러면서 이덕형의 자손을 다른 공신의 예에 따라 일체 녹용할 것을 권하였고 영조가 이를 수용하였다. 이 조치는 교서가 반포되는 등 반란의 진압이 일단락 뒤에 이루어진 조치로, 처벌과 진용의 양면 정책을 구사한 것이다.

이덕형 후손들의 등용은 이후에도 지속적으로 이루어졌다. 특히 1758년(영조 34년) 4월에 있었던 이덕형 불천위 인정은 중요한 계기가 되었다. 즉 같은 해 4월 11일 함인정에 김재로 등이 입시하였다. 이때 김재로는 십 수 년내 마음속에 담고 있었던 것을 말한다고 하면서 이덕형과 조헌의 부조사不祧事를 거론하였다. 이덕형은 선조조의 탁월한 명상名相으로, 조헌은 도학道學과 절의節義로써 부조묘를 내릴 것을 요청하였다. 이 자리에서 김재로는 이덕형이 임진왜란 때 왜학통사 접견이나 중국 장수들의 접견에 공이 있을 뿐 아니라 파천한 선조를 호위하는데 공이 있다고 하면서 부조묘를 요청하였다. 영조는 이 요청을 받아들여 허가하고 예관을 보내 치제케 하였다. 이어 다음 날에는 이덕형 자손들을 수용하도록 지시하였다. 조선 시대에 부조묘 혹은 불천위不遷位 제도는 국가적 차원에서는 유교적 이념과 가치를 실현한 사람들을 대상으로 시행되었다. 나라에서 인정한 부조묘의 대상 가문은 당대 사회에서 최고의 존숭과 명예를 갖게되었다. 그 현실적 이익도 적지 않았다. 관직 승습이나 토지 혹은 노비 등이 내려졌고 각종 잡역이 면제되기도 하였다.

04
성호학파星湖學派 참여와 한음 연보年譜 간행

이후에도 1765년(영조 41) 11월 28일에 홍봉한이 이덕형의 중흥 공로를 생각해서 후손들의 조용을 요청하였으며, 영조로부터 봉사손을 해조에서 현주조용懸註調用하도록 하였다. 선조 이덕형의 불천위 인정은 이처럼 후손들에게 영향을 미쳐 후손들의 등용이 진행되었다. 아래는 18세기 후반 이후 이덕형 후손의 사환 경력을 정리한 것이다.

:: [표 3] 한음 후손(15대~18대)의 관직 진출 경로와 최종 관력

대수	인명			진출 경로	최종관력
	본인	부친	조부		
15대	이재한(李再漢)	이광적(李光績)	이수인(李壽仁)	음서	진잠현감
17대	이종억(李宗億)	이기륜(李基崙)	이재한(李再漢)	음서	신창현감
18대	이의익(李宜翼)	이종억(李宗億)	이기륜(李基崙)	문과	경기관찰사
18대	이의문(李宜文)	이용억(李容億)	이기륜(李基崙)	음서	양지현감
16대	이기숭(李基崶)	이지한(李趾漢)	이광세(李光世)	문과	수찬
17대	이장억(李章億)	이기은(李基㒥)	이지한(李趾漢)	음서	감역
16대	이기양(李基讓)	이종한(李宗漢)	이광운(李光運)	문과	예조참판
17대	이봉억(李鳳億)	이기화(李基和)	이달한(李達漢)	무과	훈련도정
18대	이의준(李宜俊)	이봉억(李鳳億)	이기화(李基和)	무과	선전관
16대	이기춘(李基春)	이운한(李雲漢)	이광복(李光復)	무과	울산병사
17대	이중억(李重億)	이기춘(李基春)	이운한(李雲漢)	무과	서천군수

대수	인명			진출 경로	최종관력
	본인	부친	조부		
18대	이의순(李宜淳)	이중억(李重億)	이기춘(李基春)	무과	이원현감
17대	이경억(李慶億)	이기춘(李基春)	이운한(李雲漢)	무과	사과
16대	이기운(李基雲)	이위한(李渭漢)	이광필(李光弼)		선전관
16대	이기림(李基林)	이정한(李正漢)	이광희(李光僖)	음서	순강원수봉관

이 표에 따르면 이덕형 후손들 중 음서로 관직에 진출하는 경우가 여러 명이 확인된다. 이재한, 이종억, 이의문, 이장억 등이 이에 해당된다. 음서 이외에도 문과 출신자로 16대의 이기숭과 이기양, 18대의 의의익 등이 확인된다. 이기숭은 이수인→이광세→이지한을 잇는 계통으로 1769년(영조 45) 10월 유생을 대상으로 한 전강殿講 시험에 지차之次의 성적을 받아 직부회시直赴會試의 특전을 받았다. 1771년(영조 47) 식년시에 급제한 뒤 승정원 가주서를 비롯해 부정자副正字, 전적, 병조와 이조 좌랑, 사간원 정언과 사헌부 지평 등 청직을 주로 역임하였다.

이기양은 1778년(정조 2) 영릉참봉을 시작으로 관직 생활을 시작, 광흥창봉사, 군자시주부와 한성부의 남부도사 등을 역임하였다. 한성부 남부도사로 재직하던 1783년(정조 7) 6월에는 윤대관輪對官의 일원으로 궁궐에 나아가 정조를 알현하였다. 이후 1795년(정조 19) 정시庭試 문과에 급제한 뒤 병조좌랑과 부수찬, 수찬, 교리, 지평, 집의 등 청직淸職을 지냈고 1797년(정조 21) 8월에는 동부승지를 거쳐 의주부윤 및 승지, 예조참판 등을 역임하였다.

18대 이의익은 1823년(순조 23) 12월 음서로 강릉참봉에 제수되면서 관직 생활을 시작하였다. 이후 의영고봉사를 비롯해 종부시직장, 장흥고주부를 거쳐 용궁현감, 임피현령, 원주판관, 양근군수와 부평부사 등을 지냈다. 1848년(헌종 14) 증광시에 급제한 뒤에는 동부승지와 회양부사, 예조판서, 대사헌, 동지성균관사, 판의금부사, 공조판서 등을 거쳐 1865년(고종 2) 1월에는 의정부좌참찬에 제수되었다. 이후 이조판서를 비롯해 한성부판윤과 경기관찰사 등을 역임하였다.

이덕형 후손들은 이처럼 음서나 문과를 통해 관직을 진출하는 한편 주목되는 것은 일부 후손들이 무과를 통해서 관직에 진출하고 있다는 점이다. 앞서의 표에서도 드러나듯이 16대의 이기춘을 시작으로 17대의 이봉억, 이중억, 이경억 등을 비롯해 18대의 이의준과 이의순 등이 무과를 통해서 진출하였다. 이는 종가집을 중심으로 관직의 승습이나 음서 등을 통해 관직에 진출하는 반면 방계 후손들의 경우는 무과를 통해서 관직에 진출하던 상당수 근기 지역 사족의 일반적인 모습이라고도 하겠다.

이렇게 후손들의 관직 출사가 지속적으로 이루어지는 가운데 이 시기 이덕형 후손들은 주로 성호학파로 분류되며, 근기남인의 핵심 그룹으로 활동을 하고 있어 주목된다. 그 대표적인 인물이 이기양이다. 후일 이기양의 묘지문을 찬술한 정약용은 그의 학문을 가리켜 "경전 공부에서는 모두 성호의 학문을 따랐다"라고 하였다. 이기양은 성호 이익의 조카인 이병휴李秉休(1710~1776)에게 수학하였고, 역시 성호 가문의 인물인 이철환을 비롯해 안정복安鼎福(1712~1791)과 권철신權哲身(1736~1801) 등과도 교류하였다.

이기양의 스승인 이병휴의 친아버지는 이침李沈(1671~1713)이며, 어머니는 한양조씨漢陽趙氏 조석제趙錫梯의 딸이다. 후일 작은 아버지인 이잠李潛(1660~1706, 호는 剡溪)의 양자로 입적되었다. 이병휴 역시 형인 이광휴李廣休(1693~1761)의 막내 아들 이삼환李森煥(1729~1813)을 입양하였다. 이병휴는 이익의 문하에서 학문에

몰두하다가 1763년^(영조 39) 이익 사후, 그의 문집 편찬에 주력하여 70권 40책의 분량으로 정리한 성호학파의 대표적인 인물 중 한 명이다. 안정복이나 권철신 역시 성호학파를 대표하는 인물들이다. 따라서 이기양은 학문적으로 성호 학문을 사숙하면서 성호학파의 일원으로 활동했음을 알 수 있다.

이기양은 또한 관직 생활 중이던 정조대에 국왕으로부터 채제공과 이가환의 뒤를 이을 차세대 남인계의 영수로 지목한 바 있다. 1794년^(정조 18)에 국왕은 이기양의 관상이 심하게 좋아 채제공 외에 이른바 1인으로 평가하기도 하였다. 관상과 관련된 일화는 단순하게 치부해버릴 수도 있다. 그러나 여기서 관상 이야기를 꺼낸 정조의 의도는 명백하다. 정조의 의도를 알 수 있는 또 다른 일화가 정약용이 작성한 묘지명에 수록되었다. 묘지명에서는 이기양을 가리켜 "10월에 공을 홍문관 부수찬에 제수하시고는 상국^(=채제공)에게, "경^卿은 늙고 경을 대신할 만한 사람은 없어 근심하였는데 지금 이기양을 얻으니 나는 아무 걱정이 없다."고 한 구절이다.

:: [표 4] 이기양(李基讓)을 중심으로 세계도 초략

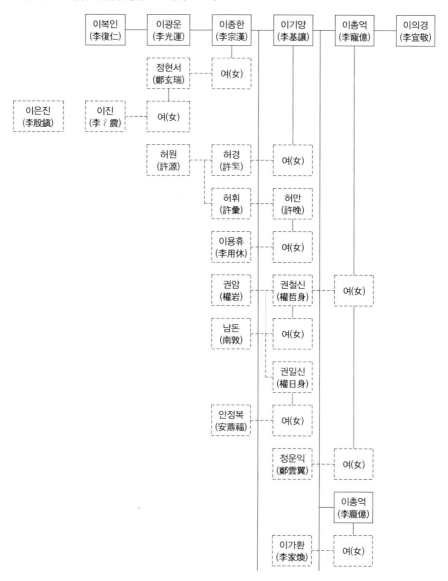

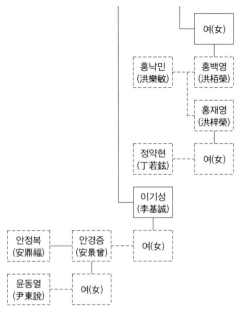

```
                                           ┌─────────┐
                                           │  여(女)  │
                                           └─────────┘
                                                │
                     ┌─────────┐          ┌─────────┐
                     │ 홍낙민   │          │ 홍백영   │
                     │(洪樂敏) │─ ─ ─ ─ ─ │(洪栢榮) │
                     └─────────┘          └─────────┘
                                                │
                                           ┌─────────┐
                                           │ 홍재영   │
                                           │(洪梓榮) │
                                           └─────────┘
                                                │
                     ┌─────────┐          ┌─────────┐
                     │ 정약현   │          │  여(女)  │
                     │(丁若鉉) │─ ─ ─ ─ ─ └─────────┘
                     └─────────┘
                                           ┌─────────┐
                                           │ 이기성   │
                                           │(李基誠) │
                                           └─────────┘
                                                │
   ┌─────────┐       ┌─────────┐          ┌─────────┐
   │ 안정복   │       │ 안경증   │          │  여(女)  │
   │(安鼎福) │───────│(安景曾) │─ ─ ─ ─ ─ └─────────┘
   └─────────┘       └─────────┘
                          │
   ┌─────────┐       ┌─────────┐
   │ 윤동열   │       │  여(女)  │
   │(尹東說) │─ ─ ─ ─ └─────────┘
   └─────────┘
```

□ 직계   ⌐┐ 인척   —— 혼인관계
* 『광주이씨대동보』(1988)에 의거함

　　한편 이기양을 중심으로 한 가계의 혼맥은 성호학파의 일원으로서의 그의
위치를 공고하게 하였다. 먼저 이기양의 어머니는 동래정씨 정현서鄭玄瑞의 딸
인데, 처부인 정현서의 처가가 여주이씨 성호 가문의 일원이다. 즉 정현서의 처
부는 이진인데, 이진은 이은진의 아들이다. 이은진은 바로 성호의 작은 아버지
로, 성호의 부친 이하진李夏鎭과는 형제간이다. 여주이씨와의 관련성은 여기서
그치지 않는다. 이기양의 처부는 양천허씨 허경이다. 허경은 허원의 아들로, 허
원에게는 허경 이외에도 허휘라는 아들이 있다. 허휘의 며느리가 바로 혜환 이
용휴의 딸이다. 즉 이기양으로 본다면 처사촌의 처가 성호 가문의 일원인 것이

다. 이밖에도 이기양의 2子 이방억 역시 여주이씨 성호 가문의 일원인 이가환의 딸을 부인으로 맞이하였다.

이기양의 가계는 광주안씨 안정복 가문과도 관련성을 보인다. 일단 이기양의 동생인 이기성의 처가가 광주안씨로, 안정복의 손녀가 이기성의 처이다. 광주안씨와의 인연은 이밖에도 이기양의 제1자인 이총억의 처가를 통해서도 간접적으로 연결된다. 즉 이총억의 첫 번째 부인은 권철신의 딸이다. 그런데 이 권철신의 동생 권일신의 처가가 역시 광주안씨 안정복 가문의 일원이다. 풍산홍씨 홍낙민(1751~1801) 가문과의 혼인 관계도 역시 주목되는 바이다. 홍낙민 역시 성호학파의 일원이며, 1801년 신유박해 때 처벌된 인물이다.

이기양의 활동 및 그를 중심으로 한 가계는 성호학파, 나아가 근기남인 내에서 그의 위상을 공고하게 하였을 것으로 보인다. 한편 이기양은 선조인 이덕형의 연보 간행에도 착수하였다. 이기양은 이덕형과 교류했던 당대 인사들의 문집을 비롯해 각종 일기 등을 참고해 편년대로 연보를 편집하였으나, 끝내 간행을 보지는 못하였다. 이후 이덕형의 종손인 이의익 그리고 이기락李基洛 등의 주도하에, 앞서 이기양이 편집한 연보를 교정하고 여기에 더하여 각종 묘도문자나 시장諡狀 혹은 각종 문헌 등을 취합하였다. 그리고 그 결과 이기양이

〈도-4〉 이기양의 정산공 제문

편집한 2권의 연보에 2권을 더해 모두 4권의 연보를 1869년^(고종 6)에 만들어 문집에 첨부하였다.

한편 이 과정에는 19세기 중후반 성호학파를 이끌던 성재省齋 허전許傳이 참여하였다. 즉 허전이 교수校讐하는 과정에 참여했던 것이다. 그리고 허전은 그 과정을 후서後書로 작성하여 남겨놓았다. 허전은 연보 작업에 참여했던 이기락과 사돈 간으로, 이기락의 사위 허익許辵+翼이 바로 허전의 아들이다. 허전의 참여는 이 처럼 개인적인 인척 관계에서 이루어졌다고는 하겠으나 당대 허전의 위상을 놓고 볼 때 그의 참여는 동시에 성호학파 내 이덕형 가문 후손들의 위상을 대변하는 것이기도 하다.

| 참고문헌 |

이근호, 「조선후기 남인계 가문의 정치 사회적 동향」, 『역사와 담론』68, 호서사학회, 2013

정만조, 「조선후기 경기북부지역 남인계 가문의 동향」, 『한국학논총』23, 2001

조준호, 「18세기 전반 근기남인의 분포와 무신란」, 『성호학보』3, 2006

6부

용인, 한양조씨 정암靜菴 조광조趙光祖 가문

01
용인 지역에 정착하다

한양조씨는 조지수趙之壽를 시조로 하는 성씨로, 배천조씨의 시조인 조지린趙之璘과는 형제 사이인 것으로 알려져 있다. 한양으로 본관을 갖게 된 것은 시조인 조지수가 당초 한양에 정착한 것이 계기가 된 것으로 파악된다. 그러나 조지수는 말년에 영흥의 용진현龍津縣으로 옮겨가서 정착하였고, 이후 후손들이 한동안 이곳에서 세거하였다. 그런 이유로 조지수의 아들인 조휘趙暉는 용진현인龍津縣人으로, 증손인 조돈趙暾은 용진인龍津人으로 분류되었다. 또한 조돈은 용성부원군에 봉해졌고, 고손인 조인벽趙仁璧은 용원부원군에 봉해졌다. 용성과 용원은 용진현의 다른 이름이다.

조돈의 초명은 조우趙祐로, 그는 충숙왕 때에 출사하여 여진족에게 포로가 되었던 백성 60여 가구를 쇄환하는 공을 세웠고, 감문위낭장·좌우위호군을 비롯해 공민왕 때에는 검교밀직부사를 역임하였다. 조돈의 아들 조인벽은 호군·밀직부사·판사·만호·강릉도원수·판의덕부사 등을 역임하였고, 공민왕 때에는 홍건적에게 함락되었던 개경의 수복에 공을 세워 2등공신에 책록되었으며, 우왕 때에는 왜구를 물리치는데도 공을 세웠다. 1390년(공양왕 2)에는 위화도 회군의 성공에 따른 회군공신에 봉해졌다.

조선의 건국은 역사적으로 많은 변화를 수반했는데, 한양조씨에게 그 변화는 새로운 전기가 되었다. 즉 세거지가 영흥의 용진에서 한양으로 바뀐 것으로, 이때부터 명실상부하게 한양을 본관으로 하게 되었다. 고려 말 조선 초 왕조의 변혁기에 한양조씨 일원들은 이성계 측에 가담, 새 왕조의 건국에 주도적으로 참여하였다. 그리고 그 결과 조영무趙英茂와 조인옥趙仁沃은 한산부원군漢山府院君으로 봉군되었으며, 조온趙溫은 한천부원군漢川府院君으로, 조연趙涓은 한평부원군漢平府院君으로 관향의 지명에 따라 봉군되는 등 당대 사회에서 집안의 위상을 높였다.

조인옥은 고려 말 이성계에게 위화도회군을 종용한 인물로 알려져 있으며, 회군이 성공한 뒤 남은 등과 이성계의 추대를 적극 추진하였다. 그리고 그 공이 인정되어 회군공신과 개국공신 1등에 책봉되었으며, 태조 사후에는 이화李和·이지란李之蘭·조준趙浚 등과 함께 배향공신에 선정되었다. 조영무는 조선 개국의 공으로 개국3등공신에 봉해지고 이어 태종의 집권 과정에서도 공을 세워 정사공신과 좌명공신 1등에 책봉되었으며, 우정승과 도총제 등을 역임하였다. 뿐만 아니라 그는 태종묘정 배향공신이 되었다. 조연은 초명이 조경趙卿으로, 7살 때 음서로 산원散員에 보임되었고, 우왕 때 진사시에 급제하였으며 공양왕 때는 19살의 나이에 공조총랑에 제수되었다. 조선 개국 초에 태조를 측근에서 보좌하였고, 태종 때에는 좌명공신에 책록되었다. 이때 조연에게는 노비 6구와 전田 60결, 내구마 1필, 은 25냥 등이 내려졌다. 세종조에는 우의정에 제배되기도 하였다. 조온은 개국공신과 정사공신, 좌명공신 등 3훈勳에 모두 참여하여 한천부원군에 봉해졌고, 관직이 좌찬성에 이르렀다.

한양조씨 일원이 이렇게 이성계 측에 참여하여 활동하고, 또 그 성과로 대거 봉군이 된 것은 당시 이성계와 중첩되어 연결된 혼인 관계가 중요한 계기가 되었다. 즉 조인벽은 이성계의 매부로, 그의 부인은 이성계와 남매간인 정화공주貞和公主이다. 그 뿐 아니라, 시간을 거슬러 올라가면 조인벽의 증조부인 조휘의 딸이 이성계의 조부인 도조度祖 이춘李椿의 부인이다. 즉 이성계의 조모가 한양조씨 조휘의 딸이다. 이것으로 보아도 한양조씨 일원들과 조선 왕실과의 관계는 상당히 밀착되었음을 알 수 있다.

:: [표 1] 고려말 조선초 한양조씨와 전주이씨의 혼인 관계

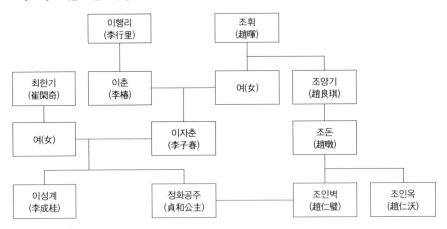

조선 건국을 전후해서 한양조씨는 경기 지역에 재지 기반을 마련하였다. 조영무가 광주廣州 퇴촌 일대에 자리를 잡았고, 조온은 교하 지역에 재지 기반을 확보하였다. 조영무나 조온 등이 광주나 교하 등지에 재지 기반을 마련한 근거는 사패지였다. 이와 관련해서, 현재 1398년(태조 7) 이른바 제1차 왕자의 난 후 조온이 정사2등공신에 책봉되고, 포상한 내용을 담은 문서가 전하고 있다. 이른바 '정사공신조온사여왕지靖社功臣趙溫賜與王旨'이다.

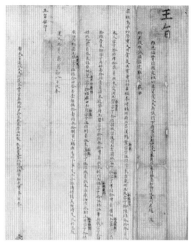

당시 조온에게 사여된 토지는 양주부를 비롯해 교하나 개성, 마전 등 상당히 광범위한 지역에 분산되었으며, 교하 지역도 역시 포함되었다.

〈도-1〉 조온 사패 왕지(문화재청)

:: [표 2] 정사공신 조온이 사여받은 토지의 분포와 규모

지역	地番	면적(結-負-束)
양주부	업(業)자	5-0-4
견주	문(文)자	16-33-3
견주	인(人)자	10-42-9
교하	습(習)자	10-0-0
개성	위(位)자	4-14-0
광주	렴(簾)자	20-0-1
광주	초(招)자	10-1-7
연안	초(草)자	10-34-9
이천	화(禍)자	15-0-0
강화	세(歲)자	14-92-3
서원	황(皇)자	10-0-0
마전	월(月)자	5-8-5
마전	영(盈)자	5-9-9
수원(영신)	신(臣)자	10-0-0
수원(송장)	장(張)자	5-0-0
계		151-38-0

요컨대 한양조씨는 고려 말 조선 초 왕조 교체기에 세거지를 당초 정착했던 한양 지역으로 옮겨왔다. 그리고 정치적으로는 이성계의 인척가라는 사회적 배경으로 새 왕조 건국에 적극 가담하였다. 그 결과 조인옥·조영무·조온·조연 등이 개국공신이나 정사공신·좌명공신에 책봉되었고, 조인옥과 조영무는 태조와 태종의 묘정 배향공신에 선정되었다.

한양과 경기 지역 일대에 세거하던 한양조씨는 이후 시간이 경과하면서 재지 기반을 확대하였으며, 15세기 중반경 일부 계파가 용인 지역에 정착하였다. 용인에 정착한 계파는 조온의 다섯째 아들인 조육趙育과 그 후손들이다. 조육은 사온서승을 비롯해 의영고사를 역임하였는데, 의영고사의 역임은 이후 후손들이 고사공파庫使公派라는 하나의 분파를 이루게 되는 계기가 되었다.

조육이 용인 지역에 기반을 마련하게 된 것은 이 지역 토성土姓 사족인 용인이씨 이백지李伯持의 딸을 부인으로 맞이하는 것이 계기가 되었다. 조육의 처가인 용인이씨는 성종 연간에 편찬된 『동국여지승람』 용인현 인물조에 이사위李士渭·이백지·이길보李吉甫가 등재됨으로써 당대 사회에서 비중 있는 위상을 가지고 있었다. 이백지는 1385년(우왕 11) 문과에 급제한 뒤 강원도도관찰출척사를 비롯해 태종 연간에는 동부대언·이조전서·형조전서를 거쳐 세종대에는 전라도도관찰사를 지냈다. 용인이씨는 용인 지역 내에서도 모현촌·심곡·포곡 등지를 기반으로 하던 성씨이다. 조육이 용인이씨의 사위가 됨으로써 이 지역에 정착할 수 있는 기반을 갖게 되었다.

02
사림의 영수 정암 조광조의 정치적 굴곡

조육의 용인 이거 후 한양조씨는 조충손趙衷孫·조원상趙元常·조원기趙元紀·조광조趙光祖 등이 과거에 급제하면서 3대에 걸쳐 과거합격자를 배출하였다. 조충손은 1442년(세종 24) 과거에 급제하였고, 사예와 병조정랑을 역임하였다. 그러나 조충손은 계유정난과 관련되어 피화됨으로써 정치적 좌절을 경험하였다. 즉 조충손이 병조정랑으로 재직할 때 계유정난이 발생하였는데, 이때 수양대군 측 인사들로부터 그는 안평대군의 복심腹心으로 병권을 장악했다고 하여 변방으로 유배되었다가 사망하였다. 조충손은 이후 1468년(세조 14)에 복권되었다.

조충손의 아들인 조원상과 조원기 등은 과거를 통해 중앙에 진출하여 조원기는 갑자사화 때 연루되어 처벌되었다가 중종반정 이후 중앙에 재진출하여 성균관 사성을 시작으로 형조와 공조, 이조판서 및 좌참찬을 역임하였으며, 1512년(중종 7) 대사간 재직 시에는 소릉昭陵(문종비) 복위 문제가 사림세력들에 의해 제기되자 이를 적극 지지하는 등의 활동을 하였다. 소릉은 문종비인 현덕왕후 권씨를 지칭하는데, 현덕왕후는 통상적인 예에 따라 사후 종묘에 부묘祔廟되었다. 그러나 1456년(세조 2)에 있었던 단종복위운동이 실패하면서 현덕왕후는 폐위되어 서인庶人으로 전락되고 동시에 종묘에서도 출향黜享되었다.

소릉 복위에 대한 논의는 성종대 이후 간헐적으로 제기되었는데, 이는 사림 세력이 성장하면서 세조 정권에 대한 인식이 변화하고, 동시에 성리학적 의리가 고양된 결과였다. 소릉복위론은 이후에도 사림 세력에 의해 지속적으로 제기되었고 결국 1513년(중종 8) 3월에 결실을 보게 되어 소릉 복위에 대한 전교가 내려졌다. 이런 추세로 본다면 소릉복위론의 제기나 그 결정은 사림 세력의 성장과도 맥락을 같이 하면서 이루어졌다고 하겠다.

조원기의 소릉 복위 지지는 그를 비롯한 한양조씨 일원의 정치적 성향 변화가 중요한 배경이 되었다. 한양조씨는 고려 말 조선 초 이성계 가문과의 중첩적인 혼인 관계를 배경으로 친이성계 세력으로 활동한 대표적인 공신 가문의 하나였다. 이 점은 길재吉再를 비롯한 사림 세력의 원류라고 말해지는 인물들의 면면과는 다른 모습이었다. 그런데 이 시기 조원기가 보여준 정치적 자세는 한양조씨 가문이 점차 사림의 성향으로 전환하고 있음을 보여주는 경우라 하겠다. 조원기는 이후 안당安瑭 신상申鐺 등과 함께 훈구세력과 사림세력의 중도적인 입장을 견지하면서도 본격적으로 등장하는 사림세력의 후원자적인 역할을 하였다. 이런 변화를 배경으로 조광조는 이른바 '소학동자小學童子'로 말해지는 김굉필金宏弼에게서 학문을 배움으로써 사림 세력의 적통을 잇게 되고, 사림의 영수로서 활동하게 되었다.

조원기는 또한 한양조씨 족보를 처음으로 편찬함으로써 가문의 역사에서 중요한 위치를 차지하게 되었다. 조원기가 편찬한 한양조씨 족보는 해당 가문에서 '갑신단권보甲申單卷譜'로 명명된다. 족보의 편찬 작업은 조원기의 부친인 조충손에 의해서 시작되었다. 조충손은 가승家乘의 편찬을 위해 족친이나 인친姻親 등을 만나면서 상당한 자료를 축적하였으나 끝내 결과를 보지 못하였다.

그리고 그 작업이 아들인 조원기에게 이어졌으나, 조원기 역시 젊은 시절에는 과거 공부나 관직 생활 등으로 소홀해진데다가 연산군 때 발생한 갑자사화에 연루되어 귀양가면서 그나마 수집했던 기록들이 여기저기 흩어졌다. 조원기는 이후 관련 자료들을 다시 수습하여 결국 1524년^(중종 19)에 족보의 완성을 보게 되었다.

조원기의 주도하에 이루어진 족보 편찬은 당시 사회에서 물론 새로운 것은 아니다. 잘 알려진 바와 같이 현전하지는 않지만 문화유씨 족보가 이미 상당히 오래 전에 간행되었고 이후 안동권씨 족보를 비롯해 16세기에 들어서 전의이씨, 남양홍씨 등의 족보가 이미 간행되었기 때문이다. 그럼에도 한양조씨 가문의 입장에서 본다면 역시 처음으로 족보가 제작되었다는데 중요한 의미가 있으며, 그 와중에서 조원기가 주도적인 역할을 수행하였다.

용인 지역으로 이거한 뒤 집안의 정체성 확보에 필요한 족보 편찬 등이 이루어지던 16세기 전반 한양조씨 집안에 역사상 걸출한 인물이 등장하니, 그가 조광조이다. 조광조는 1515년^(중종 10) 이조판서 안당의 추천으로 김식金湜 등과 함께 중앙에 진출, 이후 사림세력의 영수로서 활동하였다. 그는 부친 조원강의 주선에 의해 김굉필의 문하에 들어가서 수업하였다. 또한 성균관에 들어가서는 당시 성균관대사성으로 재직하던 유숭조柳崇祖의 훈도 아래에서 생활하기도 하였다.

이 시기 조광조의 정계진출은 즉위 후 반정공신 세력에 의해 친정親政의 기회를 상실했던 중종이 대부분의 공신들이 사거한 후 정치의 혁신을 꾀하는 것과 연관되어 있었다. 조광조를 중심으로 중앙에 진출한 사림세력들은 도학정치道學政治의 이상을 실현하기 위한 제반 개혁정치를 추진하였다. 군주의 수신

〈도-2〉 조광조 신도비

을 위한 경연의 강조라든지 언로의 개방 등과 함께 도교 제사 기관인 소격서의 혁파를 주장하였다. 아울러 정치 질서의 회복을 위한 잘못된 공신을 삭제하자는 위훈삭제 운동을 전개하기도 하였다. 또한 어진 선비들의 등용을 위해 현량과賢良科 실시를 주장, 이를 관철시켰다. 사회적으로도 사림들의 자치를 중시하면서 성리학적 사회질서의 수립을 위한 방법으로 『소학』의 보급과 그 실천을 강조하였고, 지방 사림들의 자치 기구인 유향소留鄕所의 복립을 추진하였다.

　　그러나 사림들이 추진하던 각종 개혁은 결국 공신세력의 견제를 받아 기묘사화己卯士禍가 발생하면서 무위로 돌아갔다. 조광조 역시 이때 전라도 능주로 유배되어 그곳에서 사사되었다가 다음 해에 선영이 있는 용인으로 이장되었다.

　　조광조를 위시한 당시 사림들의 실패에 대해 율곡 이이는 다음과 같이 진단하였다.

기묘년에 조광조趙光祖가 중종中宗의 예우를 받아서 크게 사업을 할 가망이 있었으나, 나이가 적은 선비로서 일하는 것을 점진적으로 하지 않아 소요騷擾함을 면하지 못해서 소인이 이 틈을 타서 사림을 해쳤습니다. 지금까지 정사를 맡은 사람들이 기묘년의 일로써 경계를 삼으니, 기묘 인물들이 일을 함에 점차로 하지 못한 것은 비록 실수였다고 하더라도 어찌 금일처럼 전혀 일을 하지 않는 것보다야 낫지 않겠습니까.(이이, 『석담일기』 상권 1573년(선조 6).)

이 시기 한양조씨는 당대에 내로라하는 성씨들과 통혼권을 형성하였다. 통혼권에서 먼저 주목되는 가문은 남양홍씨[土洪]로, 승지 홍형洪洞이 조광조의 고모부가 된다. 홍형의 아들로서 후일 영의정을 역임한 홍언필洪彦弼이 있는데, 남양홍씨 홍형 집안은 당대 대표적인 훈구 계열의 가문들과 통혼권을 형성하고 있었다. 홍언필의 처가인 여산송씨 송질 가문, 홍언광의 처가인 남원양씨 양성지 가문, 홍섬의 처가인 진주유씨 유순정 가문, 홍담의 처가인 창녕조씨 조구서 가문, 홍세필의 처가인 기계유씨 유여림 가문 등이 이에 해당된다. 이밖에도 홍언필의 아들들로 홍섬의 처가인 진주유씨 유순정 가문과 홍담의 처가인 창녕조씨 조구서 가문 역시 공신 계열의 가문이다. 단, 16세기 남양홍씨는 이런 가운데서도 홍형·홍식·홍한 등 무오사화와 갑자사화 때 피화인을 배출하면서 사림적인 성향으로 전환하고 있었다.

이밖에도 한양조씨 가문은 여흥민씨 민의閔誼를 사위로 맞아들이는데, 민의의 부친은 좌찬성을 역임한 민승서閔承序이었다. 민승서는 세종의 왕자인 밀성군 이침의 처부이기도 하다. 이상의 가문들 이외에도 이 시기 한양조씨의 인척으로 주목되는 가문은 조광조의 처가인 한산이씨이다. 조광조의 처가는 한산이씨 중 이색李穡의 셋째 아들인 이종선李種善의 계통을 잇는 가계로, 조광조의 처조부는 이한李垾이고, 처부는 이윤형李允泂이다. 처조부 이한은 세조 연간 문과에 급제한 뒤 이조정랑을 역임하였으며, 좌의정을 역임한 김광국金光國의 사위이다. 이 시기 한산이씨의 일원으로 조광조와 정치적 동지 관계였던 인물이 이자李籽이다. 이자는 이색의 둘째 아들인 이종학의 현손이어서 혈연적인 관계로 따진다면 조광조와 다소 거리가 있다. 그러나 인척간이라는 사실은 그들의 정치적 동맹을 더욱 군건하게 하는 구실이 되기에 충분하였을 것이다.

이상에서 보듯이 이 시기 한양조씨의 혼인은 일부 훈구 계열 가문 이외에도 새로운 정치 세력화하던 사림 계열 가문과도 관련되어 있다. 이러한 통혼 관계는 조충손이 정치적 사건에 연루되어 피죄되었음에도 불구하고 다시 복직되거나 이후 한양조씨 가문에서 과거합격자가 지속적으로 배출되며 나아가 중앙 정치에서 비중을 높여 가며 활동할 수 있었던 보호장치로 기능하였다. 뿐만 아니라 조광조 등이 중앙 정치에서 사림의 영수로서 활동할 수 있던 사회적 배경이 되기에 충분하였다.

03
정암의 문묘종사와 심곡서원 건립

기묘사화로 조광조 등 사림세력이 화를 당한 뒤, 그들이 추진했던 현량과가 폐지되는 등 이들에 의해 추진되던 개혁이 모두 부정되었다. 그러나 역사의 흐름은 사림이 정치와 사회, 문화 등 각 분야를 주도하는 방향으로 나아갔다. 이런 상황에서 조광조의 복권 문제가 거론되었다. 조광조 사후 복권 문제가 처음 거론된 것은 중종대 후반 때로, 당시 의정부 좌찬성으로 있던 김안국이 그의 관작 회복을 주장하고 나섰다. 김안국은 김굉필과 조광조의 제자로 당시 사림을 대표하던 인물이었다. 김안국을 비롯한 사림세력들이 자신들의 활동에 명분을 얻고자 할 때 조광조의 신원은 필수적인 과정이라 하겠다. 당시 김안국의 주장은 받아들여지지 않았다. 그러나 그로부터 몇 년이 지난 1545년(인종 1년) 성균관 유생 등이 상소를 했는데, 이것이 받아들여지면서 조광조의 관직이 회복되었다.

선조의 즉위를 계기로 사림들이 정치를 주도하는 사림정치가 본격화되었다. 이때 사림들은 자신들의 정치적 명분 확보와 구정치의 청산을 위해, 앞서 기묘사화와 을사사화에서 화를 당한 사림계 인사들의 신원을 요구하였다. 조광조의 경우도 그 대상 가운데 한 명으로, 기대승을 비롯해 이황·노수신 등 당대 사림을 대표하던 인물들을 통해서 그의 신원이 거론되었다. 그리고 결국 1567

년(선조 1년) 영의정으로 추증追贈되었고, 1570년(선조 3)에 문정文正이라는 시호가 내려졌다. 영의정으로 추증하면서 내린 선조의 전교 일부를 옮겨보면 다음과 같다.

> 죽은 대사헌 조광조는 세상에 드문 순수하고 아름다운 자품으로서 사우師友 연원淵源의 전수를 얻었고 도학을 드러내 밝혀 세상의 큰 유자儒者가 되었다. 중종의 신임을 받아 충성을 다하고 정성을 다해 임금을 요순과 같이 만들고 백성을 요순시대의 백성으로 만들고자 학교를 일으키고 교화를 밝혀 사문斯文을 부식扶植하는 것으로써 자기의 임무를 삼았다. …(중략)… 이번 즉위한 처음을 당하여 국시國是를 정하지 않을 수 없고 선비의 풍습을 바르게 하지 않을 수 없다. 이는 곧 선왕의 뜻을 잇고 일을 계승하는 일로서 세상의 도를 옮기는 것은 이 한 일에 달렸다. 이에 큰 벼슬과 아름다운 시호를 추증하여 사림의 나아갈 방향을 밝히고 백성의 큰 소망에 보답할 것이니, 이를 이조에 내리라 (『선조실록』 권2, 1년 4월 11일(경인))

이제 조광조는 사림의 적통을 잇는 계승자로 위상을 갖게 되며 사림 사회에서 추앙되었다. 조광조에 대한 추증이라는 성과를 얻어낸 사림들은 이후 김굉필·정여창·조광조·이언적, 그리고 이황 사후에는 이황까지 포함된 이른바 동방5현에 대한 문묘 종사를 추진하였다. 그러나 사림들의 요구를 경솔하게 시행할 수 없다는 선조의 의지로 당시에는 시행되지 못하고, 결국 1610년(광해군 2)에 이르러서야 교서가 반포되며 결정되기에 이르렀다.

조광조의 복권, 추증, 문묘 종사의 과정을 거치는 과정에서 그를 제향하는 서원 건립이 이루어졌다. 대표적인 서원이 양주의 도봉서원道峯書院이다. 도봉서원은 1573년(선조 6) 양주목사로 부임한 남언경南彦經이 주도하여 도봉산 밑 영국사지寧國寺址에 건립한 것이다. 당시 서원 건립은 조광조의 문인들인 백인걸白仁傑·허엽許曄·박소립朴素立 등의 주도하에 전국적인 차원에서 추진되었다. 다음해 1574년에는 김우옹金宇顒·유희춘柳希春 등의 요청에 따라 사액이 내려졌다.

당대 사림 사회에서의 조광조의 위상을 반영하듯 도봉서원은 건립 때부터 중앙 관원들의 관심 하에 필요한 경비가 조달되었고, 사액 후에는 국가로부터 막대한 전답을 받음으로써 경제적 기반을 확립하였다. 이후에도 동교東郊에 폐지된 목마장을 재원으로 받기도 하였고, 사림들의 개인적인 부조도 끊이지 않았다. 도봉서원은 도성 인근에 위치한 상징성과 함께 조광조의 도학을 기리는 제향처라는 상징성을 함께 갖게 되면서 당색을 떠나 명사들의 방문이 계속되었다.

도봉서원 이외에도 조광조를 제향하는 서원으로, 1571년(선조 4) 능주에 죽수서원竹樹書院이 건립되었고, 1605년(선조 38) 용인 조광조의 묘소 아래에 심곡서원深谷書院이 건립되었다.

당초 용인에는 1576년(선조 9)에 이계·이지 등이 주도하여 포은 정몽주와 정암 조광조를 향사하기 위해 건립된 사우인 충렬사가 있었다. 사우가 창건된 장소는 죽전으로, 이곳이 정몽주와 조광조의 묘소가 위치한 지점에서 중간 지점에 해당되기 때문이었다. 사우가 건립되자 포은 정몽주를 주향으로 하고, 정암 조광조를 종향으로 하여 신위를 봉안하였다. 그러나 충렬사는 임진왜란을 거치는 과정에서 소실되었다. 충렬사는 이후 1606년(선조 38) 이정구가 경기관찰사로 부임하면서 중수가 본격적으로 추진되었고, 이후 충렬서원으로 사액을 받았다. 다만, 이제 충렬서원은 정몽주를 모시는 대표적인 서원으로 자리잡게 되었고, 대신 정암 조광조를 제향하기 위해 그의 묘소 아래에 독립된 사우가 건립되었다. 그곳에 대해 1631년(인조 9) 진사 유문서柳文瑞 등이 사액을 요청하였으나, 이미 도봉서원과 죽수서원에 사액하였는데 이제 또 사액을 하는 것은 부당하다는 인조의 판단에 따라 실행되지 못하였다. 1649년(효종 즉위년) 10월 용인 지역 유생 심수경沈守卿 등이 다시 요청하여 결국 사액되었다. 정암은 이들 경기의 도봉서원·심곡서원 이외에도 전국 각처의 서원에 배향되었다.

〈도-3〉 심곡서원 (문화재청)

04
'해동대현^{海東大賢}'가문의 명암

조광조가 문묘에 종사됨으로써, 이후 후손들은 선현先賢의 후손으로 대접받았다. 그리고 봉사손을 중심으로 음직蔭職이 제수되었다. 조광조의 가문은 차자인 조용趙容으로 이어졌다. 조광조의 증손 조의현趙義賢이 감역監役에 제수되었고, 조의현의 아들 조송년趙松年에게도 음직이 제수되었다. 조송년의 경우, 1629년(인조 7) 오수찰방에 제수되었고, 1638년에 내시교관과 빙고별검, 1639년에 회덕현감을 거쳐 1647년에 평시서령을, 1648년에 금산군수에 제수되었다가 같은 해 임소에서 사망하였다. 조송년의 아들 조한수趙漢叟는 1652년(효종 3)에 제릉참봉을 시작으로 이후 군자감봉사를 지냈다.

조한수 사후에는 아들 조원붕趙遠朋이 어린 관계로, 조한수의 동생인 조위수趙渭叟에게 관직이 주어져, 그는 1663년(현종 3) 종묘서봉사를 시작으로 전설서별검·종부시직장을 거쳐 1668년에 형조좌랑과 영평현감을 지냈고, 숙종초인 1675년(숙종 1)에 익산군수에 제수되었으나, 1676년 모친의 병이 위중하다는 이유로 휴가를 받아 올라왔다가 재직하는 곳으로 돌아가기 어렵다고 하여 파직되었다. 1677년에 다시 호조정랑에 제수된 뒤 이후 강화부경력과 남원부사·부평부사·오위장·공주목사를 지냈고, 1692년(숙종 18)에는 수원부사, 1693년에 나주목사에 제수되었으나 병으로 부임하기 어렵다는 정장呈狀을 받고는 다시 수원부사에 제수되었다.

한편 조위수의 행적 가운데 주목되는 것은 남원부사 재직시 "정암집"으로 문집 간행에 참여한 사실이다. 정암의 문집 간행은 17세기 후반에 이루어졌는데, 정황상 대개 2가지 경로에서 각각 추진된 듯 하다. 하나는 주로 서울 유생들을 중심으로 추진된 듯하며, 그 중심 인물은 이기주李箕疇였다. 이기주는 본관이 전주로, 후일 이기홍李箕洪으로 개명한 인물이다. 그는 이지렴과 송시열의 문인으로, 1689년(숙종 15) 기사환국으로 제주에 유배가게 된 송시열을 변호하다가 회령으로 유배를 갔으며, 1694년(숙종 20) 갑술환국 이후 서인 정권하에서 집권세력의 추천으로 자의諮議에 제수되기도 했던 인물이다. 이기주를 중심으로 한 정암의 문집 간행은 그가 송시열의 문인이라는 사실을 통해서 볼 때, 송시열이 추진하였던 도통道統의 확립 차원에서 이루어진 것으로 판단된다. 다른 하나는, 남원부사 조위수가 이기주와는 별도로 문집 간행을 진행하였던 듯하다.

이렇게 두 가지 경로로 추진되던 정암의 문집 간행은 대구서씨 서문숙徐文淑의 중개로 양인의 문집 간행 사실이 공표된 듯하다. 당시 서문숙은 이기주가 중심이 되어 추진하던 정암의 문집 편찬 작업을 남계 박세채에게 위탁해서 추진하고 있었다. 서문숙은 이 같은 사실을 서찰을 통해 조위수에게 알리고, 정확한 명칭이나 지역이 어딘지는 알 수 없으나 조광조를 모시던 일부 서원에서 돕겠다는 의사도 전달하였다. 서문숙이 도봉서원의 원임을 지낸 사실로 미루어본다면 그 서원은 바로 도봉서원이었을 것으로 판단된다. 그리고 아울러 송시열과 김수항에게 서문을 청한 사실도 통보하였다.

이같은 서문숙의 서찰을 접한 조위수는 매우 황당해하며, 자신은 원래 서문을 구할 뜻이 없었다고 하며 서문숙의 제안을 거부하였다. 그리고는 독자적으로 문집을 간행한 듯하다. 이런 사실은 후일 박세채가 찬한 정암집의 발문에서 확인할 수 있다. 박세채는 발문에서 조위수가 간행한 문집이 자신이 편수한 것과 상당히 다르고 또한 부록도 소략할 뿐 아니라 연보도 누락되었음을 지적하였다. 그리고는 자신이 이런 이유로 사림들의 협조를 받아 경상감영에서 다시 간행하게 되었음을 언급하였다. 현재 전하는 문집에는 박세채의 발문 이외에도 송시열이 찬한 서문이 함께 수록된 것이어서, 당시 조위수가 남원에서 간행한 판본과는 다른 것으로 추정된다.

정암이 문묘종사된 인물이고 당시 사림 사회에서 차지하는 정신사적 위상으로 볼 때 그의 문집 간행 과정에서의 역할은 사림의 정통 내지는 도통道統을 계승한다는 측면에서 중요한 의미를 갖는다. 박세채가 발문을 찬하고, 우암 송시열이 서문을 찬한 이유도 바로 이런 점에서 연유한 것이었다.

고려 말기에 포은 정 문충공이 천 년 뒤에 분발하여 비로소 황극皇極의 단서端緖를 탐구했는데, 그 학문은 실상 주자의 글에 근원하였다. 당시 주자의 글이 우리나라에 처음 나와 사람들이 몰랐으나, 포은만이 홀로 그 근원을 궁구하여 그 학파에 유영游泳했고, 본조 한훤당寒暄堂 김굉필金宏弼에게 이르러서는 오로지 《소학小學》으로써 자신을 수양하고 남을 가르치는 방법을 삼았으니, 학문의 본령本領을 체득한 호학湖學 송 나라 호원胡瑗의 학파를 말함과 비길 만하였다. 또 한 번 전하여 정암 선생에게 이르러서는 타고난 천성이 순수하여 조금의 하자도 없었고 일찍부터 성현의 학문 연원을 체득하고 '학문이 아니면 도를 알 수 없고 도 아니면 다스림을 할 수 없다.' 하였으며, 그 학문은 오로지 『근사록近思錄』을 주로 하였다. 주 부자가 '이정二程 정호程顥와 정이程頤의 글은 그 문인들이 기록한 것이어서 혹 순수하지 못한 것이 있고, 장자張子 장재張載를 말함)는 혹 지나친 것이 있다.' 하고는, 여 선생呂先生 여조겸呂祖謙을 말함과 함께 그중에 정밀하고 긴요한 것만 택해서 『근사록』을 만들었으므로 세상에서 '사자서四子書를 연구하는 계제라.'고 하는 것이 참으로 정확한 언론이다.

선생은 이 글을 마치 맛좋은 음식처럼 여길 뿐 아니라 진실로 알고 진실로 실천하였다. 즉 자신을 수양하여 남을 다스린 뒤에야 학문으로써 도道를 삼고 도로써 다스림을 삼아서, 그 체體와 용用이 한 근원이 되고 이理와 사事가 서로 따름으로써 도덕이 천하에 멸렬되지 않게 하였으니, 주 부자가 공송公誦한 '다스림이 하나에서 나온다.'는 말이 세상에 다시 환하게 밝아졌다. 비록 해괴한 사태가 중도에 터져 나와서 그 포부를 다 펴지 못하였으나, 성인의 도를 밝혀서 후인을 계발한 공은 한때의 잘 다스림보다 도리어 더함이 있다.

이윽고 세도世道가 다시 성해지자, 숭보崇報하는 은전恩典이 문묘文廟에 종사從祀하기까지 이르렀으니, 유감이 없다고 이를 만하다. 그러나 그 아름다운 말과 착한 행적은 매몰되어 세상에 전해지지 않는다. 대개 살육이 참혹하던 당시에 사람마다 선생의 성명姓名조차 말하는 것을 꺼려했으니, 그 나머지 일도 알 만하므로 식견 있는 이가 유감스럽게 여겨 온 지가 거의 2백 년이나 되었다.

(송시열, 『송자대전』 권139, 서, 「정암선생문집서」)

그럼에도 이 과정에서 가문 일원과 갈등을 보이고 있는데, 이와 관련해서 후일 조위수의 행장을 찬한 이서우李瑞雨는, 송시열 등의 서문을 거부한 사실로 인해 조위수가 "크게 시배들과 거슬리게 되었다〔大忤時輩〕"라고 표현하였다. 이런 표현은 문집 간행 과정에서 조위수 등 가문의 일원들과 송시열 등 서인들 사이에 틈새가 벌여진 사실을 간접적으로 시사하고 있다고 하겠다.

조위수가 문집 과정에서 서인들과 갈등을 보이게 된 것은 17세기 이후 정암 가문의 혼맥과도 관련이 있다. 조위수의 처가는 서인으로 인조반정에 큰 공을 세운 전주이씨 이서李曙 가문이다. 그리고 조위수의 딸 가운데는 서인 계열의 남양홍씨 홍수량洪受亮과 혼인한 사례도 확인된다. 그러나 17세기 이래 정암 가문의 통혼은 대체로 당시 남인 내 유력 가문과 통혼이 이루어지고 있어 주목된다.

예를 들어 14세 조송년의 처가인 안동권씨 권이중權履中 가문은 숙종 연간 남인을 대표하던 권대운·권대항 등과 같은 집안이다. 15세 조한수의 경우는 인조 연간 남인계를 대표하던 우복 정경세의 손녀를 부인으로 맞이하였고, 조기수는 박지계의 손녀를 역시 부인으로 맞이하였다. 또한 15세의 딸들 가운데한 명은 진주유씨 유명천과 혼인을 함으로써 당대 남인내 명가들과 혼인을 하였다. 뿐만 아니라 16세 조십붕의 경우 처가는 전주이씨 이수광 가문으로 그의처는 이당규의 딸이었고, 17세 조문보의 경우 처가는 숙종대 남인 정권의 대표적 가문인 여흥민씨 민희 가문이었으며, 조덕보는 동복오씨 오정항 가문이었다. 그리고 이를 통해 한양조씨는 연안 이씨 이관징 가문이라든지 진주강씨 강대수 가문 등과 연결되는 등 17세기 이후 한양조씨의 통혼은 대개 당시 남인내 유력 가문들과 이루어지고 있음을 알 수 있다. 이런 관계로 결국 문집 간행에서 송시열의 서문을 받지 않고 독자적인 간행으로 이어진 것으로 보인다.

한편 이런 사회적 관계는 비단 여기서 그치지 않고 영조 초반 정치적 사건에 연루되면서 가문의 위기를 맞이하였다. 먼저 정암의 봉사손인 조문보의 경우, 1726년(영조 2)에 발생한 홍성룡의 옥사에 연루되었다. 홍성룡의 옥사는 1726년 민진원의 발의에 의해서 제기된 옥사로, 홍성룡 등이 경종 연간에 국왕의 비답을 위조하였다는 죄목으로 발생하였다. 이때 조문보가 이 옥사에 연루되어 수감되었으나, 그는 정암의 봉사손이라는 이유로 해가解枷의 특혜를 받았다. 그러나 여기서 주목되는 점이 민진원 등 당시 노론 세력들에게 한양 조씨 정암 가문이 공격의 대상이 되었다는 점이다. 아마도 노론들은 정암 가문이 당시 남인계 내에서 차지하는 위상으로 인해 촉각을 세우고 감시를 하였을 것이다. 그리고 그것이 결국 1728년(영조 4)에 무신란으로 완전히 표면에 드러나게 되었다.

주지하듯이 1728년(영조 4) 무신란은 영조의 왕위 계승 과정에 의문을 제기하며, 영조를 폐위시키고 대신 밀풍군 탄을 왕위에 올리기 위해 이인좌 등 남인과 소론 세력 일부가 일으킨 반란이었다. 이 사건에 가담한 남인계의 경우 대개 서울과 강원도, 경기 일대에 세거하던 가문들이 중심으로, 조문보의 처가인 여흥민씨는 반란의 대표적인 주도세력이었다. 후일 반란 세력이 진압되고, 이들에 대한 토죄가 진행되는 과정에서 보은현감으로 재직하던 조문보는 승도들을 이끌고 반란군에 참여하기로 했다는 사실이 드러나 몇 차례 친국에서 추문을 당하기도 하였다. 이후 수습 과정에서 조문보 이외에도 한양조씨 일원으로 조원보나 조덕보 등의 가담 사실이 드러났다. 결국 조문보는 반란의 주도 세력으로 처벌받게 되었다.

조광조의 봉사손 조문보의 반란 가담 사실은 조야에 충격이었다. 더구나 조문보가 죽음을 맞이함으로써 절손絶孫이 또한 문제가 되었다. 그리하여 한

동안 입후立後 논의가 없다가 1738년(영조 14)에 이르러서야 비로소 송인명의 건의에 따라 봉사손을 다시 세우는 문제가 조정에서 논의되기 시작하였다. 절손으로 인해 조광조의 사판祠版은 의탁할 땅이 없게 되었다. 1745년(영조 21) 풍덕 유학幼學 박유朴維 등은 상소에서 그 쓸쓸함을 묘사하기를, 홍주洪州에 있던 조광조의 사우에 향화香火가 영원히 끊기게 되었고, 용인에 있는 조광조의 무덤은 거의 황무지가 되었다라고 진술하였다. 박유 등의 논한 진술이 사실인가를 논할 필요가 없겠다. 다만, 절손으로 인한 조광조 가문의 고단한 상황을 짐작하기에 충분하다.

문묘에 종사된 정암 가문의 이런 상황은 도통을 중시하던 당시 사회에서 좌시할 수 만은 없었다. 앞서 송인명의 건의는 그러한 일환에서 제기된 것이지만, 봉사손의 입후를 건의하는 등 정암 봉사손의 입후가 조야에 시급한 문제로 대두하였다. 1746년 이 문제가 조정 대신들 사이에 논란이 되었는데, 당시 영의정 김재로는 조위수의 3자인 조익붕 계열로의 이종移宗을 건의한 바 있다. 그러나 이때의 논의가 결정되지 못하고 이후 1767년(영조 43) 조익붕의 경우도 무후한 관계로 조위수의 4자인 조일붕의 손자 조사엄이 봉사손으로 적당하지 않겠는가라는 의견이 개진되었다. 이 논의는 봉사손에게 관직을 제수하라는 하교로 인한 것으로, 당시까지 조광조의 봉사손에 대해서는 결정이 내려지지 않은 상태였음을 알 수 있다. 이에 대해 영조는 조광조 가문의 쇠락을 안타까워하면서 속히 논의하여 결정하도록 지시하였다. 그리고 다음 해에 결국 예조판서 한광회의 보고로 조사엄이 봉사손으로 결정되고 관직이 제수되었다.

조광조의 가문이 이렇게 위기만 있었던 것은 아니다. 17세기 후반 18세기 이래 조광조는 국왕들의 존숭 대상이 되었다. 그리하여 숙종은 『정암집』을 읽고 그 느낌을 「독정암집유감讀靜菴集有感」이라는 어제로 표현하였고, 영조는 앞서 언급한 바와 몇 차례 후손들의 조용을 지시하는 한편 그를 일컬어 "해동대현海東大賢이라 칭하기도 하였다.

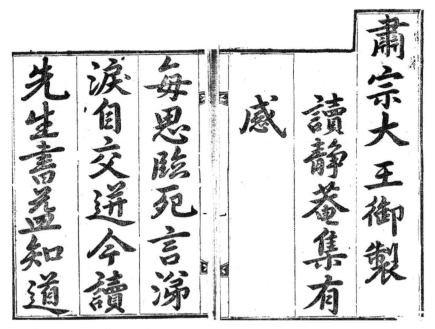

〈도-4〉 숙종의 독정암집유감(정암집 수록)

이런 예는 정조대에도 마찬가지여서 그 역시도 후손들의 조용調用 뿐 아니라 치제문을 내리는 등 숙종대 이후 국왕들에 의한 조광조의 포장褒獎은 지속적으로 유지되었다.

더디고 더디도다 나의 행차여 / 遲遲吾行

화성에서 이틀을 묵으니 / 信宿華城

화성의 북쪽에 / 于華之北

몇 칸의 집이 있네 / 有屋數楹

누구의 집이냐면 / 云誰之屋

문정공의 사당일세 / 文正之祠

내가 문정공을 생각하니 / 我思文正

시대를 같이하지 못함이 애석하네 / 惜不同時

천인 성명의 학문을 하고 / 天人性命

요순의 군민을 추구했으니 / 堯舜君民

일찍이 경륜을 품고서 / 夙抱經綸

창성한 시대를 만났네 / 際遭昌辰

처음 경연經筵의 강석에 오르니 / 初登講幄

준수한 선비가 모두 모였고 / 俊乂咸籲

드디어 사헌부의 우두머리가 되니 / 遂長霜臺

남녀가 분별을 알아 길을 달리하였네 / 士女異路

시운에 고르고 기욺이 있었고 / 運有平陂

도가 혹 쇠하고 자람이 있었으나 / 道或消息

공에게야 무슨 허물이었으랴 / 公於何尤

문묘文廟에 배향되었네 / 聖廡腏食

군자가 이에 본보기로 삼고 / 君子是式

소인이 이에 덕을 생각하니 / 小人是懷

도리어 내가 감탄하고 흠앙하는 바인데 / 顧予懍欽

어디에서 공을 찾을 것인가 / 曷覓公來

만일 공이 있었다면 / 如公在者

세상이 한 번 변하여 도에 이르렀으리라 / 一變至道

이에 술과 음식을 갖추어 올리니 / 蔵玆醪羞

영령께서는 길이 묵묵히 도우소서 / 永言冥祐

(정조, 『홍재전서』 권24, 제문6, 「선정문정공조광조치제문」)

물론 여기에는 국왕들의 정치적 의도가 내포되었다. 즉 앞선 17세기 사림 정치 시기에는 주로 사림들에 의해서 포장되었는데 이는 사림들이 도통의 맥을 계승하였음을 천명하기 위한 것이었다. 그러나 17세기 후반 탕평책이 정국에 적용되고 국왕권이 강화되는 와중에서 국왕들은 앞선 시기 사림들이 차지했던 도통을 자신들이 장악함으로써 군사君師로서 확고한 이미지를 구축하려는 의도였던 것이 아닐까 한다. 그렇더라도 국왕들의 이 같은 포장은 조광조 개인에게나 후손들에게도 가문을 유지하는 중요한 매개가 되었을 것임을 부정할 수 없다.

| 참고문헌 |

이근호, 「조선사회에 도학정치의 이상을 실천하다, 한양 조씨 정암 가문」, 『명문가, 그 깊은 역사-500년 조선사회를 이끈 정신』, 글항아리, 2014

정만조, 『조선시대 서원연구』, 집문당, 1999

조준호, 「송시열의 도봉서원 입향논쟁과 그 정치적 성격」, 『조선시대사학보』23, 2002

7부

용인,
영일정씨 포은圃隱
정몽주鄭夢周 가문

01
조선 초 충절 가문으로의 위상 정립

영일정씨는 시조를 달리 하는 두 개의 분파로 구분된다. 하나는 고려 인종 연간에 추밀원 지주사知奏事를 역임한 정습명鄭襲明을 시조하는 분파로, 지주사공파라 한다. 다른 하나는 감무監務를 역임한 정극유鄭克儒를 시조로 하는 분파로 감무공파라 한다. 이들 두 계파 가운데 용인에 정착한 가계는 정습명을 중시조로 하는 가계이다. 정습명鄭襲明은 『고려사』 열전에 등재된 인물로, 향공鄕貢으로 과거에 급제하여 두루 간직諫職을 역임하였고, 의종조에는 한림학사로 추밀원 지주사에 올랐다. 인종 때는 낭사郞舍 최자를 비롯해 『삼국사기』 편찬을 주관했던 재상 김부식 등과 함께 정치에서 나타나는 폐해의 시정을 건의하였다가 받아들여지지 않자 사직하였다. 또한 태자 자리에 있던 후일의 의종을 끝까지 보호하여 왕위에 오르도록 하였고, 의종 재위 시에는 선왕의 명에 따라 국왕에게 충간을 아끼지 않았다. 다만 이를 꺼린 의종과 김존중·정함 등의 모함을 받았으며, 급기야 정습명이 병석에 있을 때, 의종이 그의 역할을 김존중에게 대리하도록 하자 왕의 의도를 파악하고는 독약을 먹고 자살하였다고 한다.

　한편 후일 조선후기 영조 연간에 유척기兪拓基가 찬한 제단 비문에 따르면, 정습명은 관직 재직 시인 1134년(인종 12)에는 군졸 수 천명을 동원해 서해도 소대현蘇大縣(지금의 충남 태안군 일대) 해로에 대형 선박의 운항이 가능하게 한 운하 공사를 주관하였다. 1135년(인종 13)에는 묘청의 난이 발생하자 왕명을 받들어 수군 4,600여명과 전함 440척을 징발하여 순화현(지금의 평안도 순안 일대) 남강에서 적의 진로를 봉쇄하기도 하는 등 전법戰法에도 능했던 인물로 묘사되고 있다.

정습명 이후 아들 정섭균鄭燮均은 동정직同正職인 위위주부에, 손자인 정겸목鄭謙牧은 역시 동정직인 내시주부 등에 제수되기도 하였다. 동정직이란 실제 직무가 없는 관직체계로, 주로 문반 정6품 이하와 무반 정5품 이하, 남반南班· 이속吏屬· 향리鄕吏· 승관僧官 등에 설정되었던 관직체계였다. 동정직이 음서蔭敍를 통하여 입사한 사람과 과거 급제자의 초직初職으로 제수되던 관행이 있었던 것을 고려한다면, 후손들의 동정직 제수는 정습명의 사환 경력과 활동에 따른 결과였다. 이후 후손들의 경우도『영일정씨족보』에 따르면, 4대 정인신鄭麟信이 태학박사를, 5대 정지태鄭之泰가 전서를, 6대 정종흥鄭宗興이 진현관제학을, 7대 정림鄭林이 봉익대부 판도판서를, 8대 정인수鄭仁壽가 검교직인 검교군기감을, 정인언鄭仁彦이 봉익대부 전공판서典工判書 등을 역임하였다고 기록하고 있으나, 정치적으로는 크게 주목할 만한 인물은 확인되지 않는다. 8대 정인수가 받은 검교직은 동정직에 상응하는 것으로, 동정직이 주로 하위 체계인 반면 검교직은 문반 5품 이상, 무반 4품 이상에 설정된 관직으로 그 위상이 적지 않았다고 보인다.

영일정씨가 이후 주목받은 것은 고려말 정몽주(1337~1392)대에 이르러서였다. 정몽주는 아버지인 정운관鄭云瓘과 어머니 이씨 사이에서 출생하였다. 어머니 이씨가 임신하였을 때 난초 화분을 품에 안고 있다가 땅에 떨어뜨리는 꿈을 꾸고 놀라 깨어나 낳았기 때문에 초명을 몽란이라 하였다가 뒤에 몽룡으로 개명하고, 성인이 된 뒤에 다시 몽주라 고쳤다고 전한다. 정몽주는 고려말 성리학 수용에 있어서 중요한 인물로, 그는 당시 상장례 풍속이 불교의식에 의해 진행되던 것을 『가례』에 의하여 사당을 세우고 신주를 만들어 제사를 받들게 하자고 요청하였다. 또한 지방 수령을 청렴하고 물망이 있는 사람으로 뽑아 임명하고, 감사를 보내어 출척黜陟을 엄격하게 하였으며, 도첨의사사都僉議使司에 경력과 도사를 두어 금전과 곡식의 출납을 기록하게 하였다. 교육의 진흥도 꾀하여 서울에는 오부학당五部學堂을 세우고, 지방에는 향교를 두자고 하였다. 1392년에는 『대명률大明律』과 『지정조격至正條格』및 본국의 법령을 참작, 산정하여 신율新律을 만들어 법질서를 확립하는데 주력하기도 하였다. 다만 그는 조선 건국과정에서 건국 주체 세력과의 마찰로 제거됨으로써 가문은 위축되기에 이르렀다.

이후 포은 가문이 재기하는 것은 역시 정몽주의 복권과 궤를 같이 하였다. 조선 건국 직후인 태조대의 정몽주는 "국권을 마음대로 농단했다"거나, "왕씨의 뜻에 맞추어 대간을 사주하여" 조준과 정도전을 제거하려고 했던 인물이었다고 하는 등으로 평가되었다. 이런 이유로 개국공신에 책록된 민여익閔汝翼은 한때 정몽주의 죽음에 대해 애석했다는 이유로 공신 책록을 삭제해야 한다는 주장이 대간들에 의해서 제기되기도 하였다. 그러나 이런 평가는 태종대에 접어들면서 크게 변화되었다. 예를 들어 태종이 즉위한 직후인 1401년(태종 1) 1월 권근은 다음과 같이 정몽주 등에 대해 절의를 포장하기를 청하였다.

전조前朝의 시중侍中 정몽주鄭夢周가 본래 한미寒微한 선비로 오로지 태상왕太上王(즉 태조 이성계)의 추천과 발탁의 은혜를 입어서 대배大拜(정승에 제수됨)에 이르렀으니, 그 마음이 어찌 태상왕께 후히 갚으려고 하지 않았겠으며, 또 재주와 식견의 밝음으로써 어찌 천명天命과 인심人心이 돌아가는 곳을 알지 못하였겠으며, 어찌 왕씨王氏의 위태하고 망하는 형세를 알지 못하였겠으며, 어찌 자기 몸이 보전되지 못할 것을 알지 못하였겠습니까. 그러나 오히려 섬기던 곳에 마음을 오로지하고 그 절조를 변하지 않아서 생명을 잃는 데에 이르렀으니, 이것이 이른바 대절大節에 임臨하여 빼앗을 수 없다는 것입니다. 한통韓通이 주周나라를 위하여 죽었는데, 송宋 태조太祖가 추증追贈하였고, 문천상文天祥이 송宋나라를 위하여 죽었는데, 원 세조世祖가 또한 추증하였습니다. 정몽주가 고려高麗를 위하여 죽었는데, 오늘에 홀로 추증할 수 없겠습니까.[『태종실록』권1, 1년 1월 14일(갑술)]

권근은 창업 때에는 자기를 따르는 자는 상을 주되 이를 어기는 자는 죄를 주는 것이 마땅하지만 수성 때에는 전 시기 절의를 다한 신하를 상주어 이를 통해서 신하들의 절의를 장려해야 한다고 하면서, 위의 기사처럼 정몽주를 비롯해 김약항金若恒, 길재吉再의 절의를 표창하자고 청하였던 것이다. 이러한 권

〈도-1〉 포은 정몽주 초상

근의 주장은 결국 태종에 의해서 받아들여져 상소가 제출된 지 3일 만에 정몽주는 영의정부사에, 김약항은 의정부찬성사에 추증되었다. 그리고 같은 해 11월 정몽주에게 문충文忠이라는 시호가 내려졌다. 태종의 이러한 조치는 권근이 주장한 바와 같이 비록 한 때 정적의 위치에 있었으나 이를 표창함으로써 당시 신료들에게 절의를 강조하고자 하는 것이고, 이를 통해 무력으로 집권한 자신의 정치적 안정을 도모하려는 의도 하에서 이루어진 조치라 하겠다. 한편 이런 조치들로 인해 정몽주는 조선조 사회에서 절의의 상징적인 인물로 추앙되었으며, 동시에 정몽주 가문은 그로 인해 충절 가문으로 인식되게 되었다.

02
용인 지역 정착과 세조대 정보鄭保의 피화

영일정씨 포은 가문의 일세조인 정습명의 묘는 『영일정씨족보』에 따르면 영일현 구읍 관청 뒤쪽에 위치했다고 기록하고 있다. 현재 이곳에는 단비壇碑가 세워져 있으며, 비문은 영조대 유척기가 찬술한 것이다. 그리고 무덤 아래에는 재실인 남성재가 위치하고 있다. 그러나 다만 정습명 이하 9대 정유鄭裕까지는 족보 등을 보아도 그들의 묘소가 확인되지 않아 세거지나 묘역 등을 알 수 없다. 다만 고려시대까지 중앙에서의 사환으로 인해 개성에서 생활하는 경우를 제외하고 대개 본관지와 거주지가 일치하던 시대상을 고려한다면 영일정씨는 일세조 정습명 이하 상당 시간을 영일 일대에서 세거했을 것으로 추정된다. 이후 10대인 정운관대에 이르러 그의 묘는 경상도 영천永川 일대에 위치하고 있으며, 또한 영천 지역에는 현재에도 정몽주의 유허비 등이 위치하고 있음을 보아 적어도 정몽주가 중앙에서 사환하기 이전까지는 영천 일대를 지역 기반으로 하는 가문이었음을 알 수 있다.

이렇게 영일과 영천 등으로 지역 기반이 변화되었던 영일정씨 포은 가문은 고려말 조선초를 거치면서 오늘날의 경기도 용인시 모현면 능원리 일대에 정착하게 되었다. 그 배경은 포은 정몽주의 묘가 이 지역에 자리 잡게 되면서부터였다. 원래 정몽주의 묘는 고려의 수도인 개성 인근의 해풍海豊에 위치하였으나, 후일 "용인의 쇄포촌曬布村"으로 천장하였으며, 천장 후 봉사奉祀를 위해 후손들이 용인에 정착하게 되었다.

〈도-2〉 포은 정몽주 유허비(경상북도 영천시)

정몽주의 묘를 용인으로 이장하게 된 배경에 대해, 정몽주 사후 자손들이 고향인 영천으로 옮기던 중 면례緬禮행렬이 지금의 수지면 덕천리 지경에 이르렀을 때 앞에 세웠던 명정銘旌이 바람에 날려서 지금의 묘소 위치에 떨어졌기에 그 자리에 천봉했다고 하는 설화가 전하고 있다. 그러나 정몽주의 묘소를 용인으로 옮기게 된 배경에는 아마도 정몽주의 첫째 아들 정종성의 처가와 관련된 듯 싶다. 즉 정종성의 처가는 죽산박씨 박중용朴中容의 가문으로, 죽산박씨는 본래 박혁거세로부터 시작되는 신라의 왕족 가운데 한 성씨였으나, 죽산박씨의 일세조인 박기오朴奇悟가 고려초 죽주백竹州伯으로 이봉移封되면서 시작되었다고 한다. 이를 통해서 본다면 죽산박씨는 당대까지도 이 일대에 전장을 보유하고 있었을 것으로 추정된다. 그런데 죽산은 용인과 인접지역으로써, 이러한 지리적 위치와 당시의 사회의 관습인 남귀여가혼男歸女家婚과 자녀균분 상속을 관련지어 본다면 영일정씨 정몽주 후손들이 용인으로 이거하여 정착하고, 또 이후 성장할 수 있었던 경제적 기반은 정종성의 처가인 죽산박씨의 경제적 도움이 있었을 것으로 판단된다. 이후 용인 지역은 정몽주의 장자인 정종성을 중심으로 세거하였으며, 차자인 정종본의 경우는 고양과 한산 일대로 이거하였으며, 17세기 중반 정유성대 이르러 강화로 입향하였다.

정몽주의 신원과 용인 지역 정착 후 포은 후손들의 관직 진출이 이어졌는데, 이 과정에서 충신의 후손이라 하여 특혜가 주어졌다. 예를 들어 1435년(세종 17) 판중추원사 허조는 정몽주를 가리켜 "충의지신忠義之臣"이라 칭하며 정몽주의 후예를 등용해 절의를 권장케 하자고 건의하였다. 허조의 이같은 건의에 대해 세종은 가납의 뜻을 드러냈으나, 당시에 정몽주의 첫째 아들인 정종성은 이미 현관顯官이라는 이유로, 그리고 둘째 아들 정종본은 이미 수령이 되었다는 이유로 당장 그들의 발탁은 옮겨지지 않았다. 그러나 그로부터 2년 뒤인 1437년(세종 19) 7월 정종성을 2품직에 해당되는 판전농시사判典農寺事에 제수하게 되는데, 이는 정몽주와 같은 명신의 후예는 차례를 무시하고서라도 발탁해서 역사에 빛나게 하고 후인들을 권장해야 한다는 승문원 제조 등의 건의에 따른 것이었다.

한편 관직 출사후 둘째 아들 정종본은 1430년(세종 12) 7월에는 중부교수관 자격으로, 성균관과 사학 유생들에게 직부고예법直赴考藝法의 적용을 통해 유학을 진흥시킬 것을 건의하여 주목된다. 아래는 그가 주장한 내용의 일부로,

관학館學에 있는 생도들에게 봄 가을로 시험을 실시하여, 두세 번 1등을 차지한 자는 관시 초장館試初場에서 1등한 것을 계산하는 전례에 준해 통용하게

하고, 또 오부 학당 생도들에게 시를 시험하는 날 의의疑義를 아울러 시험하여 이에 두세 번 수석을 차지한 자는 곧장 생원 회시生員會試에 응시하게 하며, 두세 번 1등에 입격한 자는 승보升補시켜 재사齋舍에 기식하는 예에 준하여 입학시키고, 또 각 부 생도들 중에 월강月講에서 통한 것이 많은 자도 또한 승보하는 예에 준하면, 학교는 비록 집합을 독려하지 않더라도 사방의 많은 선비들이 운집해와서 그의 연마鍊磨가 날로 진전하여, 장차 인재의 배출輩出이 저 삼대三代에 비견할 만큼 융성하게 되어 안락하고 밝은 정치를 앉아서 이룰 것이니, 우리의 유교도 이보다 다행한 일이 없을 것입니다.

(『세종실록』 권49, 12년 7월 27일(을축))

라고 하였다. 이외에도 정종본은 다음 해인 1431년(세종 13)에는 생원 선발 인원의 확충을 통해 초야에 있는 인재가 등용되는 길을 넓혀 인재 선발의 기회를 확충하자는 건의를 하였다.

한편 포은 가문은 충신의 후손이라는 상징성으로 인해 여러 가문으로부터 주목받게 되고 그 결과 당대 명문가들과 혼인을 통해 연결되었다.

:: [표 1] 영일정씨 포은 가문 가계도 초략(10대~14대)

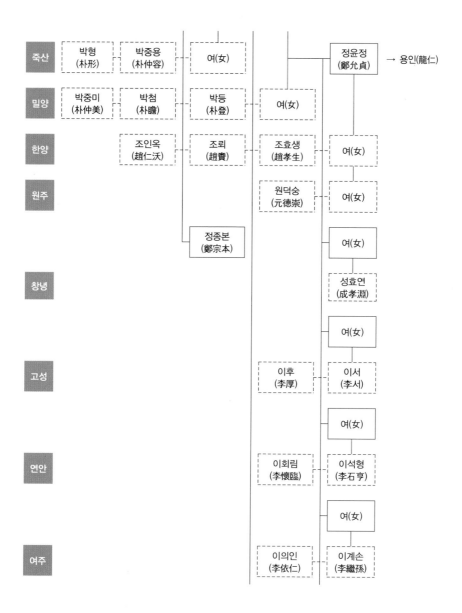

죽산	박형 (朴形)	박중용 (朴仲容)	여(女)		정윤정 (鄭允貞)	→ 용인(龍仁)
밀양	박중미 (朴仲美)	박첨 (朴瞻)	박등 (朴登)	여(女)		
한양		조인옥 (趙仁沃)	조뢰 (趙賚)	조효생 (趙孝生)	여(女)	
원주				원덕숭 (元德崇)	여(女)	
			정종본 (鄭宗本)		여(女)	
창녕					성효연 (成孝淵)	
					여(女)	
고성				이후 (李厚)	이서 (李서)	
					여(女)	
연안				이회림 (李懷臨)	이석형 (李石亨)	
					여(女)	
여주				이의인 (李依仁)	이계손 (李繼孫)	

경주   이계번
(李繼蕃) ---- 이유인
(李有仁) ---- 여(女)

정수
(鄭脩)   → 양주(楊州)

여(女)

해주   정역
(鄭易) ---- 정충석
(鄭忠碩)

여(女)

전주   정종
(定宗) ---- 선성군
(宣城君)
무생(茂生)

여(女)

전주   이승간
(李承幹) ---- 이순전
(李純全)

여(女)

전주   양녕대군
(讓寧大君) ---- 순성군
(順城君)

서녀(庶女)

예를 들어 정종성은 부친의 후광으로 인해 제2대 국왕 정종定宗의 4남男인 선성군宣城君을 비롯해 태종의 1남인 양녕대군讓寧大君의 장남인 순성군順城君을 사위로 맞아 왕실과 혼인관계를 맺었다. 또한 태종대 충청도관찰사와 대사헌을 비롯해 예조와 형조 및 호조판서 등을 역임한 해주정씨 정역鄭易의 아들인 정충석鄭忠碩, 역시 태종대에 후일 승지에 해당되는 대언을 비롯해 강원도절도사, 판원주목사 등을 역임한 전주이씨 이승간李承幹의 아들인 이순전李純全을 사위로 맞이하기도 하였다. 특히 이승간은 태종의 왕위 즉위부터 시작해서 책사로 칭해지던 하륜의 사위였다. 뿐만 아니라 정종성의 서녀는 세조대 천하를 호령했던 훈구 가문 가운데 대표적인 청주한씨 한명회韓明澮의 첩으로 들여보냄으로써 가문의 성세를 이루게 되었다.

한때 성세를 구가하던 포은 가문은 정종성의 아들 정보鄭保가 세조 집권 후 발생한 이른바 사육신 사건을 옹호하는 발언을 함으로써 가산이 적몰籍沒되는 등 정치적 곤경에 처하기도 하였다. 이때 세조는 정보를 참형으로 다스리도록 하였으나, 얼마 후 충신의 후예라는 사실로 인해 영일로 유배되는 형벌로 감형되었다. 정보의 감형은 물론 정몽주의 손자인 점이 고려된 것이지만, 이보다는 서매庶妹의 남편인 한명회와 자신의 사위로 좌리공신佐理功臣에 책록되기도 하였던 연안이씨 이석형李石亨을 비롯해 세조대 강원도 관찰사를 비롯해 성종 연간에는 한성부윤과 병조판서 등을 역임한 여주이씨 이계손李繼孫 등의 관계도 적지 않게 작용했을 것임은 충분히 상정된다. 정보와 관련된 사건이 가문의 성쇠에 영향을 직접적으로 미쳤을 것이라고 단정할 수는 없으나 이후 당상관 진출자나 과거급제자가 눈에 뜨지 않는 사실은 그러한 개연성을 전혀 부정할 수 없게 한다.

03
중종대 포은의 문묘종사와 충렬서원 건립

정보의 이른바 사육신사건 연루로 인해 포은 가문은 한 때 본인 뿐 아니라 가문의 위기를 맞기도 하였으나, 충절을 대표하던 포은 정몽주의 위상으로 인해 이후에도 후손들의 등용은 지속적으로 이루어졌다. 1470년(성종 1) 3월, 왕명으로 정몽주와 길재 후손의 녹용이 지시되었고, 1476년(성종 7) 9월에는 정몽주의 증손인 정윤정鄭允貞이 통례원인의에 제수되었다. 그러나 정윤정은 1479년(성종 10) 7월 성종이 후궁을 선발하는 것을 비난하는 상소를 올렸다가 의금부에 내려져 국문 위기에 처했으나, 이창신이 정몽주의 봉사손이라는 이유로 사면이 요청되기도 하였다. 1497년(연산군 3)에는 정윤정의 아들 정희鄭熹 등이 여러 선왕 때 서용하라는 전교를 받았다고 하면서 관직에 제수해주기를 청한 바도 있었다.

한편 1517년(중종 12)은 정몽주로써 뿐 아니라 포은 가문에게 중요한 시기로, 바로 이때 정몽주가 문묘에 종사된 시점이었다. 정몽주의 문묘 종사 논의는 세조대부터 논의되기 시작하여, 1456년(세조 2) 집현전 직제학 양성지가 정몽주 뿐 아니라 권근 등에 대한 문묘종사 건의한 바 있었으나, 이때는 실행되지 않았다. 이후 사림세력이 본격적으로 진출하는 중종 연간에 정몽주의 문묘 종사 논의가 다시 거론되어, 1510년(중종 5) 10월 정언 이여가 정몽주를 "동방 이학理學의 으뜸"이라며 문묘 종사를 청하였다. 당시 이여의 건의는 삼공을 비롯한 재상들에게 논의에 부쳤으나. 결국 실행되지 못하다, 이후 1514년^(중종 9) 다시 정몽주의 문묘 종사가 논의되었으며, 1517년^(중종 12) 성균생원 권전權磌 등이 상소하여,

> 신 등이 우리 나라를 생각하건대, 단군 때로 말하면 먼 옛날이라 징험할 수 없으며, 기자箕子가 나라를 세우고서야 겨우 팔조八條를 시행하였을 뿐이었는데, 다행히 하늘이 도와 고려말에 유종儒宗 정몽주鄭夢周가 태어나 성리性理를 연구하여 학문이 깊고 넓어서, 심오한 뜻을 혼자 알되 선유先儒와 절로 맞았으며, 충효忠孝의 절개는 당대를 움직이게 하였으며, 부모의 상喪을 입고 사당을 세우는 것을 한결같이 『가례家禮』대로 하였으며, 문물文物·의장儀章이 다 그가 다시 정한 것이었으며, 학교를 세워서 유학儒學을 크게 일으켜 사도斯道를 밝혀서 후학後學에게 열어 준 것은 우리 나라에 이 한 사람이 있을 뿐이니, 학문을 주자周子(주돈이(周敦頤))·정자程子(정호(程顥), 또는 정이(程頤))에 비하면 참으로 차이가 있겠으나 공로를 주자·정자에 비하면 거의 같습니다.
>
> (『중종실록』 권29, 12년 8월 7일(경술))

라며 김굉필과 함께 문묘 종사를 건의하였다. 당시는 조광조를 필두로 한 사림 세력이 중앙 정치를 주도하던 시기로, 이 시기 사림들의 주자학에 대한 이해가 심화되면서 새롭게 조선 도학의 계보를 확립하는 일이 급선무였다. 정몽주 등의 문묘 종사는 이러한 상황에서 나온 결과, 권전의 상소로 인해 정몽주 문묘 종사가 논의되어 결국 정몽주가 설총, 최치원, 안향의 뒤를 이어 문묘에 종사되었다. 이로써 정몽주는 이전까지 주로 충절을 대표하는 인물이라는 상징성에

더하여 "동방 이학의 시조"라는 상징성이 부여되었다.

문묘 종사로 동방 이학의 시조라는 상징적인 의미를 더하게 된 정몽주에 대해서는 이후 장유 같은 이는 "우왕과 창왕이 폐위되고 죽음을 당할 때에는 절의를 제대로 세운 일이 있지 않았고, 심지어는 아홉 공신의 반열에 끼이기까지 하였다"며 그의 행적에 의문을 제기한 일도 있었다. 그러나 우암 송시열에 의해서 다시 한번 새롭게 도통이 정립되는 시점에 이르러서는 각종 이견에 대해 다음과 같이 천명함으로써 그 위상을 다시 한 번 확인하였다.

본조의 모든 선비가 근본을 추구하고 의의를 풀이하여 그 도학연원과 전장문물에 대해 낙민洛閩(정자(程子) 및 주자(朱子)를 지칭함)에 소급하고 은주殷周에 젖어 드는 이가 다 선생을 조종으로 삼았으니 그 치도를 제재하고 나라를 보존하고 충을 다하고 인을 이룬 것은 사실 선생의 여사 이다. …(중략)…다만 신우辛禑, 신창辛昌 때 사관의 기사가 많이 빠졌기 때문에 선생의 나아가고 물러선 의에 대해 후세에 혹 의심하는 이가 있지만 선생은 義가 정밀하고 仁이 성숙하여 정당한 도로써 주선하였으니 군자의 처사를 어찌 뭇사람이 알 바 이겠는가?…(중략)…우리나라만은 그 선택이 정밀하고 수지守持가 전일하여 지금까지 여러 갈래로 분열되어 의혹이 없었으니 이는 아무리 선생 이후 현자들의 공로이기는 하지만 그 근원을 추심한다면 선생을 제외하고 또 누가 있겠는가 그러므로 전후 옛 일을 논하는 선비가 누구나 선생을 우리나라 이학의 조종으로 추존하고 있으니 이는 사림의 공론이다.

(송시열, 『송자대전』「포은정선생신도비명」)

송시열은 여기서 정몽주를 둘러싼 각종 이견을 변파하면서 다시금 정몽주를 동방 이학의 시조로 재정립하였다. 송시열은 포은 신도비명을 찬술하였을 뿐 아니라 『포은시집』의 서문을 찬술하기도 하였다.

정몽주의 위상이 다시 한 번 강조되면서, 그를 향사하는 서원들이 설립되기 시작하였다. 정몽주 관련 서원으로 가장 먼저 설립된 것은 1555년(명종 10) 정몽주의 고향인 영천에서 노수 등이 설립한 임고서원이다. 이후 정몽주가 활동했던 개성에 숭양서원이 건립되었고, 경기도 용인에 충렬서원이 건립되었으며, 그의 관향인 영일에도 오천서원이 건립되는 등 정몽주의 추모 열기가 고조되었다.

이 가운데 용인에 세워진 충렬서원은 1576년(선조 9)에 이계·이지 등이 주도하여 포은 정몽주와 정암 조광조를 향사하기 위해 창건된 사우로부터 비롯하였다. 사우를 창건하는 장소는 죽전으로 택했는데, 이곳이 정몽주와 조광조의 묘소가 위치한 지점에서 중간 지점에 해당되기 때문이었다. 사우가 건립되자 포은 정몽주를 주향으로 하고, 정암 조광조를 종향으로 하여 신위를 봉안하였다.

충렬사는 임진왜란을 거치는 과정에서 소실되었다. 이후 정암 조광조의 묘소를 관리하기 위해 그의 묘소 아래에 독립된 사우가 건립되었고(후에 심곡서원으로 사액됨), 이로부터 충렬사가 정몽주를 단독으로 모시는 충렬서원으로 발전하였다. 충렬사의 중수는 1606년(선조 38) 이정구가 경기관찰사로 부임하면서 본격화되었으며 중건 후 사액을 요청하여 충렬서원으로 사액되었다.

정몽주가 문묘 종사가 되면서 이후 정몽주의 차자인 정종본 후손들 가운데서 정유성이 우의정을 역임하는 등의 활동이 보이기도 하지만, 용인 일대에서 세거한 장자 정종성 후손들은 주로 음직蔭職으로 관직 진출하는 일들이 많았다.

〈도-3〉 충렬서원

:: [표 2] 영일정씨 포은 가문 가계도 초략(13대~20대)

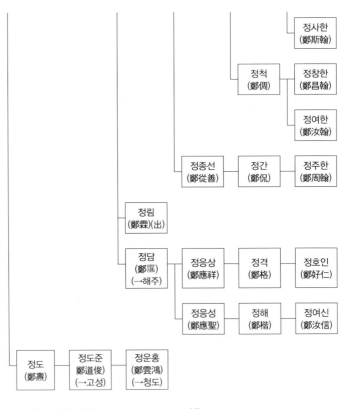

出 ; 출계   武 : 무과급제자   → 묘소 이동

　위의 가계도에서 보듯이 정세건은 부사맹에, 아들 정진은 돈녕부주부에, 정응선은 수성금화사 별좌에, 정준은 종친부첨정에 제수되었고, 정진의 차자인 정명선은 사과에 제수되었으며, 정희의 차자 정세웅은 사과에 제수되는 등 지속적으로 음직에 제수되는 상황을 확인할 수 있다.

　한편 이렇게 음직을 받는 상황에서 포은 가문에 중요한 변화가 있었다. 바로 무과 급제자를 배출하기 시작하였다는 점이다. 즉 위의 가계도에서 보듯이 정명선의 장자인 정탁과 차자 정척이 각각 무과에 급제한 뒤 정탁은 오위도총부 부총관을 역임하였고, 정탁의 아들 정사한도 역시 급제 뒤 훈련원부정을 역임하였다. 또한 정척의 두 아들 정창한·정여한도 무과 급제 뒤 용천부사와 우후를 역임하였다. 이밖에도 정세건의 삼자인 정담의 후손으로 정호인과 정응성·정해·정여신 등이 모두 무과에 급제하였다. 물론 정간의 7대손인 정환익이 문과에 급제한 사례가 있기는 하지만 이는 거의 유일하다. 이 시기 포은 후손들의 무과 진출에 대해서는 그 이유를 현재로서는 단정할 수 없다. 단, 주로 봉사손奉祀孫을 중심으로 음직이 제수되던 상황에서, 방계 후손들은 문과 보다는 무과를 선호하게 되었던 것이 아닌가 판단된다. 어쨌든 이같은 무과로의 진출은 봉사손의 음직 진출과 함께 포은 가문이 명문가로 유지되는 배경이 되었다.

04
숙종대 정보의 신원과 문중 유지를 위한 노력

17세기 후반 이후 포은 가문은 서인, 그리고 노론계의 정치적 지원과 후원을 받았다. 지원의 형태는 음직의 제수라든지, 무과 급제 후 사환 활동 등에서의 지원 뿐 아니라, 포은 가문과 관련된 각종 기록물의 작성 등으로 나타났다. 그리하여 송시열이 정몽주의 신도비명이나 『포은시집』 서문을 작성하였다. 또한 18세기 전반 노론계 대표적인 인물인 도암陶庵 이재李縡는 정몽주의 묘지墓誌 찬술과 충렬서원의 서원기書院記와 학규를 작성하였고, 정찬헌鄭纘憲 · 정덕징鄭德徵 · 정규징鄭奎徵 · 정구징鄭龜徵 · 정집鄭鏶 등의 묘갈명이나 묘지 등을 찬술하였다. 윤봉구가 정찬조鄭纘祖의 묘지를, 남유용이 정덕징의 행장을 찬술하는 등 당대 서인과 노론계를 대표하던 인물들의 지원이 잇따랐다. 뿐만 아니라 『충렬서원원장안』에 등재된 인물들의 면면을 보면, 충렬서원을 포함한 포은 가문은 서인-노론계의 상징적인 본거지가 되고 있음을 알 수 있다.

　이렇게 당대 정치 주도세력의 후원이 지속되는 와중인 숙종대에 이르면, 그동안 정치적으로 금고되었던 정보鄭保의 신원이 이루어지면서 이에 따른 각종 포장褒獎 작업이 추진되었다. 정보의 신원은 1699년(숙종 25) 노산군이 단종으로 복위되고 이른바 사육신이 포장된 뒤에 이루어진 것으로, 1703년(숙종 29) 정

보를 신원하고 그를 이조참의에 추증되었다. 정보의 신원이 이루어지면서 용인龍仁의 유생 심정희沈鼎熙 등이

> 고故 감찰監察 정보鄭保는 성삼문成三問 등과 서로 의기가 통하는 벗이 되었습니다. 병자년에 옥사獄事가 일어났을 때에 한명회韓明澮의 첩이 된 그의 서매庶妹에게 일러 말하기를, '영공令公이 만일 이 사람을 죽이면 마땅히 만고 죄인이 될 것이다.' 하였는데, 한명회가 이 말을 듣고 곧 대궐에 나아가 고하기를, '정보가 난폭한 말을 했습니다.' 하니, 광묘光廟(즉 세조)가 친국하였습니다. 정보가 말하기를, '일찍이 성삼문·박팽년朴彭年 등을 정인군자正人君子라고 했기 때문에 실지로 이런 말을 하였다.'고 하니, 광묘가 매우 성이 나서 거열車裂하라고 명하고 이어 이 사람이 어떤 사람인가 물으니, 좌우에서 대답하기를, '정몽주의 손자입니다.' 하니, 광묘가 갑자기 말하기를, '충신忠臣의 후손이구나.' 하고, 인하여 '귀양보내라.' 명하였습니다. 유사有司가 법에 의거하여 그 집터에 연못을 팠다고 하였으니, 그것은 대개 비사秘史에 쓰여 있는 글입니다. 문충공文忠公 이정귀李廷龜가 일찍이 선조先朝의 실록實錄을 상고하여 그 대략을 기록하고 특별히 충렬서원忠烈書院의 벽기壁記에 붙여 두었는데, 이 서원은 곧 정몽주를 향사享祀한 곳입니다. 정보가 그 아름다움을 계승하고 꽃다움을 전함으로써 가성家聲을 떨어뜨리지 않았은즉, 마땅히 배유配侑를 허락하셔야 합니다."하니, 임금이 해조에 명하여 의논해서 처리하라 하였다.
>
> (『숙종실록』 권35, 27년 3월 13일(경자))

라 하여 상소를 올려 충렬서원에 배향을 청하였다. 그러나 이때의 청원은 성사

되지 못하였다. 그리고 이후 1791년(정조 15) 충렬서원 유생을 중심으로 통문이 발송되고 이것이 결국 같은 해 이구상李衢祥을 소두로 하여 증시贈諡 및 서원에 배향을 청하는 상소를 제출하게 되었고, 결국 정조의 허가를 얻게 되었다. 그리고는 다음 해인 1792년(정조 16)에 국왕의 치제가 있었다.

이밖에 단종의 능이 있던 영월에는 육신사六臣祠와 함께 정보 등을 모시던 팔현사賢祠가 세워졌다. 팔현사에 제향된 인물은 흔히 생육신이라 불리는 김시습 · 남효온 · 조려 · 성담수 · 이맹전 · 원호와 함께 권절權節과 정보 등이었다. 팔현사는 1732년(영조 8) 경 영월 사람으로 "부자는 돈을 내고 가난한 자는 노력을 내어 근근히 몇 칸 집을 마련하여" 설립한 것으로, 1736년(영조 12)에는 영월 유생 등이 사액을 청한 바 있었다. 그러나 이때 조정의 허가가 내려지지 않았다. 팔현사는 이후에 훼철되었는데 추정컨대 1741년(영조 17) 경 전국적인 서원 훼철시에 단행된 것으로 추정된다. 이후 1791년(정조 15)과 1792년경 영월 유생 정재건丁載建이나 정재구丁載述 등이 중심이 되어 팔현사 중건을 위해 상소를 올리거나 예조판서에게 청원하기도 하였으나, 팔현사의 중건은 이루어지 못한 듯 하다.

이렇게 정보의 신원이 이루지는 등 가문의 입장에서 새로운 움직임이 일기 시작하였다. 그리고 이를 바탕으로 문중의 중흥 및 유지를

〈도-4〉 설곡선생실기(정보) 장판각 소장

위한 다양한 노력들이 이루어지기 시작하였다. 그런데 18세기 중반 포은 가문에서 가문을 잇기 위한 봉사손의 입후立後 문제와 관련된 논란이 있어 주목된다.

봉사손 입후 논란은 1740년 경에 있었는데, 이것이 단순히 가문 차원에서 그치지 않고 결국 조정에까지 알려지게 되면서 파문이 일었다. 정몽주가 당대 사회에서 차지하는 위상으로 인해 봉사손의 입후 문제가 조정으로 까지 확대된 것이다.

봉사손 논란은 봉사손이었던 정호鄭鎬가 아들 없이 사망하자 친동생인 정석鄭錫의 아들인 정도제鄭道濟(승정원일기에는 鄭健으로 기록됨)를 입후하였고, 조정에서 입안이 발급되었다. 당시 조정에서는 정도제를 후사로 삼도록 하면서 그에게 관직을 제수하고 늠록을 지급하여 제사를 받들도록 하였다. 정도제가 봉사손으로 입후된 뒤에도 생부인 정석이 제사를 섭행하였으므로, 조정에서는 그에게 봉사손에 준하는 예로 관직을 제수하기도 하였다.

그런데 1745년(영조 21)경 봉사손의 입후에 논란이 일기 시작했다. 당시 국왕이 참석한 자리에 입시했던 김재로의 표현을 빌자면, 논란은 종부인 정도제의 처 송씨와 종인宗人들 사이에 발생한 것으로, 이때 종부는 종인들과는 달리 정지식鄭志式의 3자子를 입후하기를 원했는데 정지식의 3자는 정도제와는 촌수가 멀리 떨어진 30촌에 해당되었다. 이에 비해 종인들은 종부와는 다른 인물을 입후 대상자로 지명하고는 종부와는 달리 회의를 열어 문서를 만들고 각각 착압着押하였다. 그런데 뒤에 종부가 마음을 바꾸어 종중의 뜻에 따르기로 했다는 것이다. 이에 김재로는 이를 믿고 앞으로 종인과 종부가 다시 협의해서 정한 후에 예조에 입안 신청을 하면 이를 입계하여 입안을 발급하자고 건의하고, 국왕도 이를 전적으로 받아들였다.

그러나 종인과 종부가 합의가 이루어지 않았던 듯 다음 해인 1746년(영조 22) 7월 5일에 이를 둘러싸고 다시 논란이 일었다. 이때 종부가 지명한 인물은 앞서와는 달리 정찬술의 증손인 정양채鄭亮采(승정원일기에는 八호 또는 八賢으로 기록됨)로, 이에 대한 입안을 위해 여러 대신들에게 청탁까지 할 정도였다. 이에 김재로를 비롯한 대신들은 종부 송씨가 지명한 13살의 정찬술 증손을 봉사손으로 정하되, 나이가 어리니 제사는 섭행시키자고 하였다. 그리고 이로부터 약 20여일이 경과한 뒤인 같은 달 22일 예조에서는 앞서의 건의에 준하여 이를 다시 본가에 물은 뒤 정찬술의 증손이자 정익제의 1자인 정양채를 정도제의 입후로 결정해 입안을 발급하겠다고 보고하여 국왕의 허가를 얻었다.

:: [표 3] 영일정씨 포은 가문 가계도 초략(17대~25대)

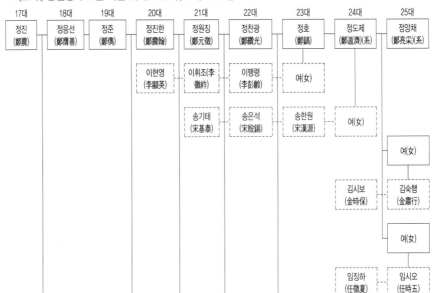

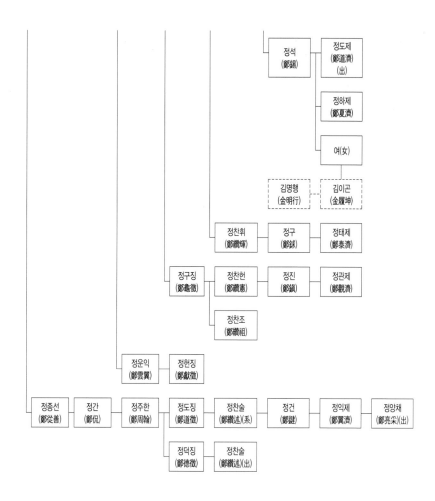

　　이런 과정을 거쳐 일단락된 듯 보였던 포은 가문의 봉사손 입후 논란은 그
로부터 2년뒤에 다시 불거졌다. 용인에 거주하는 유학 정찬항鄭繼恒 등 45인이
앞서 결정된 내용이 부당하다며 연명 상소를 올렸던 것이었다. 이들은 상소에
먼저 정도제의 처 송씨가 봉사손을 결정할 위치에 있지 않음을 역설하였다. 이

는 정도제가 봉사손이 아니라는 사실이 입증되면 자연스럽게 정리되는 것으로, 정찬항 등에 따르면 정도제는 사후에 문장門長인 정제두 등이 참석한 종중회의에서 파양罷養되고, 대신 정도제의 친동생인 정하제鄭夏濟가 정호의 봉사손으로 입후되었으므로 종부는 정하제의 처 이씨가 된다고 하였다. 이렇게 되면 정도제의 처 송씨는 종부의 위치가 아니므로 봉사손의 입후 과정에 참여할 수 없게 되는 것이다. 이에 정도제의 처 송씨는 자신의 친딸인 임시오의 처를 시켜 파양의 억울함을 상소하였다는 것이다. 그리고 그 때 대신들이 이같은 사실을 모르고 정하제를 파양하고 다시 정도제를 봉사손으로 입안하였다는 것이다.

아울러 소목昭穆의 위차상 정호의 봉사손이 될 수 있는 자격으로 당시에 정진鄭鎭의 아들이 해당되며, 이에 해당되는 대상자가 정진의 아들 이갑二甲이므로, 자신들은 종중 회의를 통해 이갑을 봉사손으로 결정했다는 것이다. 그런데 송씨가 이갑의 나이가 9살 밖에 안되었고 또 돌림병을 겪지 않아 부당하다며 처음에는 정지식의 아들을, 그리고 그 뒤에는 정찬술의 증손을 입후 대상자로 지명했다는 것이다. 이에 대해 조정에서 조사가 있었으며, 자신들은 이때 대신이나 예조 등에 정소呈訴하여 결국 이갑이 봉사손으로 결정된 판하를 받았다고 하며 자신들의 정당성을 주장하였다. 아울러 정찬항 등은 이때 이갑이 아닌 정호의 계부인 정찬휘의 손자이자 정이제의 아들인 정귀대를 봉사손으로 지명하였다. 그 근거는 정찬휘가 정석에게 보내는 편지에서 "백형의 자손 중에서 도제를 이을 자가 없으면 선고先考의 자손 중에서 택정함이 옳다"고 하였고 이것을 근거로 하여 정귀대를 봉사손으로 하기를 청하였다.

정찬항 등의 연명상소가 제출되자, 김재로는 이갑을 봉사손으로 판하한 적도 없으며, 연명상소에 올라져 있는 상당수가 정도제를 다시 봉사손으로 삼을 때 동조했던 인물들이라고 하면서 심히 불쾌감을 표현했다. 그러면서 정도제를 다시 봉사손으로 결정했던 것은 이 문제가 불거졌을 때 논의에 참여했던 유자儒者들이 의논한 결과로 정하제 역시 아들 없이 사망하였기 때문에 처음 정했던 정도제를 다시 입후하는 것이 예에 타당하다고 하였고 이를 대신들이 논의하여 결정하였으므로 하등 문제될 것이 없다고 하였다. 그리고 어전에 함께 참석했던 조현명은 입후는 부모가 원하는대로 하는 것이지 다른 사람이 강제로 정할 수는 없는 것이라고 하였고, 김재로 역시 이에 동의하였다. 결국 몇 년에 걸친 논의 결과 정도제의 입후는 정찬술의 증손인 정양채로 결정되기에 이르렀다.

봉사손 논란 속에서 문중과 관련된 각종 사업이 진행되었다. 먼저 포은영당圃隱影堂에 대한 개건이 이루어졌고, 제의祭儀가 수정되었다. 아울러 재실인 영모재가 포은의 묘소 아래에 세워졌으며, 그리고 영모재 좌우로 숙塾을 두어 종족 자제의 교육을 담당하였다. 족계族契가 정비되었으며 화수회花樹會가 개설되기도 하였다. 제사를 마친 뒤에는 영모재에 모여 종규를 강독하였다. 당시 이를 주도한 인물은 정제두를 비롯해 정찬휘와 정찬헌·정찬조·정찬술 등이다. 이 밖에도 설곡 정보의 묘표가 새롭게 세워졌다.

| 참고문헌 |

김학수, 「18세기 포은가문 계후繼後의 사회적 의미」, 『포은학연구10』, 2012

이성무·정만조·이영춘·최봉영, 「조선시대 근기지방의 문적·유물·유적 조사연구-용인·광주·시흥을 중심으로」, 『조선시대사학보』10, 1999

정만조, 「조선시대 용인지역 사족의 동향」, 『한국학논총』19, 국민대학교 한국학연구소, 1997

8부

의정부,
반남박씨 서계西溪
박세당朴世堂 가문

01
양주(의정부)에 정착과 족보 편찬

반남박씨는 박응주朴應珠를 시조로 하는 성씨로, 고려 말 박의朴宜가 급제하였고, 박윤무朴允茂가 진사로서 동정직同正職인 양온령良醞令을 지냈으며, 박수朴秀가 밀직부사, 상호군을 지냈다. 이어 박수의 아들 박상충이 1373년(공민왕 22) 국자감시에 장원을 하며 문명을 날렸다. 박상충의 처가는 당대 대표적인 사대부 가문 중 하나인 한산이씨로, 이곡李穀의 딸을 부인으로 맞아들이면서 이색李穡과는 처남 매부 사이가 되었다. 박상충은 또한 정몽주鄭夢周, 이숭인李崇仁, 하륜河崙, 권근權近, 정도전鄭道傳 등 당대 대표적인 학자들과 교류하는 등 이른바 신진사대부를 대표하는 위치에서 활동하였다.

박상충의 아들 박은朴訔은 좌명공신에 책록되었으며, 15세기 후반에 박억년朴億年(1455~1496)이 문과 급제 후 홍문관 교리를, 박조년朴兆年(1459~1500) 역시 문과 급제 후 승문원 판교 등을 역임하며 기가起家의 발판을 구축하기 시작하였다. 박조년의 자인 박소朴紹(1493~1534)는 어린 시절 김굉필金宏弼의 문하에서 학문을 연마하였고, 이후 송당松堂 박영朴英의 문하에 출입하였다. 과거 급제 후 관직에 진출, 조광조趙光祖 등과 교류하였다. 박소는 『기묘명현록己卯名賢錄』에 등재되며, 반남박씨가 사림 가문으로 성장하는 계기를 제공하였다.

박소는 계축생이고 자字는 언주彦冑이다. 현량과賢良科에 응시하였으나 과거에 오르지는 못 하였고, 기묘년 봄 식년과式年科에 장원하였다. 이 때문에 물리침을 면했고 벼슬이 사간에 이르렀다. 뒤에 다른 일로 파직되어 시골집에 돌아가서 죽었다.

보유 : 무인년 식년 초시에 합격하였다. 또 별과 천목別科薦目에는 독실篤實한 뜻으로 옛것을 좋아하며 또 문조文藻가 있다는 것이었다. 기묘년 식년시에 뽑혔으나 뒤에 김안로金安老에게 미움을 받아 파직되어 죽었다. 아들 박응남朴應男·박응복朴應福은 문과에 합격하였고, 박응순朴應順은 국구國舅(왕비의 아버지)로서 추숭追崇되었다. 사간 박언주는 솔직하여 거짓이 없고 안팎이 꼭 같았다. 보는 자는 모두 옥인玉人이라고 일렀고, 함양咸陽 임건任楗과는 가장 깊게 사귀었다. 경인년에 동료와 함께 김안로를 제거하기로 논의하여 다음날에 계달啓達하기를 약속하였다. 그때에 권예權輗가 대사간이었고, 채무택蔡無擇이 정언이었다. 근무를 마치고 함양에게 가서 이 일을 말하니 함양이, "자네와 동석한 자는 모두 믿을 만한가." 하였다. 언주는 무택이 김안로의 당이라는 것을 처음부터 요량하지 못했으므로 깜짝 놀랐다. 정언부터 먼저 축출하기를 꾀하려고 대사간의 집에 가니, 정언이 벌써 권의 집에 와 있었다. 이미 한패로 되었다고 생각하였고 다음날 언주는 파직되었다.(『기묘명현록보유』 박소전)

한편 반남박씨는 고려 말의 사환 과정에서 경기 지역과 인연을 맺게 된 뒤 조선조에서는 양주와 파주, 김포 등지에 지역적 기반을 마련하였다. 이는 묘산 위치의 변화를 통해서 확인이 가능하다.

:: [표 1] 반남박씨의 묘산 소재지의 변화

6세	7세	8세	9세	10세	11세	12세	13세	14세	15세	묘산위치
박은 (朴訔)										양주 →廣州
	박규 (朴葵)									파주
		박병문 (朴秉文)								김포
			박임종 (朴林宗)							김포
				박억년 (朴億年)						김포
					박진 (朴縉)					시흥
				박조년 (朴兆年)						김포
					박소 (朴紹)					합천
						박응천 (朴應川)				양주 (금곡)
							박동현 (朴東賢)			양주 (금곡)
							박동호 (朴東豪)			양주 (금곡)
								박엽 (朴燁)		적성
							박동노 (朴東老)			양주 (여일)
							박동준 (朴東俊)			양주 (금곡)
							박동민 (朴東民)			노성 (魯城)
							박동선 (朴東善)			김포
								박정 (朴炡)		김포
									박세견 (朴世堅)	양주 (수락)

6세	7세	8세	9세	10세	11세	12세	13세	14세	15세	묘산위치
									박세후 (朴世垕)	양주 (장자곡)
									박세당 (朴世堂)	양주 (장자곡)

* 『반남박씨세보(潘南朴氏世譜)』(장서각 K2-1750)

먼저 박은의 경우 양주 중랑포 인근에 초장初葬되었으나, 인근 지역이 연산군 때에 국왕의 생모인 폐비 윤씨의 묘소가 조성되면서 광주廣州 구천면龜川面으로 이장되었다. 박규의 경우는 파주에 안장되었고, 박병문을 시작으로 이후 박임종, 박억년, 박조년의 경우는 김포에 묘가 위치하였다. 박조년의 아들 박소의 묘는 영남의 합천에 위치한 것으로 확인되는데, 이는 연산군 때에 어머니를 따라 외가가 있는 합천으로 낙향하여 그곳에서 생활한 때문이었다. 일시적으로 영남에 터전을 마련하기는 하였으나, 위의 표에서 보듯이 박응천의 경우는 다시 경기 양주에 터전을 마련하여 생활하였다. 이는 박소의 부인이자 박응천의 어머니인 남양홍씨와 관련이 있는 것으로 추정된다. 박응천의 아들 대인 박동현 이하 형제들은 부친을 따라 양주 금곡에 묘산을 조성하는 한편 경기 지역의 적성과 김포 등지에 자리 잡았고, 박정의 아들대인 박세견, 박세후, 박세당 등은 양주의 장자곡, 즉 장재울에 터전을 잡으며 이후 세거의 기반을 마련하였다.

반남박씨는 조선 사회에서 정치 사회적으로 입지를 다져가는 한편 17세기 초에는 족적 결합의 강화를 위해 족보를 제작하였다. 최초로 제작된 족보는 임오본壬午本(1642, 인조 20)이라 하며, 박소 → 박응복 → 박동열 계열인 박호朴濠(1586~1667)가 주도하여 4권으로 간행하였고, 박소 → 박응복 → 박동량 계열인 박미朴瀰(1592~1645)가 서문을 찬술하였다. 이어 간행된 것이 계해년癸亥本(1683, 숙종 9)으로, 박세채朴世采(1631~1695)가 수보를 시작한 뒤에 박태징朴泰徵이 이어서 작업하여 17년 만에 8권으로 완성하였다. 계해본의 서문은 박세당이 찬술하였는데, 서문에서 박세당은 다음과 같이 진술하였다.

〈도-1〉 박세당 사랑채

우리 종족이 세상에 드러난 때는 고려高麗 말엽인데, 본조本朝에 와서야 창성昌盛하기 시작하여 300년이 지난 지금에 와서는 더욱 번성하고 창대해져서 여러 성姓 중에 으뜸이 되었다. 고어古語에 "뿌리가 깊으면 가지가 무성하고 근원이 멀면 흐름이 장구하다." 하였는데, 이 말이 어찌 관면冠冕과 문벌門閥을 이르는 말이겠는가. 이는 공덕功德이 전대에 쌓이면 복택福澤이 후대에 넘친다는 뜻이니, 하늘이 장차 이로써 세상을 권면하는 징험을 삼은 것이다. 따라서 우리 종족의 번성함과 창대함이 이와 같으므로 세보를 만들 때 상세히 기록하지 않아서는 안 되는 것이다. 그런데 예전의 족보는 소략한 문제가 있고, 또 수십 년 전에 만들어서 뒤에 출생한 자손들이 실리지 못하였으니, 끊어진 가계家系를 잇고 누락된 내용을 보충하는 것은 반드시 후대에 해야 할 일이었다.

족제族弟 세채世采 화숙和叔이 처음 지금의 세보를 만들다가 중간에 족질族姪 태징泰徵에게 맡겨 17년 만에 완성을 보았으니, 과거의 소략한 문제가 있던 것이 모두 상세하게 기록되었고, 늦게 출생한 후손도 이어서 모두 실리게 되었으며, 널리 오류를 바로잡은 것 또한 한두 가지가 아니다. 그 체례體例는 분묘墳墓의 소재를 반드시 쓰고 어디에서 이주하였는지를 반드시 썼으니, 이는 먼 조상을 추념하고 종족을 분변하려 해서이다. 그리고 외손外孫은 대자大字로 쓴 줄에 넣지 않았으니, 이는 잘못된 풍속을 바로잡고 이성異姓을 분별하려 해서이다. 또 벼슬을 하였는지, 모씨某氏에게 장가들었는지, 향년享年이 몇인지, 모일某日에 졸卒했는지를 반드시 자세히 썼으니, 이는 소씨蘇氏의 족보에서 그 좋은 점을 택한 것이다. (박세당, 『서계집』 권7, 「반남박씨세보서」)

특히 본서에서는 잘못된 풍속을 바로 잡고 이성異姓을 분별하기 위해 외손을 대자大字로 쓴 줄에 넣지 않았다고 하여 족보의 변화상을 보여주고 있다.

이후 "반남박씨 족보"로 는 병술본丙戌本과 을유본乙酉本, 갑자본甲子本 등이 간행되었다. 병술본은 1766년(영조 42)에 박사존朴師存(1701~1776) 등이 주도하여 서울에서 간행한 것으로, 박사임朴師任이 서문을 썼다. 을유본은 1825년(순조 25) 박종훈朴宗薰(1773~1841) 등이 주도한 것이고, 갑자본은 1924년에 박기양朴箕陽 (1856~1932) 등이 주도하여 간행한 족보이다. 17세기 이후 반남박씨 족보의 간행 과정에 서계 가문 구성원들의 지속적인 참여가 있었다. 계해본의 서문을 박세 당이 찬술하였고, 이어 을해본의 경우에도 박사형朴師亨(1712~1782)이 중수 지문誌 文을 찬술하였다. 또한 을유본 간행 시에는 박종훈(박세당→박태유→박필기→박사득→ 박삼원→박종훈)이 역시 서문을 찬술하는 등의 역할을 하였다.

:: [표 2] 반남박씨 족보 간행의 추이

판본	간행 시기	관련자
임오본	1642년(인조 2)	박호, 박미
계해본	1683년(숙종 9)	박세채, 박세당, 박태징
병술본	1766년(영조 42)	박사존, 박사임, 박사형
을유본	1825년(순조 25)	박종훈
갑자본	1924	박기양

02
종계宗契의 결성과
『종중예목절목宗中禮木節目』의 제정

이처럼 서계 가문은 반남박씨 대종중 차원의 족보 편찬에 참여하는 한편, 18세기 중반에는 종계宗契를 만들었다. 종계는 족계의 또 다른 명칭으로, 우리나라에서는 14세기 이후 등장한 것으로 말해진다. 다만 초기 족계는 내·외손이 모두 참여하였으나, 임란을 거치면서 종법이 확산되고 종족 의식이 강조되면서는 친계 위주의 구성을 보이는 차이가 있다. 또한 족계의 기능에서도 단순한 친목형 족계에서 점차 조상의 제사가 강조되는 족계의 유형으로 변화하였다. 반남박씨의 종계도 이전에 존재할 가능성이 없지는 않지만, 현재로서는 박사형의 『잡저雜著』에 수록된 1778년(정조 2) 「종계입의宗契立議」 정도가 확인되는 상황이다. 박사형은 박세당→박태유→박필기 계통을 잇는 인물이다. 박사형은 종계를 입의하며, 박세당의 신위를 현손인 박헌원朴巚源이 모시고 있으나 세대가 바뀐 뒤에 자손들이 궁벽하여 여의치 않을 수 있으니 먼저 "백년지우百年之虞"를 준비해야 한다고 하였다. 종계 정비의 목적이 뜻하지 않은 상황에 대비해 봉사를 위한 경비 마련이 목적임을 알 수 있다. 자손들이 경중에서 생활하면서 사환 활동을 한다면 향사를 받는 것은 문제가 없지만 혹시라도 지나치게 편벽된 곳에서 생활하여 어디에서 사는 지 알 수 없다면 선조의 영령이 편안하겠는가라고 반문한 것도 역시 같은 취지라고 하겠다.

이에 먼저 서계가 평소 살던 곳에 별도로 1실을 만들어 이를 최장자最長子가 주관하게 하고, 재력을 모아 절목을 만들어서 제전祭田의 토지로 경영하자고 하였다. 아울러 자신들은 선조의 청백하라는 유훈과 생리生利를 도모하는 것이 서툴러 가정사에 이르기까지 어려움이 많다고 하였다. 그러므로 종계를 통해서 각자 약간의 곡물을 갹출하여 이를 자본으로 식리하거나 토지를 구입해 지대를 받아 종원 행사 때에 돕는 비용으로 하자고 제안하였다. 이를 통해 봉선奉先의 정성을 돈독하게 하고 친족과 도모의 의리를 권하자고 하였다. 이로 보아 박사형의 「종계입의」는 조상의 제사를 모시면서 상부상조적 기능을 갖춘 족계의 유형에 해당된다고 하겠다. 즉 일차적으로 제사를 목적으로 하면서 동시에 종원들의 상부상조를 꾀하였다는 것이다. 제사의 주대상은 박세당이었다.

박사형의 「종계입의」가 이후 구체적으로 어떻게 반영되고 시행되었는지 현재로서는 확인이 불가하다. 다만, 주목되는 것은 종계의 제정 시기와 관련한 종계의 제정 목적이다. 앞서 언급한 바와 같이 박사형이 「종계입의」를 제안한 것은 1778년인데, 종계 제정 목적과 관련해 서문에서 "뜻하지 않은 상황에 대비한다"고 한 구절이 주목된다. 물론 이 구절은 종중에서 종계를 제정하는 과정에 편의적인 수사로 포함한 것일 수도 있겠다. 그러나 당시 서계 가문의 특수 사정을 고려한다면 그 의미는 적지 않다.

종계의 제정과 관련해서 주목되는 것은 앞서 약 20여년 전에 있었던 서계 가문의 상장례를 둘러싼 논란이다. 서계 가문은 1696년^(숙종22) 박세당이 병환 중에 구술한 「서계유계西溪遺戒」를 근거로 상장례를 운영하였다. 박세당이 「서계유계」에서 제시한 상장례는 검약과 간소함으로 집약되는데, 유계의 내용 중 '3년 상식上食'금지 조항은 조야에서 논란을 불러 일으켰으며, 서계 가문의 일원인 박태한과 박필기의 처벌로까지 이어졌음에도 가문 내에서는 준수되었다. 상식 금지 조항은 비단 서계 가문에서만 준수된 것은 아니고, 그 문인들내에서도 준수되어 그 파급력은 적지 않았다. 그러나 18세기 전반 이후 점차 가문 내에서 이의 준수 여부를 둘러싸고 논란이 제기되다가 1750년^(영조 26) 박태한朴泰翰의 4자 박필린朴弼遴의 상을 기점으로 시행에 있어 점차 이완되는 현상이 나타났다. 당연히 이를 둘러싸고 가문 내에서 갈등이 발생하였다. 결국 박사형의 「종계입의」는 이런 가문 내의 갈등을 봉합하여 종원宗員의 결속을 다지며 조상에 대한 제사를 봉행하는 한편 상호부조를 목적으로 제기되었던 것이라 하겠다.

서계 가문은 대개 17세기 전반을 기점으로 족보를 비롯해 「서계유계」 및 종계의 정비 등을 통해 점차 종중 조직을 갖추어나갔다. 그리고 이런 종중 조직화의 일환에서 예목제가 운영되었다. 예목이란 예물로 주는 무명으로 정의되는데, 돈으로 줄 경우에는 예전禮錢으로 표현되기도 하였다. 예목은 당초 중앙의 각 관청에서 관행적으로 운영되던 것이었다. 예를 들어 의금부의 운영 규정을 정리한 『금오청헌金吾廳憲』에서는 별도로 '예목' 조항을 두어 의금부를 거쳐간 당상堂上과 낭청郎廳이 납부해야 할 예목을 아래와 같이 규정하였다.

직군(職群)	예목량(禮木兩)
감사(監司) · 병사(兵使) · 수사(水使)	목(木) 10필
기백(畿伯) · 유수(留守)	목(木) 5필
부윤(府尹) · 목사(牧使) · 부사(府使)	목(木) 7필
군수(郡守) · 현감(縣監)	목(木) 5필

의금부에서는 예목 이외에도 시임 낭청이 외관직에 제수되면, 유청중필채有廳中筆債 7냥, 서청필채西廳筆債 2냥, 포진채鋪陳債 2냥을 사조일辭朝日에 즉시 납부하도록 규정하였다.

그런데 이같은 예목은 의금부에서만 시행되었던 것은 아니고, 대부분의 중앙 공공기관에서 관행적으로 운영되던 것으로 보인다. 그리고 일반 관원들은 이를 상당한 고역으로 인식하였다. 17세기 후반부터 출신으로서 각 청에 분속된 자에게는 집사가 예목이라 칭하고 은전銀錢을 징색하므로 그 폐단이 적지 않았고, 새롭게 군영에 분속된 군인들에게도 예목을 징수함으로써 문제가 되기도 하였다. 예목의 징수는 징수 그 자체가 문제가 될 뿐 아니라 시간이 지나면서 그 액수가 과다해져 문제되기도 하였고, 심지어는 연초에 중앙에 올라오는 호장戶長에게도 원래 없던 예목을 징수하여 문제가 되기도 하였다.

이렇게 각종 자료에서는 예목제의 운영에 따른 부담의 과다 등이 문제점으로 지적되고 있었다. 다만, 예목제가 이처럼 불법 혹은 비법적인 것으로 비난을 받기는 하였지만, 각 관청에서는 포진鋪陳 등과 같은 잡비 명목을 예목으로 충당하는 재정 보전용 차원에서 관행적으로 시행된 것이었다. 이러한 재정 보전책이 필요했던 것은 조선의 재정 구조에서 기인한다. 즉 조선 왕조는 재정의 중앙집권화를 진행하면서도 공공 기관에 대한 재정권 자체의 배분을 통하여 재정 업무의 수행에 따른 지출을 절약하고자 하였다. 따라서 각각의 공공 기관은 기관 운영에 필요한 재원을 스스로 마련할 권한을 부여 받아 운영하였다. 예목제 역시 그 일환이었다고 하겠다.

서계 가문에서 시행한 예목제는 이상과 같이 이미 공공 기관에서 운영되던 관행을 차용한 것으로 보인다. 서계 가문의 예목제 규정은 1738년^(영조24)에 제정된 「종중예목절목」에서 구체적으로 드러난다.

〈도-2〉 종중예목절목

이 절목은 지방관으로 부임하는 종중 구성원들로부터 받은 예목과 관련된 규정을 정리한 것이다. 절목의 앞부분에 수록된 서문에서는 예목의 수납은 이미 종중에서 행해지던 규정으로 "불우급용지수不虞急用之需"에 대비하기 위한 것이라고 하였다. 즉, 예목제를 통해서 종중의 시향時享이나 절사節祀 등의 수요에 응하기 위한 재정을 마련하고자 하였다. 따라서 지방관으로 부임하게 되면 1달

이내에 단자를 갖추어서 예목으로 보내도록 규정하였으며, 힘을 다해서 납부하도록 하였다. 절목에 규정된 지방관별 예목 부담액은 다음과 같다. 예목이라 이름을 붙였지만 납부액은 돈으로 규정되었다.

:: [표 4] 서계 가문의 『종중예목절목』에 규정된 예목 규정

직군(職群)	예목량(禮木兩)
감사(監司)	30냥
유수(留守)	20냥
목사(牧使)·부사(府使)	10냥
군수(郡守)·판관(判官)·현령(縣令)·현감(縣監)	7냥
찰방(察訪)	5냥

위에서 규정된 서계 가문의 예목은 결국 종중 운영을 위한 재정 보전책이었다고 하겠다. 다만, 현재로서는 예목제 규정에 따라 징수된 액수가 얼마나 되며, 그것이 실제 어떤 명목으로 사용되었는지는 알 수 없다.

한편 예목제의 관행은 앞서 언급한 중앙의 관청이나 서계 가문 뿐 아니고 여타 문중 조직에서도 통용되던 것이었다. 이는 안성 덕봉리에 세거한 해주오씨 종계의 규정에서 확인된다. 해주오씨의 예목제 규정은 몇 차례 개정되기도 하였는데, 그 징수량을 정리하면 아래와 같다.

:: [표 5] 해주오씨의 예목 규정

직군		갑술년(甲戌年,1814)	무신년(戊申年, 1848)
감사·병사 이하	4필	대전(代錢) 8냥	20냥
목사 이하	3필	대전(代錢) 6냥	10냥
군수 이하	2필	대전(代錢) 4냥	6냥
영장·중군·찰방·감목관 이하		대전(代錢) 4냥	

해주오씨 예목 규정은 이후 임자년(1852) 종계 개정 때에는 보다 세분화되고 다양한 직군들이 포함되었다. 즉 감사·통제사·병사·유수는 20냥으로, 부윤·수사는 15냥으로, 목사·부사·서윤·판관은 10냥으로, 군수·현령·현감은 6냥으로, 영장·첨사·찰방·감목관·만호·우후는 4냥으로 개정되었다. 해주오씨 이외에도 경기도 광주에 세거한 광주안씨의 경우도 예목과 예전 등이 수납되어 종중 경비에 충당되었으며, 이를 납부하지 않으면 벌전 명목으로 징수되기도 하였다. 그것은 일단 종중의 경비 마련을 위한 것이지만 이를 통해 종원들에게 일종의 책임의식을 심어주는 장치로서 작용했을 것이고, 이를 통해 지속적으로 종중사宗中事에 관심을 갖게 되는 계기가 되었을 것이다. 이렇게 본다면 서계 가문을 포함해 해주오씨나 광주안씨 종중에서 확인되는 예목제는 당시 상당수 종중에서 시행되었을 가능성이 크다. 다만, 서계 가문을 포함해 해주오씨나 광주안씨 모두 경화사족으로 활동하던 가문이라는 점에서 일단은 예목제를 경화사족 종중 운영 방식의 하나로 볼 수 있지 않을까 생각된다. 더욱이 예목제의 운영을 위한 전제가 지속적인 사환자仕宦者를 배출하는 것이라고 할 때 타당성을 갖는다고 하겠다.

03
인적교류망을 통한 가격家格의 유지

가문을 중시하던 조선 사회에서 혼인은 당대 사회에서 해당 가문의 가격을 보여주는 장치이자, 동시에 가격의 유지를 위한 수단이라 해도 과언이 아니다. 이점에 대해서는 재론의 여지가 없으나, 18세기 중반 문벌의 문제에 대한 류수원의 다음 지적은 그 실상을 적나라하게 보여준다.

> 이보다도 심한 것은 모두가 같은 할아버지의 손자일지라도, 아버지가 명관을 지냈으면 아들도 좋은 벼슬을 하고 아버지가 관직에 오르지 못했으면 아들은 청환길이 막힌다. 또 이보다 더욱 심한 일은 다같이 한 아버지의 자식이라도, 어머니가 전실前室과 후실後室이 있음에 따라 문벌의 높고 낮음이 있어서, 동기 중에서도 행세하는 바가 그 외가外家에 따라 현격한 차이가 있는 것이다. 그리고 이보다도 더 심한 것은 동기 사이에서도 처가妻家의 문벌이 높고 낮은 데 따라 행세하는 데 큰 차이가 나타나는 것이니, 이러한 것들이야말로 추악하고 무지하기 이를 데 없는 것이다. 고금에 이런 의리가 그 어디에 있겠는가.
>
> (유수원, 『우서』 권2, 「논문벌지폐」).

즉 문벌의 위상을 말하는데, 친계는 물론이고 처가와 외가의 높낮이도 중요한 배경이 되었다는 것이다. 혼인이 문벌을 유지하는 중요한 조건임을 지적하고 있는 구절이다. 박세당의 『사변록』 시비나 「서계유계」 파문 등을 겪은 서계 가문이 이후 조선 사회에서 문벌 가문으로서의 위상을 유지하게 된 데에는 혼인이 중요한 장치로 기능하였음을 부정할 수는 없다.

서계 가문이 반남박씨 대종大宗으로부터 분리되어 독자적인 계파를 형성하게 된 계기가 되는 서계의 조부 박동선은 문과 급제 후 의정부 좌참찬까지 역임한 인물로, 탁월한 학식과 문장으로 당대에 이정구나 이시발, 서성, 김세렴 등과 교류하였다. 사후 박동선의 행장은 조복양이, 묘지명은 남구만이, 시장諡狀은 이민서가, 신도비명은 윤증尹拯이 찬술하였다. 박동선의 처가는 종실인 청성군淸城君 이걸李傑로, 성종의 증손이다. 박동선의 아들로 인조반정에 참여한 공으로 정사공신 3등에 녹훈된 금주군 박정의 처가는 양주윤씨 윤안국尹安國으로, 윤안국은 강원관찰사를 역임하였다. 윤안국의 시문집인 『설초유고雪樵遺稿』의 간행은 박세당이 주도하여 간행하였다.

박세당의 초취初娶는 의령남씨로, 남일성南一星의 딸이다. 남일성의 아들이자 박세당의 처남이 되는 인물이 남구만南九萬이고, 동서로 전주이씨 이한익李漢翼(1645~1678)이 있다. 이한익의 아들인 이조李肇는 숙종대 후반 이후 소론에서 중추적인 역할을 했던 인물이다. 특히 의령남씨와의 혼인을 통한 남구만과의 연결이나 그의 처숙부가 되는 남이성南二星과의 오랜 학문 토론은 박세당의 학문에 많은 영향을 미쳤다. 이와 관련해서 박세당이 남구만에게 보낸 편지에서 "종횡으로 담론하며 날과 밤을 지새우면서도 피곤한 줄 몰랐다"라고 자술하고 있다. 박세당의 후취後娶는 광주정씨 정시무鄭時武의 딸이다.

박세당 이후 혼인 관계를 대략적으로 정리하면 아래와 같다. 박동선 이하 계보까지 확대하여야 하지만, 일단은 박세당의 직계로 한정해서 정리해보았다.

:: [표 6] 서계 가문 세계도 초략

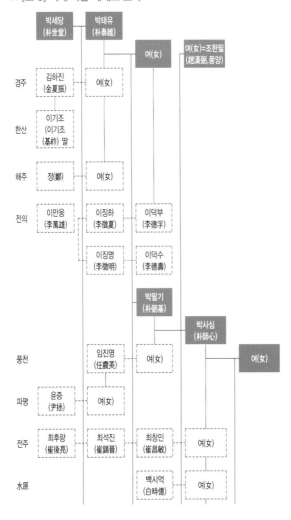

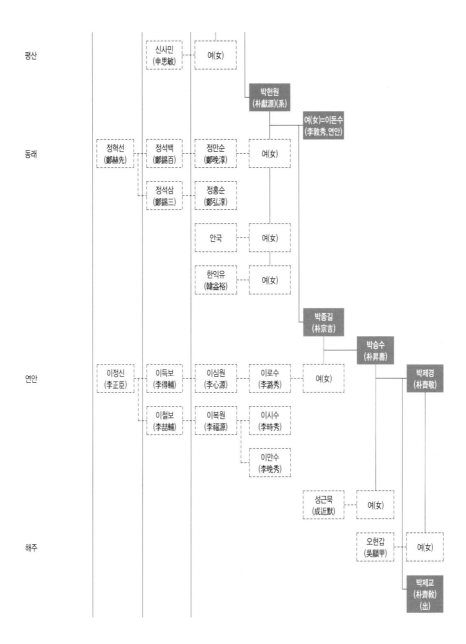

평산

동래

연안

해주

신사민
(申思敏)

여(女)

박헌원
(朴獻源)(系)

여(女)=이돈수
(李敦秀, 연안)

정혁선
(鄭赫先)

정석백
(鄭錫百)

정만순
(鄭晩淳)

여(女)

정석삼
(鄭錫三)

정홍순
(鄭弘淳)

안국

여(女)

한익유
(韓益裕)

여(女)

박종길
(朴宗吉)

박승수
(朴昇壽)

박제경
(朴齊敬)

이정신
(李正臣)

이득보
(李得輔)

이심원
(李心源)

이로수
(李潞秀)

여(女)

이철보
(李喆輔)

이복원
(李福源)

이시수
(李時秀)

이만수
(李晩秀)

성근묵
(成近默)

여(女)

오현갑
(吳顯甲)

여(女)

박제교
(朴齊敎)
(出)

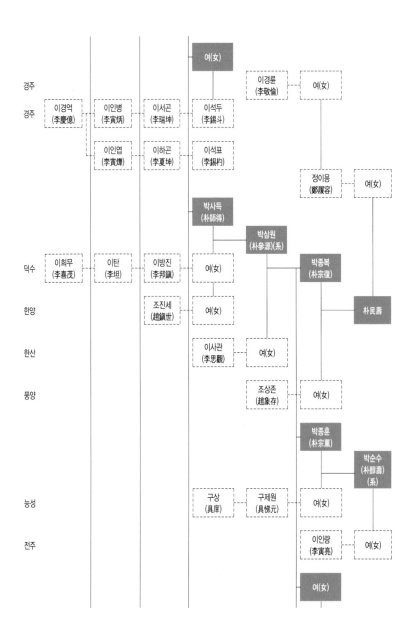

경주
경주
덕수
한양
한산
풍양
능성
전주

이경억
(李慶億)
이인병
(李寅炳)
이서곤
(李瑞坤)
이석두
(李錫斗)
여(女)

이경륜
(李敬倫)
여(女)

이인엽
(李寅燁)
이하곤
(李夏坤)
이석표
(李錫杓)

정이용
(鄭履容)
여(女)

박사득
(朴師得)

박삼원
(朴參源)(系)

박종복
(朴宗復)

이희무
(李喜茂)
이탄
(李坦)
이방진
(李邦鎭)
여(女)

朴民壽

조진세
(趙鎭世)
여(女)

이사관
(李思觀)
여(女)

조상존
(趙象存)
여(女)

박종훈
(朴宗薰)

박순수
(朴醇壽)
(系)

구상
(具庠)
구제원
(具悌元)
여(女)

이인량
(李寅亮)
여(女)

여(女)

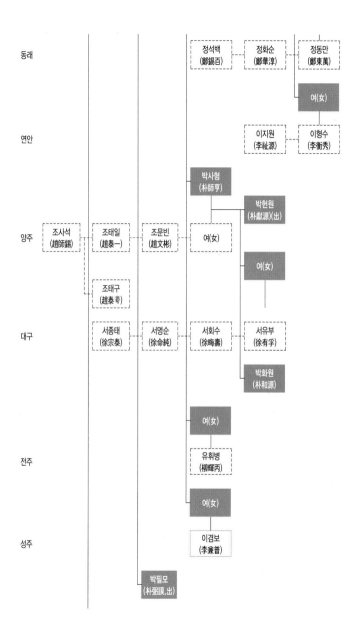

동래

정석백
(鄭錫百)

정화순
(鄭華淳)

정동만
(鄭東萬)

여(女)

연안

이지원
(李祉源)

이형수
(李衡秀)

박사형
(朴師亨)

박현원
(朴戱源)(出)

양주

조사석
(趙師錫)

조태일
(趙泰一)

조문빈
(趙文彬)

여(女)

여(女)

조태구
(趙泰耉)

대구

서종태
(徐宗泰)

서명순
(徐命純)

서회수
(徐晦壽)

서유부
(徐有孚)

박화원
(朴和源)

여(女)

전주

유휘병
(柳輝丙)

여(女)

성주

이겸보
(李兼普)

박필모
(朴弼謨,出)

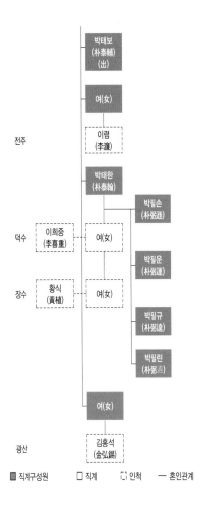

전주

덕수

장수

광산

■ 직계구성원　□ 직계　▢ 인척　— 혼인관계

　　위의 가계도 가운데 박태유의 처가인 경주김씨 김하진 가계를 비롯해 박
태유의 사위인 전의이씨 이덕부 가계, 박필기와 인척이 되는 경주이씨 이석두
가계, 박사심의 처가인 전주최씨 최창민 가계, 박사형의 처가인 양주조씨 조문
빈 가계, 박사형의 사위가 되는 대구서씨 서유부 가계, 박헌원의 처가인 동래정

씨 정만순 가계, 박삼원의 처가인 한산이씨 이사관 가계, 박종길의 처가인 연안이씨 이로수 가계, 박종훈의 처가인 능성구씨 구제원 가계, 박삼원의 사위인 이형수 가계 등이 주목된다.

박태유의 처가인 경주김씨 김하진은 김남헌의 아들로, 김남헌의 아들에는 김하진 이외에도 김시진과 김익진 등이 있으며, 김하진의 처가는 효종 연간에 예조판서와 공조판서 등을 역임한 한산이씨 이기조이다. 이기조의 후손들은 후술할 세강계世講契에 참여하기도 하였다. 김하진의 형 김시진은 효종 연간에 김육이나 박세당 등과 함께 한당漢黨의 일원으로 활동했던 인물이기도 하다. 또한 김하진의 재종질이 숙종의 국구인 김주신이다.

한편 박태유의 사위인 이덕부는 전의이씨로, 그는 이만웅의 손자이고 이정하의 아들로, 영조 연간에 탕평파의 일원으로 활동했던 이덕수와 종형제가 된다. 이밖에 박필기의 사위인 이석두는 경주이씨로, 좌의정을 역임한 이경억의 증손자이다. 이경억은 이인병과 이인엽 두 아들을 두었는데, 이석두는 이인병의 손자이고 이서곤의 아들이다. 이서곤의 처가는 파평윤씨 윤지인 가문이다. 이석두에게 종조부가 되는 이인엽은 숙종 연간에 양역변통을 비롯해 다양한 분야에서 두드러진 활약을 한 인물로 대표적인 소론계 인물이었다.

이외에도 박사심의 처가는 전주최씨 최창민으로, 최창민은 최명길崔鳴吉의 증손자이다. 박사형의 처가인 양주조씨 조문빈 가계는 조사석의 후손들로 조문빈의 숙부가 숙종대 후반 이후 소론계의 중심 인물인 조태구이다. 또한 박사형의 사위인 서유부의 부친은 서회수로, 서종태의 손자이며, 박헌원의 처가인 동래정씨 정만순은 역시 소론 계열로 활동했던 정석삼의 조카이자, 정조 초반에 좌의정을 역임한 정홍순과는 종형제 사이이다. 박종훈의 처가인 능성구씨 구제원은 인조반정 공신인 구인후의 후손으로 구상의 아들이자 예조판서를 역임한 구윤명의 손자이다.

이상에서와 같이 서계 가문은 가문 형성 이후 당대 주요 가문들과 혼인 관계를 지속적으로 맺었다. 그리고 숙종대 초반 서인이 노론과 소론으로 분화된 이후에는 주로 소론계 가문들과 지속적이고 중첩적으로 혼인관계를 맺고 있다. 이를 통해 서계 가문은 여러 정치적 논란 속에서도 지속적으로 가문을 유지할 수 있었으며, 나아가 문벌로서의 가격家格을 유지할 수 있었다고 하겠다. 그리고 이런 혼인 관계가 한편으로는 세교를 유지하는 기반이 되었을 것임은 물론이다.

04

『세강계첩世講契帖』・『오련계좌목五聯契座目』과 세교世交 양상

서계 가문에 소장된 고문서 중에는 서계 가문의 세교를 보여주는 몇 가지의 문서가 있다. 「세강계첩」과 「오련계좌목」이 그것이다. 「세강계첩」은 어느 한 순간에 완성된 것이기보다는 이후 지속적으로 인원이 추가되면서 작성된 것으로 보인다. 작성이 처음 시작된 시기는 1689년(숙종 14)로 보이며, 이후 시간을 두고 계속 참여자 명단을 수록한 것이 아닌 가 한다. 계첩에 수록된 반남박씨의 경우 위로는 박세당부터 시작해서 아래로는 증손자인 박사임(박정→박세견→박태상→박필순→박사임)대까지 기록되고 있는 모습에서 추정이 가능하다.

「세강계첩」은 매년 봄과 가을로 강회講會를 개최하는 것과 관련해서 작성된 계첩이다. 앞부분에는 계회에 참석하는 사람들의 명단이 수록되었고, 후반부에 계헌契憲이 부기되었다. 모두 5개 조목으로 구성된 계헌의 내용은 아래와 같다.

① 매년 봄 가을 계월季月에 각자가 과일 등을 지참하고 모여서 강신회講信

會를 개최한다. 다만 대역사를 제외하고 무단 불참하는 것은 불가하다.

② 봄 가을 수계修契하는 것 이외에 또 절기가 온화하거나 좋으면 각자 술과 음식을 지참하고 강신회를 열어 구의舊誼를 다진다.

③ 매번 수계할 때에 유사有司는 기한 전에 통문을 내어 날짜를 정한다. 만약 계원 중에 대역사가 있어 참석하지 못하는 자가 많으면 다시 통문을 내어 날짜를 물려 정해서 모인다.

④ 계원 중 사상四喪을 당하면 듣는 대로 통보하여 기한 장례전에 조문한다.

⑤ 유사는 2원을 차정하며, 1년마다 돌아가면서 한다. 그리고 반드시 수계를 할 때에 대신할 사람을 정한 뒤에 바꾼다.

이 조목을 통해서 보면 이 모임은 강신회를 통한 교류 이외에 상을 당한 경우 조문한다는 구절을 통해서 상호 부조를 목적으로 하고 있음을 알 수 있다. 본 계첩에는 모두 58명의 명단이 수록되었는데, 그 명단은 아래와 같다.

:: [표 7] 세강계첩 수록 명단

본관	참여자 명단	인원수
나주임씨	임세온(林世溫), 임세량(林世良), 임세공(林世恭), 임세검(林世儉), 임세양(林世讓), 임세겸(林世謙), 임세집(林世諿), 임상태(林象台), 임상규(林象奎), 임상정(林象鼎), 임상덕(林象德), 임상악(林象岳)	12
전주이씨	이하성(李廈成), 이한종(李漢宗), 이조(李肇), 이진좌(李眞佐), 이진양(李眞養), 이진망(李眞望), 이진정(李眞鼎), 이휘(李徽), 이돈(李敦), 이민(李敏)	10
반남박씨	박세당(朴世堂), 박태한(朴泰翰), 박필순(朴弼純), 박필건(朴弼健), 박필기(朴弼基), 박필모(朴弼謨), 박사임(朴師任)	7
한산이씨	이명연(李明淵), 이명필(李明弼), 이하형(李夏亨), 이하영(李夏榮), 이하상(李夏相), 이하실(李夏實), 이지형(李址衡)	7
대구서씨	서문중(徐文重), 서종유(徐宗愈), 서명운(徐命運), 서명건(徐命建), 서명ㅁ(徐命ㅁ)	5

본관	참여자 명단	인원수
경주김씨	김정신(金鼎臣), 김주신(金柱臣), 김지연(金趾衍), 김태연(金泰衍), 김복연(金復衍)	5
덕수이씨	이희동(李喜東), 이희담(李喜聃), 이희함(李喜涵), 이택(李擇)	4
전의이씨	이만상(李萬相), 이신룡(李臣龍), 이종룡(李從龍)	3
능성구씨	구시형(具始亨), 구시흥(具始興)	2
덕수장씨	장완(張梡)	1
양천허씨	허시(許是)	1
해평윤씨	윤세헌(尹世憲)	1
계		58

〈도-3〉 세강계첩과 오련계좌목

세강계는 계첩의 명칭에서 보듯이 대개는 세교를 기반으로 조성된 것으로 보인다. 이들 중 나주임씨는 예조판서와 수어사 등을 지낸 임담林墰의 후손들로, 임담은 박세당의 부친인 박정의 친구이다. 선대에 친구 사이로 맺어진 관계가 이후 세교로 지속된 것이다. 전주이씨의 이하성은 이경석李景奭의 아들이고, 이진좌, 이진양, 이진망, 이진정 등은 이경석의 손자들이다. 박세당의 직계는 아니지만 이미 선대인 박동량때 이경석의 부친인 이유간의 교류가 확인되는 것으로 보아 선대부터 세교가 있었음을 알 수 있다. 이들 이외에도 대구서씨나 경주김씨, 덕수이씨 등은 혼인 관계 등으로 세교가 있는 가문들이었다.

이밖에도 특정의 몇몇 가문이 별도의 계조직을 구성한 것이 『오련계좌목五聯契座目』이다. 오련계란 다섯 가문이 연합한 계라는 의미로, 반남박씨·월성(경주)이씨·완산(전주)이씨·성산(벽진)이씨·성주이씨 등 5개 가문 10인이 결성한 친목계이다. 박세당의 아들대에 작성된 것으로 판단된다. 좌목은 먼저 성명을 기록한 뒤 소자로 字와 생년을 기록하고, 마지막 하단에 본관을 명시하였다. 해당 좌목에 수록된 인원은 다음과 같다.

:: [표 8] 오련계좌목 수록 명단

성씨	인명	인원수
반남박씨	박태유(朴泰維), 박태보(朴泰輔)	2
경주이씨	이동룡(李東龍), 이동린(李東麟)	2
전주이씨	이택(李澤), 이탁(李濯)	2
성산(벽진)이씨	이지석(李志奭), 이지윤(李志尹)	2
성주이씨	이휘(李徽), 이징(李徵)	2

이밖에도 하계下契로 유신웅劉信雄과 서선문徐善文이 명시되었다. 이들 중 성산이씨 이지석은 1694년(숙종 20) 갑술환국 이후 의금부 도사를 비롯해 사재감 주부와 영산 현감 등을 비롯해 형조 좌랑, 의령 현감 등을 역임한 인물이다. 이지윤의 경우는 1710년(숙종 27) 제릉 참봉을 비롯해 사옹원 봉사, 용담 현

령, 의금부 도사 등을 역임하였다. 이밖에 다른 인원들은 그 행적이 쉽게 찾아지지는 않는다. 더욱 지금 현재로서는 박태유 등이 이들과 별도의 계를 조직하게 된 이유나 배경 등을 찾기가 쉽지는 않다. 다만 추정이 가능한 것은 『벽진이씨족보』에 기재된 이지석의 행적을 보면, 1689년(숙종 15) 기사환국 당시 인현왕후가 폐출될 때 박태보와 함께 연명하여 상소를 올린 동지라고 기록되고 있다. 이지윤은 인현왕후가 출궁할 때 궁궐 밖에서 호읍號泣한 인물로 기록되고 있다. 이 기록을 신빙해서 본다면, 이들이 계를 조직하게 된 배경은 기사환국 당시 박태보가 집필하고 오두인吳斗寅 등 86명이 연명한 상소와 관련된 것으로 볼 수도 있겠다. 즉 정치적 동지로서 결속을 다지려는 의지의 표현이 아닐까 한다. 물론 다른 인물들의 행적이 추적되지 않아 단정할 수는 없으며, 추후 보다 심도 깊은 추적이 필요할 것이다.

세교를 통해 가문이 운영되던 서계 가문의 위상은 19세기 중반 경 서계영당의 참배자 명단을 통해서도 확인된다. 19세기 중반 경 서계영당의 참배자 명단은 『영당첨배록影堂瞻拜錄』이라 하여 전하고 있다. 『영당첨배록』은 1852년(철종 3)부터 1864년(고종 1)까지의 기록으로, 모두 99명의 명단이 기록되었다. 이 99명의 명단은 별첨과 같거니와 이를 각 성씨별로 정리하면 아래와 같다.

:: [표 9] 『영당첨배록』에 등재된 성씨 명단과 인원수

성씨	방문인 명단	인원수
반남박씨	박제소(朴齊韶), 박홍양(朴弘陽), 박초수(朴初壽), 박대수(朴岱壽), 박제구(朴齊九), 박헌양(朴憲陽), 박제평(朴齊平), 박흥수(朴興壽), 박돈수(朴惇壽), 박승학(朴勝學), 박인양(朴寅陽), 박치양(朴致陽), 박제훈(朴齊薰), 박용수(朴龍壽), 박승언(朴勝彦), 박승주(朴勝柱)	16
전주이씨	이돈영(李敦榮), 이인규(李人圭), 이숭겸(李崇謙), 이주찬(李周纘), 이건상(李建相), 이병하(李炳夏), 이상신(李象愼), 이승하(李升夏), 이구원(李龜遠), 이응하(李應夏), 이경원(李耕遠)	11

성씨	방문인 명단	인원수
창녕성씨	성재선(成載璿), 성재구(成載球), 성재황(成載璜), 성원호(成元鎬), 성재위(成載瑋), 성현호(成顯鎬), 성원묵(成原默), 성교묵(成敎默), 성규호(成奎鎬), 이참호(成參鎬), 성우영(成禹永)	11
파평윤씨	윤종응(尹鍾應), 윤행모(尹行謨), 윤상갑(尹相甲), 윤상을(尹相乙), 윤자?(尹滋?), 윤희(尹羲), 윤영기(尹榮夔), 윤영석(尹榮錫), 윤복(尹馥)	9
남양홍씨	홍병원(洪秉元), 홍원섭(洪遠燮), 홍재선(洪在善), 홍병수(洪秉壽), 홍인섭(洪寅燮), 홍주섭(洪周燮), 홍리섭(洪理燮), 홍경섭(洪敬燮), 홍병위(洪秉瑋)	9
풍양조씨	조연창(趙然昌), 조연흥(趙然興), 조운한(趙雲漢), 조명하(趙命夏), 조응화(趙應和), 조영화(趙榮和), 조희채(趙熙采)	7
연안이씨	이현재(李玄宰), 이공익(李公翼), 이면재(李冕宰), 이정재(李鼎宰), 이구익(李九翼), 이풍익(李豊翼)	6
전의이씨	이희로(李僖魯), 이현구(李玄九), 이근후(李根厚)	3
양주조씨	조휘림(趙徽林), 조제익(趙濟翼), 조제관(趙濟觀)	3
동래정씨	정기회(鄭基會), 정관영(鄭觀榮)	2
안동권씨	권속(權涑), 권직(權溭)	2
임천조씨	조긍호(趙肯鎬), 조응호(趙膺鎬)	2
고령박씨	박영보(朴永輔), 박용빈(朴龍彬)	2
상산김씨	김영식(金敬植), 김면식(金冕植)	2
제주양씨	양상구(梁相九), 양치묵(梁致默)	2
풍산홍씨	홍형모(洪衡謨), 홍철모(洪徹謨)	2
해주오씨	오우선(吳友善), 오구선(吳久善)	2
청풍김씨	김기찬(金基纘), 김용식(金容植)	2
진주강씨	강면규(姜勉奎)	1
경주이씨	이유원(李裕元)	1
여주이씨	이내원(李來源)	1
김해김씨	김관식(金寬植)	1
해평윤씨	윤명구(尹命求)	1
미상	유만규(柳萬奎)	1
계		98

　　반남박씨를 포함해 모두 23개 성씨가 파악된다. 여기서 미상은 제외이다. 가문 일원을 비롯해 서계의 문인 후예나 외손들까지 다양한 범위의 인물들이 포함되었다. 또한 이들 중에는 이돈영, 성근묵과 같이 판서에 있거나 조연창, 이

공익과 같이 참판직에 있는 인물, 또는 이유원과 같이 승지직에 있는 인물들이 다수 포함되어 있다. 이런 모습은 당대 서계 가문의 위상을 그대로 보여주는 것이며, 지속적인 세교를 통해서 가문이 유지된 결과라 하겠다.

| 참고문헌 |

김학수, 「서계가문의 연혁」, 『서계박세당종택기탁전적』, 한국정신문화연구원, 2002.

김학수, 「'西溪遺戒'를 통해 본 박세당의 喪禮 인식과 그 파문」, 『한국계보연구』1, 한국계보연구회, 2010

정만조 외, 『조선시대 경기북부지역 集姓村과 士族』, 국민대학교 출판부, 2004

9부

포천,
대구서씨 약봉藥峯
서성徐渻 가문

01
포천으로 입향하다

대구서씨의 원조遠祖는 서한徐閈으로, 부인 김씨와 합장한 묘가 오늘날의 충남 예산군 대흥면에 소재한다. 본관제本貫制가 정착한 고려시대의 관행에 따르면, 당대까지는 대체로 관향지와 거주지가 일치하는 것으로 말해진다. 그런데 대구서씨의 경우 원조遠祖라 칭해지는 서한이 왜 예산 일대에 묻히게 되었는지는 현재로서는 알 수 없다. 서한 이후 2세世~6세까지는 가계 기록의 실전失傳으로 알 수 없으며, 7세인 서익진徐益進과 아들 서의徐義대까지는 묘소가 오늘날의 경상북도 경산으로 확인된다. 이로 보아 대구서씨는 대체로 고려 말까지 대구와 그 인근 지역을 중심으로 세거했던 것으로 파악된다.

대구서씨가 경기 지역과 관련을 맺게 된 것은 조선 건국 이후로, 이거 계기를 만든 인물은 조선 초 안주목사를 역임한 서미성徐彌性이다. 서미성은 세종 초에 경기도 경력을 지냈는데, 경력 재직 당시에는 상왕으로 있던 태종이 직무에 부지런하다고 하여 품계를 올려준 바 있고, 언관직인 사헌부 집의를 비롯해 제용감 판사 등을 역임하였다. 서미성의 처부는 안동권씨 권근權近으로, 서미성은 일찍부터 권근에 의해 주목을 받아 사위가 되었다. 또한 그는 권근의 장자인 권제權踶와 강학을 함께하는 등 안동권씨 권근 집안과 밀접한 관계를 갖게 되었다.

서미성이 경기 지역에 정착하게 된 배경은 처가인 안동권씨의 기반을 바탕으로 한 것으로 판단된다. 당시는 남귀여가혼男歸女家婚의 관행이 일반적이었고, 이로 인해 상속 관행도 자녀균분상속이 통용되던 시기였다. 따라서 이전까지 주로 대구와 인근 지역을 지역적 기반으로 하던 대구서씨가 경기 지역에 정착하게 된 것은 당대의 사회 관행 속에서 처가의 재산을 기반으로 했다고 하겠다. 권근과 아들, 손자 등의 묘소는 현재 충청북도 음성에 소재하지만, 권근의 증조인 권부權溥의 묘소는 오늘날 경기도 개풍에, 조부인 권고權皐의 묘소는 경기도 장단에, 부친인 권희權僖의 묘소는 경기도 고양에 소재하고 있다. 이로 보아 권근 이전까지 안동권씨는 개풍, 장단 등 경기 북부 지역에 상당한 지역 기반을 갖고 있었을 것으로 추정된다. 대구서씨는 혼인 관계를 통해 맺어진 안동권씨의 지역 기반을 통해서 장단 일대에 정착했다고 하겠다.

대구서씨와 안동권씨 권근 집안과의 밀접한 관련성은 서미성의 두 아들인 서거광徐居廣과 서거정徐居正이 각각 무과와 문과에 급제하는 사회적 배경이 되었음도 부정할 수 없다. 그렇다고 하여 양인의 개인적 뛰어남을 부정하는 것은 아니다. 서거광은 무과를 거쳐 현감을 역임하였으며, 1455년(세조 1) 12월에는 동생인 서거정과 함께 정난원종공신 3등에 녹훈되었다. 3등 원종공신에게는 1자급資級이 더해졌고, 자손은 음직을 받고 후세까지 죄에 대한 사면권이 주어졌다. 한편 동생인 서거정은 문과 급제 후 당대 최고의 문호로 활동하는 한편 훈구계열의 대표적 인물로써 좌리공신佐理功臣에 봉해지기도 하였다. 서거정의 정치적 현달은 본인의 우수한 능력이 우선되겠으나, 동시에 그의 외가外家, 특히 외사촌 가운데 한 명인 권람權擥이 세조의 측근이었다는 것도 무시할 수는 없는 점이다. 대구서씨 서미성과 그 아들의 훈구적 정치성향은 혼인관계에도 나타나, 1471년(성종 2) 좌리공신에 책봉된 최항崔恒, 朔寧과 판서를 역임한 이효례李孝禮의 아들 이배륜李培倫 등을 사위로 맞았다.

대구서씨 서미성과 아들들의 성세聲勢는 관인 생활을 하면서 서울에 거주하는 것에 그치지 않고 그 지역적 기반을 확장하여 서거광 계열은 파주로, 서거정 계열은 광주廣州로 지역적 기반을 확장하기에 이르렀다. 서거정의 문집인 『사가집四佳集』에는 "도광주촌서到廣州村墅"와 "도광주촌사到廣州村舍"와 같은 시가 수록되어 있어 서거정과 광주 지역과의 관련성을 확인하게 한다. 서거정의 광주 정착은 1471년 좌리공신 3등에 녹훈되면서 받은 사패지였다고 한다.

> 내 고향 전원엘 이제야 가는구나 / 田園今始去
> 떳집은 산기슭에 우뚝 서 있겠지 / 茅屋傍山開
> 보리는 새 가을을 보내어 이르고 / 麥送新秋至
> 매실은 작은 비를 맞아서 오누나 / 梅迎小雨來
> 순채 뜯기는 때가 정히 좋거니와 / 討蓴時政好
> 부추 벨 적엔 흥이 한창 발동하리 / 剪薤興方催
> 시골 노인과는 진작 약속했었지 / 野老曾相約
> 황혼에 함께 낚시터를 오르기로 / 黃昏上釣臺
>
> (서거정, 『사가시집』 권31, 제19, 시류, 「到廣州村舍」)

파주를 지역적 기반으로 하던 서거광 계열은 이후 서팽소徐彭召, 서팽소의 아들인 서후徐厚와 서고徐固가 문과에, 서포徐包가 무과에 합격하는 등 과거급제자를 배출하였다.

:: [표 1] 15~16세기 대구서씨의 문과 급제 일람

성명	시기	과거 종류	성적	
서거정(徐居正)	1444	식년시(式年試)	을과(乙科) [探花郎]3위	(3/33)
서거정(徐居正)	1457	중시(重試)	병과(丙科) 1위	(4/21)
서거정(徐居正)	1466	발영시(拔英試)	2등(二等) 8위	(11/40)
서거정(徐居正)	1466	등준시(登俊試)	1등(一等) [探花郎]3위	(3/12)
서팽소(徐彭召)	1476	별시(別試)	을과(乙科)2위	(4/13)
서후(徐厚)	1498	별시(別試)	병과(丙科) 2위	(5/6)
서고(徐固)	1526	별시(別試)	병과(丙科) 8위	(11/13)
서엄(徐崦)	1560	별시(別試)	병과(丙科) 4위	(8/18)
서성(徐渻)	1586	알성시(謁聖試)	을과(乙科) [亞元]1위	(2/9)

서후는 문과 급제 이후 사관史官을 거쳐 언관직인 정언을 지냈다. 1503년(연산군 9) 경상감사 이점李坫이 흰 꿩을 진상하자 은혜를 바라고 진상한 것이라 하여 죄를 주기를 청했다가 관직에서 쫓겨 난 뒤에 국문을 당하고 유배생활을 하기도 하였다. 서후는 중종반정 이후 다시 관직에 진출하여 부교리와 지평, 교리, 장령 등을 비롯해 국왕의 비서인 승지와 영흥부사, 예조참의, 충주목사 등을 지냈다.

서후는 중종 재위 초반 경연에 참석하여 시독관으로도 활동하였다. 영흥부사 재직시에는 시폐時弊 11개조를 상소하면서, 군대에 필요한 규모規模를 수집해서 만든 『군문요람軍門要覽』이라는 책 1질秩과 『증손손무경주소增損孫武經註疏』라 이름한 책, 또 본받고 경계할 만한 옛사람의 일들을 모아 정리해서 수십 권卷을 만들고 『장훈원구將訓元龜』라 이름한 책을 아울러 진헌進獻하기도 하였다. 『증손손무경주소』는 『손자孫子』 구주舊註에다 여러 역사책에서 전해오는 것

을 첨입添入시키되『손자』와 서로 비슷한 것은 각 편篇의 장구章句 왼쪽에 나누어 써놓음으로써 참고하기 편리하게 열람할 수 있도록 만든 책이었다. 이로보아 서후는 군사적인 부분에도 상당히 조예가 있었던 것으로 파악된다.

:: [표 2] 여산송씨 송질 세계도 초략

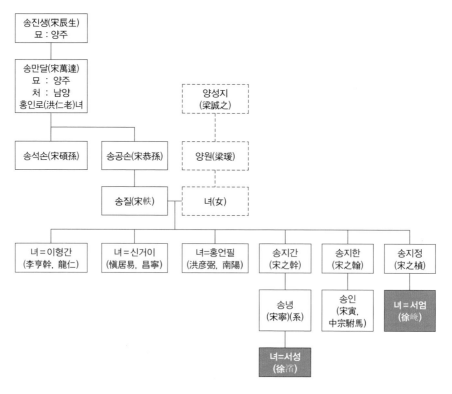

한편 이들 대에 이르러 포천에 정착하였다. 대구서씨 중 포천에 정착한 가계는 서팽소-서고를 잇는 가계로써, 서고에게는 서대徐岱, 서엄徐崦, 서해徐嶰 등의 아들이 있었다. 서고 가계의 포천 정착은 서고의 아들인 서엄徐崦과 송지정

宋之橫(여산)의 딸의 혼인이 주요 배경이 되었을 것으로 추정된다. 즉 대구서씨의 포천 정착은 처가인 여산송씨의 경제적 후원으로 인한 것으로 보인다. 서엄의 처부가 되는 여산송씨 송지정은 중종반정에 공을 세워 정국공신靖國功臣에 책봉된 후 영의정을 역임한 송질宋軼의 아들이다. 송질의 손자로는 중종의 부마인 송인宋寅이 있으며, 송인과 서엄은 처사촌이 된다. 또한 세조때 대표적인 훈구 계열 인물인 양성지梁誠之(남원)는 서엄에게는 처외증조부가 되는 인물이다. 이 같은 관계는 이들 가문과 연결된 대구서씨 가문의 정치적 성향을 짐작케 한다.

포천에 정착하게 된 서엄은 후사가 없었으며, 서대 또한 마찬가지여서 가계는 서해의 아들인 서성徐渻으로 이어졌다. 서성은 안동의 외가에서 출생하였고, 생후 1년여가 지나서는 부친상을 당해 중부인 서엄의 도움을 받기 위해서 서울로 이주하였다. 서성의 아들이 작성한 것으로 보이는 『가장家狀』에서는 저 간의 이런 사정을 다음과 같이 술회하였다.

> 가정 무오년(명종 13년, 1558-필자) 5월 19일(병신)에 선군先君(서성-필자)이 안동의 외가에서 출생하였다…(중략)…겨우 1년이 지났을 때 의정공議政公(서해-필자)의 상을 당하였는데 정경부인이 그 외로움을 근심하여 안동 집을 버리고 가솔들을 이끌고 서울로 와 선군의 중부仲父인 사예 서엄에 의탁하고는 양육하며 함께 살았다. 선군의 백부인 서대徐岱는 이미 요절하여 후사가 없었고, 사예공 역시 자녀가 없어, 형제(서성의 부친 형제를 말함) 세 집이 모두 선군의 일신에 의지하였다.
>
> (서성, 『약봉유고』 권3, 家狀)

위의 자료에서 보듯 안동에서 태어난 서성이 서울로 올라오게 된 것은 중

부인 서엄의 도움을 받기 위한 것이었다. 당시 서엄이 거주하던 곳은 후일 관직 생활을 하던 서성의 경제京第가 위치한 지역과 크게 다르지 않을 것으로 판단된다. 그곳은 서성의 호에서 추정되듯이 서울의 약현藥峴(오늘날의 서울시 중구 만리동과 충정로 3가 일대)이었다.

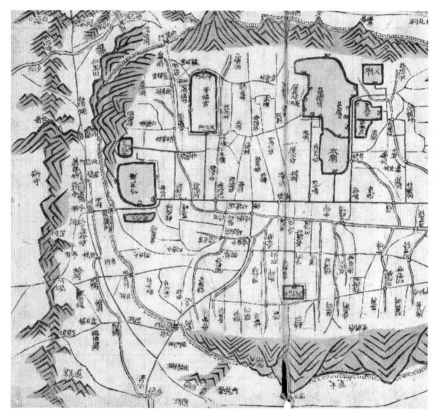

〈도-1〉 서성이 거주했던 약현 일대의 모습(도성도, 국립중앙도서관)
*왼쪽 하단 삼각형 표시 부분이 약현에 해당됨

이상에서 살핀 바와 같이 대구서씨는 고려 말까지는 대구 일대에서 생활하다가 조선 초 서미성 대에 이르러 경기 장단 일대에 지역 기반을 마련하였다. 서미성 이후 자손들이 광주(경기) 일대로 지역 기반을 확대되는 와중에서 15세기 말~16세기 초 포천에 정착하였다. 대구서씨의 포천 정착 계기는 서엄과 여산송씨 송지정의 딸과의 혼인이 중요한 계기였다고 추정된다. 이후 포천에서 세거하는 가운데 서성의 아버지는 물론이고 백부나 중부 등이 모두 이곳에 묻히는 것을 보면 선영으로써 위상을 갖는다. 아울러 포천에는 향제鄕第가 위치하였던 것으로 보인다. 예를 들어 1628년(인조 6) 겨울 서성이 의정부 참찬으로서 혜민서와 장악원제조를 겸하던 시기 휴가를 받아 포천 선영으로 내려온 적이 있었는데, 이는 향제가 전제된 것이라 하겠다.

02

가문의 성장과 경기 지역으로 확장

「가장」에 따르면, 서성은 7남 4녀의 자녀를 두었는데, 아들 중 3명은 요절하였다. 첫째 아들인 서경우徐景雨는 1603년(선조 36) 정시庭試 문과에 급제한 뒤 승문원에 소속되었다가 이후 승정원 주서와 성균관 전적 등을 거쳤고, 1606년(선조 39)에는 진주사陳奏使의 서장관으로 명에 다녀왔다. 광해군 즉위 이후 사헌부 지평을 비롯해 홍문관 수찬과 홍문관 교리와 부교리 등을 지냈고, 1612년(광해군 4)에는 정주목사에 제수되었다. 1613년(광해군 5) 부친 서성이 선조의 유교遺敎 7신臣 중 한 명이라는 이유로 귀양을 가게 되었는데, 이때 서경우는 부친의 오랜 절친인 이유간李惟侃에게 부탁해 상황의 추이를 파악하는 등 사태 수습에 노력하였으나, 결국 연좌되어 관직에서 해직되었다.

인조반정 이후 논공행상 문제로 이괄이 난을 일으키자 인조를 공주까지 호종하였다. 이후 서경우는 사헌부 대사헌을 비롯해 경기 관찰사 등을 지냈고, 병자호란 때에는 남한산성으로 어가를 호종하였다. 전란이 종식된 이후 이조참판을 비롯해 형조판서와 의정부 우의정의 반열에 올랐다. 서경우 사후에는 생전의 명 때문에 신도비나 묘표 등을 세우지 못하다가 아들 서원리徐元履가 그의 양자인 서문중徐文重에게 지시하여 비명을 세웠다고 한다. 서경우는 1남 1녀를 두었는데, 아들 서원리는 함경도 관찰사를 역임하였다. 서원리의 초취初娶는 최산립崔山立의 딸이고, 재취는 영의정 김육金堉의 딸이다. 서원리의 경우 아들이 없어 사촌 동생의 아들인 서문중을 취해 양자로 삼았다.

〈도-2〉 서성 묘

서원리의 양자로 입후된 서문중의 생부는 서정리徐貞履이고, 생모는 경주이씨 이시발李時發의 딸이다. 처는 용인이씨 이후산李後山의 딸로, 동서지간으로는 같은 서인계의 박선朴銑을 비롯해 남인계의 이하진李夏鎭(여주로 성호 이익의 부친임) 등이 포함되었다.

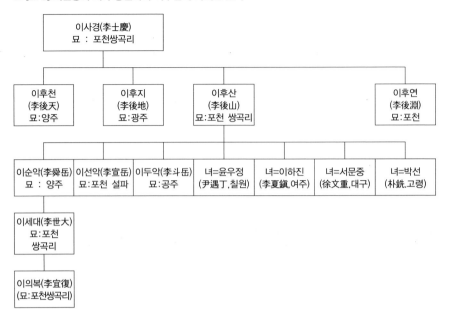

서문중은 1657년(효종 8) 식년 생원시에 입격하였고, 1680년(숙종 6) 정시庭試에 장원으로 급제하였다. 이후 서문중은 중앙 관직으로는 승정원 도승지를 비롯해 사간원 대사간, 사헌부 대사헌, 호조와 공조 및 예조의 참판, 한성부 판윤, 형조와 병조 판서, 의정부의 우의정과 좌의정, 그리고 영의정을 지냈다. 외직으로는 광주부윤廣州府尹을 비롯해 경상도 관찰사와 안변부사, 경주부윤, 강릉부사 등을 역임했고, 장임將任으로는 어영대장과 훈련대장, 금위대장, 호위대장 등을 지냈으며, 동지부사冬至副使와 세자책봉주청사世子冊封奏請使와 사은사謝恩使 등으로 몇 차례 청국에 사신으로 파견되기도 하였다.

서문중은 1694년(숙종 20) 갑술환국 이후 남인의 처벌 및 희빈 장씨의 처벌

등에 대해 온건론을 주장하여 노론으로부터 집중적인 공격을 받기도 하였다. 서문중은 노론과 소론의 당쟁이 격화되는 와중에서도 관직에 있으면서 『해방지海防志』를 비롯해 『군국총부軍國摠簿』, 『상제예가범喪祭禮家範』, 『역대재상연표歷代宰相年表』, 『국조대신연표國朝大臣年表』, 『병가승산兵家勝算』, 『동인시화시문東人詩話詩文』, 『조야기문朝野記聞』 등의 다양한 저술을 남겼다. 이 중 『해방지』는 경상도 관찰사에 있으면서 해방의 중요성을 인식하고 이와 관련한 전선이나 군액, 군량 등에 대해 서술한 것이고, 『군국총부』는 전국적인 토지와 호구, 봉수, 진보鎭堡 등 국정에 필요한 현황 등을 정리한 것으로, 이후 비변사에 소장된 주요 국정 참고 자료가 되었다.

> 판중추부사判中樞府事 서문중徐文重이 졸卒하였다. 서문중은 오래 음관蔭官의 길에 있으면서 자못 이재吏才를 나타냈었다. 등제登第한 이후에 재간과 역량으로 발탁되어 정승의 자리에 올랐으나 소루疎漏한 일이 많은데다 또 학식도 없어서 정승 때의 명성名聲이 음관 적보다도 크게 감손減損되었으며, 특히 각근恪謹하게 봉직奉職하는 것으로 더운 날이나 비 내리는 날도 가리지 않아 당시 사람들에게 칭찬받다가 이에 이르러 졸했는데, 나이 76이었다.
>
> (『숙종실록』 권47, 숙종 35년 1월 6일(무인))

서문중徐文重을 영의정領議政에 임명하였으나, 서른 다섯 번이나 상소를 올리므로, 체직遞職하였다. 사신史臣은 논한다. "서문중은 비록 학술學術은 없으나 급제及第하기 전부터 여러 주부州府를 겪었으므로, 이사吏事에 숙달熟達하고 더욱 국조國朝의 제도에 통달하였다. 성격이 또 세밀하고 근면하여 늙을 때까지 게을리하지 않았는데, 늘 말하기를, '사람이 하루도 하는 일 없이 먹어서는 안된다.' 하면서 평생에 관절關節을 한 일이 없으므로, 사람들이 감히 간청하지 못하였다. 이런 관계로 오래도록 형조刑曹·병조兵曹의 일을 맡아서 칭찬이 대단하였고, 이때는 수상首相이 되어서 여러 번 백성의 괴로움과 궁장宮庄의 나쁜 병통을 임금에게 진달陳達하였는데, 그 말이 간곡하고 박절하여 임금이 듣기 싫어하는 것이 많았다. 이로 연유하여 임금의 권애眷愛가 점점 쇠진하고, 또 노쇠老衰한 병이 점점 심해져서 마침내 체귀遞歸를 원하여 이에 그치니, 공의公議가 아깝게 여겼다.

『숙종실록보궐정오』권37, 숙종 28년 9월 29일(정축))

위는 서문중에 대한 노·소론의 평가 일부이다. 서문중이 사망했을 때 작성된 노론측의 입장이 반영된 졸기卒記에서도 이재吏才에 뛰어났고 성실하게 봉직하여 더운 날이나 비내리는 날도 가리지 않아 당시 사람들에게 칭찬을 받았다고 기록하였다. 소론측의 입장이 반영된 기록에서도 역시 "이사吏事에 숙달하고 더욱 국조國朝의 제도에 통달하였다"고 평가하였다.

서성의 둘째 아들 서경수徐景需는 1605년(선조 38) 진사시에 합격하였다. 서경수는 양천 현령을 비롯해 공조 정랑, 전첨典籤 및 사복시 첨정 등을 지냈다. 후일 직계 후손인 영조의 첫 번째 왕비 정성왕후로 인해 판서로 추증되었다. 서경수의 아들 중 서홍리徐弘履는 1630년(인조 8) 식년 진사시에 입격하였다. 이후 홍서봉洪瑞鳳의 추천으로 의금부 도사에 제수되었고, 이후 사산감역과 군기시 주부와 수운판관을 거쳐 사헌부 감찰과 호조 좌랑, 한성부 서윤 등을 역임하였고, 외직으로 이천현감과 온양군수, 안악군수, 한산군수, 서산군수 등을 역임하였다. 1680년(숙종 6) 경신환국 때에는 보사원종공신에 책록되기도 하였다.

서경수는 영조의 국구國舅가 된 가계이다. 영조의 첫 번째 왕비인 정성왕후를 배출한 것이다. 정성왕후(1692~1757)는 달성부원군 서종제와 잠성부부인 이씨 사이의 소생이다. 1704년 13세의 나이로 숙종의 왕자인 연잉군(후일의 영조)과 가례 후 달성군부인에 봉해지고 1721년 연잉군이 세제로 책봉되자 세제빈이 되었다. 1724년 영조가 즉위하면서 왕비로 책봉되었다. 정성왕후와 영조의 사이에는 소생이 없다. 그러나 후궁 영빈 이씨에게서 사도세자가 태어나자 아들로 삼고 원자元子로 봉하여 매우 아꼈다고 한다. 이후 정성왕후는 영조와 사도세자 사이에 갈등이 심해지자 사도세자를 옹호하는데 진력하였다. 이에 대해 혜경궁 홍씨는 『한중록』에서 "국운이 불행하여 친어머니 같은 정성왕후께서 승하하시던 이듬달에 인원왕후仁元王后 또한 돌아가시니 두 성스러운 어머니께 자애를 받음이 가이 없다가 하루아침에 여의오니 그 지극한 고통과 텅빈 마음이 의지할 바 없음이 어디다 비하리요"라고 하여 사도세자를 보호하려던 정성왕후를 회상하였다.

서경수→서홍리의 계통에서는 후일 영조대 승정원 도승지를 역임한 서명형徐命珩을 배출하였다. 서명형의 경우 1723년(경종 3) 식년 문과에 급제하였다. 서명형은 정치적으로는 노론 계열로 활동했던 인물로, 정언, 헌납과 사간, 대사간 등 청직淸職을 비롯해 의주부윤과 광주부윤廣州府尹, 황해도 관찰사 등을 두루 역임하였다. 사간에 재직할 때는 남인 계열인 이현일李玄逸을 구제하려고 한 김성탁金聖鐸의 처벌을 요청하였고, 도승지에 재직할 때는 노론 계열로써 경종 연간에 있었던 신임옥사 때 화를 다한 백망白望이나 김성행金省行 등의 신원을 요청하기도 하였다. 서명형은 3남을 두었는데, 서각수徐覺修는 충주목사를, 서효수徐孝修는 홍문관 수찬을, 서백수徐百修는 요절하였다. 아들 중 서효수는 서명구徐

命九에게 입양되었다. 서각수는 후사가 없어 서달수徐達修의 아들 서유원徐有元을 양자로 취하였다. 서명구에게 입양된 서효수는 이조판서를 역임한 서유린徐有隣과 이조참판을 역임한 서유방徐有防 등의 아들을 두었다.

서성의 셋째 아들 서경빈徐景霦은 장예원 사평을 비롯해 과천현감과, 공조좌랑을 지냈다. 서경빈은 병자호란 때 가속을 데리고 안동의 소호蘇湖로 낙향하여 그곳에서 생을 마쳤다. 사후 충주에 안장했다가 이후 가평으로 이장하였다. 서경빈은 친구인 정광성鄭廣成과 신민일申敏一, 유성증兪省曾 등 수 십 명과 동경사同庚社를 결성하기도 하였다.

서성의 넷째 아들인 서경주徐景霌는 선조의 부마로 부인은 정신옹주貞愼翁主이며, 달성위達城尉의 봉호를 받았다. 1613년(광해군 5) 계축옥사癸丑獄事 때에는 김제남金悌男의 둘째 아들인 김규金珪의 장인이라는 이유로 정치적인 곤경에 처하기도 하였다. 부마이기에 정치적인 활동은 제약되었을 것이다. 그의 졸기에는 "사람됨이 꾸밈이 없어 소박하여 부귀한 사람으로 자처하지 않았으며 술을 잘 마시고 손님을 좋아하였다"라고 기록되었다. 서경주는 또한 외조부인 송영宋寧이 후사가 없어 제사를 잇지 못하자 외손봉사를 하였는데, 본인의 집에 사당을 지어 놓고 제사에 정성을 다하였다고 한다. 본종本宗의 사당에 기물器物이 정비되지 못한 것을 보고 이를 정돈하여 후일까지 이어졌다고 한다.

서성의 아들 중 부마 서경주의 후손들은 서성 가계에서 주목되는 계파이다. 서경주는 서정리徐貞履와 서정리徐正履, 서진리徐晉履 등의 아들을 두었다. 서정리徐貞履는 종묘서 봉사를 비롯해 풍저창 주부, 공조좌랑, 영춘현감, 청양현감과 청풍군수 및 형조좌랑과 사복시 첨정 등을 지냈다. 인조와는 잠저潛邸 시절에 인연이 있었다. 서정리徐貞履의 아들 중 둘째 아들인 서문중은 종가의 양자로 입양되었다. 첫째 아들 서문상徐文尚은 1648년(인조 26) 식년 진사시에 입격하였고, 1668년(현종 9) 별시문과에 급제하였다. 과거 급제 이후 세자익위사 위솔을 비롯해 병조 좌랑, 사간원 정언, 병조 정랑, 홍문관의 수찬과 교리 등 거쳐 안변 부사와 장례원 판결사. 병조 참의 등을 역임하였다. 서문상의 아들로는 영의정을 지낸 서종태徐宗泰가 있고, 후손으로 역시 영조대에 정승을 지낸 서명균徐命均, 이조판서를 지낸 서명빈徐命彬과 정조대에 정승을 지낸 서지수徐志修, 공조판서를 지낸 서회수徐晦修 등이 배출되었다.

서정리徐貞履의 다섯째 아들인 서문유徐文裕는 1673년(현종 14) 생원시와 진사시에 입격하였고, 1684년(숙종 10) 정시庭試 문과에 급제하였다. 문과 급제 후 성균관 전적을 비롯해 공조 좌랑, 사헌부 지평, 사간원 정언, 병조 좌랑, 홍문관 수찬과 교리 등을 역임하였다. 강원도에 암행어사로 파견되기도 하였고, 승정원의 동부승지와 우승지 등을 역임하였다. 1689년(숙종 15) 기사환국으로 남인들이 집권하게 되고 이 과정에서 인현왕후가 폐위되자 오두인吳斗寅 등과 함께 연명으로 상소하여 부당함을 상주上奏하였다. 서문유는 이후 죽산부사를 비롯해 충청도 관찰사, 성균관 대사성, 사간원 대사간, 강화유수와 형조 판서 등을 역임하였다. 서문유는 소론 계열로 활동하였고, 평소 붕당을 경계하였다. 사후 정간貞簡이라는 시호가 내렸다.

이상 서성의 네 아들 대에 이르러 재지 기반이 경기의 여타 지역으로 확대되고 있어 주목된다. 즉 대부분이 관직 생활을 하였기에 서울에 경제를 둠과 동시에 종전 선영의 의미를 갖는 포천 지역에서 여타 경기 지역으로 확장되는 모습이 찾아진다. 서성이 영해로 유배될 때 수행하기도 하였던 서경우의 가계는 이후 영평에 자리잡게 되는데, 그의 묘지명에는 이곳을 "신복新卜"이라 기록하였다. 즉 종래의 선영이 아닌 곳으로서 새롭게 선영으로 결정된 곳이라는 의미이다. 서경우의 묘소가 처음부터 영평에 자리를 잡았던 것은 아니다. 1645년(인조 23) 서경우가 졸하던 시기, 마침 소현세자의 상을 당하여 먼저 양주에 임시로 장사지냈다가 1646년(인조 24) 영평 금화봉에 안장하였다고 묘지명에서는 기록하였다.

서경우의 영평 이장이 어느 계기로 이루어졌는지는 단정할 수는 없다. 다만 서경우의 첫 번째 부인은 포천에 장사지낸 반면에, 둘째 부인인 성염成恬의 딸이 영평에 묻히고 있는 것과 관련이 있을 듯 싶다. 즉 서경우의 둘째 부인인 창녕성씨 성염의 지역적 기반이 영평이 아닌가 생각되며, 이에 대해서는 좀 더 추적을 요한다. 서경우의 영평 정착을 계기로, 이후 서경우의 첫째 아들로 함경도 관찰사 재직시 병사한 서원리와 서유리徐裕履→서문영徐文永의 가계는 영평을 선영으로 삼았다. 한편 서경우 계열의 영평 이거는 그가 가계를 계승할 장자인 점을 감안한다면 의외이다. 즉 영남지역의 경우는 장자 중심으로 가계계승이 이루어지며 이들은 대개 선영 일대를 거주지로 하여 생활하는 것과는 다른 양상이다.

서경우 계열과는 달리 동생인 서경수 계열의 일부는 대대로 포천을 지역적 기반으로 활동하였다. 첫째 아들인 서형리徐亨履 및 둘째 아들인 서상리徐祥履→서문박徐文博 계열 뿐 아니라 서광리徐匡履→서문호徐文虎 계열도 역시 포천을 지역적 기반으로 하였다. 이 가운데 서형리→서문도徐文道→서종척徐宗惕 계열과 서형리→서문도→서종열徐宗說 계열, 서형리→서문도→서종눌徐宗訥 계열은 대대로 이곳에 세거하였다. 조선시대 생원시와 진사시의 방목에서 추적되는 포천 지역내 대구서씨는 서정보徐貞輔와 그의 아들 서응순徐膺淳과 손자 서상현徐相鉉, 서면보徐冕輔, 서화보徐華輔 등이 찾아진다. 이들은 모두 거주지를 포천으로 기재하고 있어 16세기 후반 이후 포천에 터전을 잡은 대구서씨 서성 가계가 지속적으로 이곳에 재지사족으로 활동하였다.

서경수 → 서형리 → 서문도 계열은 서정보徐貞輔가 형조좌랑을 역임하였고, 서응순徐膺淳이 문과를 거쳐 형조참판까지 관직을 역임하고 있음을 알 수 있다. 그러나 대개는 장예원 사평이라든지 지방관으로 전전하거나 음직蔭職으로 능참봉직을 제수받는데 그치고 있다. 반면 생원 · 진사시 같은 소과에 합격함으로써 향촌내 재지사족으로써의 입지를 공고히 하였다. 이러한 모습은 서경수-서택리-서문도 계열 역시 동일하다고 하겠다. 이 시기 이들 집안의 혼인관계는 지역내혼地域內婚으로 추정되지만 이 문제는 좀 더 검토하여야 될 것이다.

다만, 서경수 계열 가운데 18세기 중후반 영조의 외척 집안이었던 서종제徐宗悌의 계열은 이후 장단으로 선영을 옮기는 모습이 확인된다. 서종제는 경종조 신임옥사에 관련되어 피해를 입었다가 영조가 즉위 후 신원되었으며, 이후 서종제徐宗悌 → 서명윤徐命允 → 서덕수徐德修 계열은 대개 선영을 포천에서 장단으로 옮기는 모습이 찾아진다.

한편 서성의 제3자인 서경빈이 가평 일대로 이거하고 있음이 찾아진다. 서경빈 계열이 가평으로 이주한 것은 아마도 서성이 인조반정후 관직생활을 하던 중에 만년을 대비하기 위해 양근 일대에 전장을 마련하고 실제로 노복이 파견되기도 하였는데, 이때 마련한 전장에 기반을 잡았던 것으로 보인다. 한편 이곳에 전장이 있었다고는 하지만 그것만으로 이곳의 이주 계기를 잡는 것은 무리가 있을 것으로 보인다. 이는 서경빈 가계의 경우 가세가 곤궁하여 동생인 서경주에게 경제적 도움을 받고 있었다고 하는 기록에서도 알 수 있다. 따라서 여기에 추가하여 서경빈의 처가를 주목할 필요가 있을 것으로 보이며, 서경빈의 둘째 부인인 이호인李好仁, 牛峰가문의 경제적 후원을 기대한 것으로 보인다. 이후 시경빈 계열은 대개 가평 일대와 충주 지역을 지역적 기반으로 활동하는 한편, 서경빈-서준리-서문찬을 잇는 서종륜 대에 이르러 포천으로 다시 들어오는 모습이 확인된다.

서성의 4자인 서경주는 선조의 부마로서 이 가계는 이후 장단 일대를 지역 기반으로 하였다. 묘지명에서 서경주는 졸서한 직후 온양군에 임시로 장사지냈다가 부인인 정신옹주貞愼翁主가 사망한 후 장단으로 옮겨 합장하였다고 기록하고 있다. 이 지역은 선대 서미성徐彌性의 장지가 있는 곳으로 선영의 의미가 있던 지역으로써, 이후 이 가계는 이곳을 선영으로 하였으며, 서경주의 손자이며 서정리徐貞履의 아들로서 서경우徐景雨의 아들인 서원리徐元履에게 출계하였던 서문중이 장단에 묻혔다. 한편 서경주의 후손 중 서진리의 후손들은 양근을 비롯해 영평, 파주 등지에 장사지내는 가운데 서진리-서문택-서종섭-서명원-서퇴수, 서매수 계열은 경기 광주 일대를 지역적 기반으로 하였다.

이상에서 살핀 바와 같이 서성의 후손대에는 가세가 번창함과 동시에 포천 이외에 여타 경기 지역으로 지역적 기반을 확대하고 있음을 알 수 있다. 서성의 첫째 아들인 서경우의 후손들은 포천을 비롯해 영평 일대에 터전을 잡았고, 서경수의 후손들은 일부 포천에 계속 세거하는 동시에 양주나 금천, 장단 등지로 기반을 확대하였다. 일부는 경기 광주와 부평 등으로 기반을 옮기는 경우도 있었다. 서경빈의 후손들은 포천을 비롯해 가평 등지로 이거하였고, 일부는 충주로 이거하는 경우도 있었다. 서경주의 후손들은 장단과 파주 일대 및 경기 광주 일대로 이거하는 사례들이 확인된다. 이렇게 본다면 대구서씨 서성 가문은 조선 후기에 상당수의 경기 지역에 지역적 기반을 마련하고 사환하거나 학문 활동을 하는 등 조선후기 대표적인 경화사족의 일원이었음을 알 수 있다.

03
서성 가문의 정치적 동향과 학문

대구서씨는 서성 대 이후 중앙 정치 세력을 대표하는 가문으로 활동하였다. 이후 서성의 아들 서경주가 선조의 부마가 되는 한편 아들들이 중앙에 진출하여 사환 활동을 하였다. 그러나 광해군대 혼란한 정국 속에서 일시적으로나마 위축되는 모습이 보인다. 대구서씨는 인조반정 이후 본격적으로 정치에 참여하면서 주로 서인으로 당색을 가지고 활동하였다. 이후 숙종대 전반에 서인이 노론과 소론의 분화되면서 대구서씨의 구성원들은 노론과 소론 양쪽 계열에서 활동하는 모습이 확인된다.

예를 들어 숙종대 중반에 영의정을 역임한 서문중의 경우, 1694년^(숙종 20) 갑술환국 이후 희빈 장씨와 남인에 대한 처리 문제가 발생하였을 때 이들에 대해 온건하게 처리하는 입장을 견지하였다. 갑술환국 이후 서인이 집권한 뒤 희빈 장씨 등에 대한 처리문제는 노론과 소론 사이에 첨예하게 대립을 보였다. 이때 소론은 대개 이들에 대한 처분을 온건하게 하자는 입장이었다. 심지어 소론들은 갑술환국 직후 왕후의 지위에 있던 희빈 장씨의 강등에 대해서도 반대하는 입장이었다.

소론측 동향의 중심에 서문중이 있었다. 1694년 4월 12일 국왕이 장씨를

강등할 것과 세자가 조석으로 문안하라
는 예를 폐하라는 비망기를 내린 바 있
다. 이때 서문중을 중심으로 한 소론들
은 "장씨가 왕비로 있던 것은 세월이 오
래되고 짧은 차이가 있기는 하나 왕세
자가 있으므로 장씨가 도리어 중하다"
라는 입장에서 간쟁하려고 하였다. 그러
나 당시 소론내 일부 인사들의 반대로
집단적인 의견 표출은 실패하였다. 물론
이에 대해서 같은 소론측에서 희빈 장
씨의 폐위를 반대하는 것이 아니라 그
절차를 문제 삼은 것이라고 변명한 바
있다. 서문중은 1701년^(숙종 27)에도 희
빈 장씨를 보호하는 입장을 개진한 바

〈도-3〉 서문중 초상화

있다. 즉 1701년 인현왕후 사후, 그녀의 죽음이 희빈 장씨의 사술邪術로 인한 것
이라는 이른바 무고옥巫蠱獄이 발생하였고, 이에 대해 숙종은 결국 사사賜死하였
다. 이때 서문중은 세자를 위해 희빈 장씨를 너그러이 용서하자는 입장을 표명
한 바 있다.

대구서씨는 소론적인 성향을 보이는 계열이 있는 반면 노론 계열로 활동
하던 계열도 있다. 대표적인 계열이 영조비 정성왕후의 가계인 서종제徐宗悌-서
덕수徐德修 계열이다. 서덕수의 경우 1722년^(경종 2) 목호룡睦虎龍의 고변으로 발
생한 이른바 삼수옥三手獄으로 피화된 대표적인 인물이다. 당시 목호룡의 고변

이후 관련자인 조흡趙洽의 초사招辭와 이정식李正植·김창도金昌道가 승복한 초사에서 서덕수가 독약을 사용하여 임금인 경종을 시해하려는 역모에 참여하였다는 진술이 나왔다. 이 일을 계기로 서덕수는 같은 노론 측의 김용택金龍澤·이천기李天紀 등과 국청鞫廳에서 심문을 당한 뒤 결국 복주되었다. 서덕수의 경우 영조가 즉위한 뒤 무고였다는 진술들이 나왔고 1738년(영조 14) 12월 잠성부부인의 상을 기해 영조는 "사람됨이 어리석어서 속임을 당한 것이다"고 판정하며 신원되었다.

한편 17세기 후반 이후 이상과 같이 노론과 소론으로 나뉘어져 정치적으로 활동하였으나, 서성 가문의 인척 관계를 보면 노소론이 공히 확인된다. 예를 들어 서문중은 풍양조씨 조대수趙大壽, 영의정을 지낸 여흥민씨 민진장閔鎭長의 아들인 민재수閔在洙를 사위로 맞이했을 뿐 아니라, 안동김씨 김창협金昌協의 딸이나 해평윤씨 윤평尹坪의 딸, 한산이씨 이정기李廷夔의 딸 등을 며느리로 맞이하였다. 풍양조씨의 경우 17세기 후반 이후 대표적인 소론 계열의 가문이고, 여흥민씨나 안동김씨 등은 당대 대표적인 노론 계열이다. 이런 점들은 비록 노론과 소론으로 분기되어 활동했지만 정치 의리나 명분상 완만한 입장을 견지했기 때문으로 보인다.

이런 정치적 성향은 이후 영조가 추진한 탕평 정치 하에 다수가 참여하는 모습으로 나타났다. 예를 들어 서종옥의 경우 국왕으로부터 "매양 근후하다고 칭찬"을 받으면서 영조의 정치에 협조하였다. 그는 『속대전』 간행 문제를 제기했을 뿐 아니라 호조판서로 국가 재정의 안정화에도 기여하였다. 서종옥의 정치적 유산은 그의 아들 서명응에게로 이어져 역시 탕평파의 일원으로 활동하였다.

대구서씨의 정치적 동향에서 주목되는 것은 영조대 후반 이후 정조대 정국에서의 활동이다. 이 시기에 주목되는 인물은 서명선과 서명웅이다. 서명선의 경우 1775년(영조 51) 11월 세손이던 정조의 대리청정을 성사시키는데 결정적인 역할을 하였다. 즉 1775년 11월 국왕은 "어린 세손이 노론老論을 알겠는가? 소론少論을 알겠는가? 남인南人을 알겠는가? 소북少北을 알겠는가? 국사國事를 알겠는가? 조사朝事를 알겠는가? 병조 판서를 누가 할 만한가를 알겠으며, 이조 판서를 누가 할 만한가를 알겠는가? 이와 같은 형편이니 종사宗社를 어디에 두겠는가?"라며 어린 세손에게 그것들을 알게 하고 싶다며 대리청정을 하명하였다. 이에 대해 반세손 계열의 홍인한洪麟漢이 "동궁께서는 노론과 소론을 알필요가 없으며, 이조 판서와 병조 판서를 알 필요가 없습니다. 조정의 일에 이르러서는 더욱이 알 필요가 없습니다"라며 이른바 '삼불필지설三不必知說'로써 이를 저지하였다.

이에 불만을 품은 영조는 긴요하지 않은 공사公事는 동궁이 달하達下하도록 하고, 상소에 대한 비답이나 시급한 공사는 자신과 세손이 상의하여 처리하겠다는 하교를 내리고 이를 승지에게 쓰도록 하였으나 역시 홍인한이 이를 저지하였다. 홍인한을 중심으로 한 반세손세력의 대리청정 저지가 계속되는 가운데 서명선이 1775년 12월에 상소를 올려 홍인한을 비롯해 한익모 등을 비난하면서 대리청정은 "오로지 나라를 위하는 뜻에서 나온 것"이라 하며 이의 시행을 요청하였고, 이를 계기로 대리청정이 시행되었다. 이 즈음 영조는 승지를 보내 서명선의 행동을 기려 부친인 서종옥徐宗玉에게 치제한 바 있다.

이 때의 공로로 서명선은 동덕회同德會 일원으로써 활동하였다. 동덕회란 정조가 즉위 이후에는 자신의 즉위에 공이 있는 홍국영, 정민시 등을 부르던 명칭이다. 서명선은 정조 즉위 이후에는 우의정 등을 지냈는데, 1780년^(정조 4)에는 홍국영을 축출하는데 역시 절대적인 역할을 하였으며, 이후는 시파^{時派}의 영수로서 활동하였다. 이 과정에서 같은 소론인 김상철^{金尙喆}이나 노론의 김종수^{金鍾秀}, 남인의 채제공^{蔡濟恭} 등과 갈등을 보이기도 하였다. 서명선의 정치적 역할은 이후 서호수^{徐浩修}와 서형수^{徐瀅修} 등이 이어받았다.

한편 서명응은 1781년^(정조 5) 아들인 서호수가 규장각 직제학에 재직할 당시 정조가 입시토록 하여 서명응의 염계^{恬溪}라는 호에 대한 제시^{題辭}를 보고는 서명응의 행적에 삼대만절^{三大晩節}이 있었다고 평가한 뒤에 염계라는 호 대신에 보만재^{保晩齋}라는 호를 내려준 바 있다. 정조가 평가한 삼대만절을 보면 그의 정치적 역할이 확인된다. 정조가 지적한 삼대만절의 첫 번째는, 1772년^(영조 48) 정후겸을 문형^{文衡}에 천거하는 것을 거부한 것이다. 이 보다 앞선 1766년^(영조 42) 5월 서명응이 부제학에 제수된 바 있는데 이때 정후겸은 약관^{弱冠}의 나이임에도 불구하고 국왕으로부터 홍문록을 포함하라는 지시가 있었다. 이 때 서명응은 국왕의 패초^{牌招}를 공공연히 거부한 바 있다. 계속된 국왕의 패초에 서명응이 응하지 않자 주위 사람들이 출사를 권유하기도 하였으나 서명응은 끝내 조정에 나아가지 않았다. 계속된 거부로 결국 서명응은 갑산부로 귀양보내도록 하였다. 정후겸의 시도는 이후에도 계속 되었으나 서명응은 역시 이를 거부하고 대신에 이복원^{李福源}을 추천하였고, 결국 이복원이 대제학에 제수되면서 정후겸의 문형 장악 의도는 좌절되었다.

둘째는, 1779년^(정조 3) 봉조하로 치사한 홍국영이 문형이 되어 정계 복귀를 시도할 때 이를 차단했다는 것이다. 서명응의 경우 이보다 앞서 홍국영이 봉조하로 치사할 때 선마문^{宣麻文}의 작성을 거부한 유언호^{兪彦鎬}를 대신해서 작성하여 홍국영의 퇴진을 공식화한 바 있다. 봉조하 치사 이후에도 홍국영이 문형을 통한 재출사를 시도하자 서명응은 휴치자休致者를 추천하는 것은 부당하다면서 이를 끝까지 저지하였으며, 홍국영이 이를 듣고는 앙앙怏怏하였다고 한다. 그리고 마지막 셋째는 "현제賢弟", 즉 현명한 동생인 서명선을 도와 영조 말년에 종사를 보위한 의리가 있다는 것이었다.

17세기 대구서씨가 이렇게 노론과 소론으로 나뉘어서 정치적으로 활동하였지만, 가문의 족보를 만들면서 일체감을 보여주기도 하였다. "대구서씨 족보"로 1702년(숙종 28) 처음으로 간행되었다. 초간본 족보에 발문을 쓴 서문중은 "서씨의 족보가 세상에 전하지 않고" 있다고 한 바 있다. 서문중의 진술을 통해서 이 시기 처음으로 족보가 간행되었음을 확인할 수 있거니와 아래와 같이 발문 작성 시기를 통해서 이후 중간본의 간행 양상을 확인할 수 있다.

:: [표 4] 대구서씨세보의 발문 작성시기와 찬자

발문명	발문 작성시기	발문 찬자
임오신전대구서씨세보발(壬午新鐫大丘徐氏世譜跋)	숙종 28년(1702)	서문중(徐文重)
병진중전대구서씨세보발(丙辰重鐫大丘徐氏世譜跋)	영조 12년(1736)	서종옥(徐宗玉)
을미중전대구서씨세보발(乙未重鐫大丘徐氏世譜跋)	영조 51년(1775)	서명응(徐命膺)
무인중전대구서씨세보발(戊寅重鐫大丘徐氏世譜跋)	순조 18년(1818)	서매수(徐邁修)

이상에서 보듯이 1702년(숙종 28)에 처음 세보가 간행된 뒤에 이후 약 30여년이 지난 1736년(영조 12)에 중간본이 만들어졌다. 이후 1775년(영조 51)과 1818년(순조 18) 등 약 30여년 내외를 주기로 하여 세보가 간행되었다. 이런 세보의 간행 과정을 현재로서는 알 수는 없으나, 간행 과정에서 가문 구성원간의 협조는 필수적이었을 것이며, 이를 통해 일체감을 형성하였을 것이다.

대구서씨의 학문과 사상의 특성으로 지적할 수 있는 것이 개방적이고 박학적인 학풍을 견지하면서 특히 역학易學에 치중했다는 점이다. 이 점은 이미 서성에게서부터 찾아진다. 이에 대해서 서성의 행장을 작성한 김상헌金尙憲은 다음과 같이 기술한 바 있다.

공은 어려서부터 기이한 자질이 있었다. 장성함에 미쳐서는 풍신風神이 준수하였고 수염이 아주 아름다웠으며, 눈빛이 형형하여 사람을 쏘아보았고, 성품이 굳세고 강건하여 만 사람이라도 빼앗을 수 없는 기운이 있었다. 자신의 신념을 믿고 굳게 행하면서 다른 사람의 의견에 영합하여 따르지 않았다. 자신이 인정하지 않는 사람에 대해서는 비록 귀신貴臣이나 요인要人이라고 하더라도 조금도 꿀리는 기색이 없었으며, 허여하는 사람에 대해서는 비록 까마득한 후배라고 하더라도 장려하고 기대함이 차이가 없었다. 이 때문에 사람들이 모두 엄하게 여겨 섬기면서도 또 기꺼운 마음으로 교분을 나누기를 원하였다.

공은 평생토록 다른 사람에게 청탁하는 일이 없었고, 역시 다른 사람의 사사로운 부탁도 들어준 적이 없었다. 항상 말하기를, "어찌하면 한 세상의 크고 작은 일들을 모두 반듯하게 만들 수 있겠는가." 하였다. 매번 국가의 이로움과 병통에 대해 논할 적마다 담론談論을 잘하고 주략籌略에 뛰어나 마치 구슬을 꿴 것 같이 조리가 있었으므로 듣는 자들이 귀를 쫑긋 세우고 들었으며, 상도 능력이 있다고 여겼다. 또 책 읽기를 좋아하여 보지 않은 책이 드물었는데, 특히 《역경易經》을 강론하는 데 힘을 써서 터득한 바가 있어 당대의 원로 유신들이 정밀하고 깊다고 추중하였다.

공은 화락한 얼굴빛으로 어머니를 섬기면서 종신토록 태만히 한 적이 없었다. 유배지에서 거상居喪하면서는 슬픔으로 몸이 수척해져 목숨을 보전하지 못할 뻔하였다. 대대로 집안이 부유하였는데, 공의 대에 이르러서는 재산이 더 불어난 바가 없었다. 자기 자신을 봉양하는 데에는 간소하고 검약해서 옷은 화려함을 중시하지 않았으며, 집안에는 잉첩滕妾이 없었다. 죽음에 임해서는 자제들에게 신칙하여 후장厚葬을 지내지 말라고 하였다.

공은 낭서郎署로부터 기로사耆老社에 들어갈 때까지 화살이 빗발치는 전쟁터와 차꼬와 칼을 차고 있는 감옥 등 거치지 않은 곳이 없었으나, 두려워하지도 않았고 좌절하지도 않았다. 그리하여 마침내 능히 자신의 몸을 온전히 하고 명성을 보존하였으며 험한 곳에서 나와 편안한 곳으로 나가 장수를 누리고 높은 벼슬에 올라, 당시 사람들의 부러움과 칭송을 받았다. 이에 군자들은 공은 재주가 참으로 짝할 만한 사람을 찾아보기 어려우며, 복은 또 미칠 수가 없다고 하였다. (김상헌, 『청음집』 권24, 비명, 「판중추부사서공성신도비명」)

김상헌은 서성에 대해서 역학에 조예가 있었음을 강조하고 있다. 선대의 이런 영향은 이후 대구서씨 가문의 학문적 경향성으로 자리잡게 되었던 것으로 보이며, 이를 구체화했던 인물이 서명응이다.

서명응은 경학은 물론이고 사학史學, 농학農學, 천문, 지리, 음운音韻 등 다방면에 많은 관심을 기울인 인물이다. 특히 그는 학문에 있어서 역시 자득自得을 중시하며 역易과 수數에 특장을 두었다. 서명응의 아들 서호수는 부친의 학문을 평하기를 자득을 위주로 하였다고 한 바 있다. 서명응은 노장 사상을 언급하며 유가와 이단을 불문하고 학문에 있어서는 자득이 가장 중요한 것임을 강조하고 있다. 아울러 만물의 근본으로서의 리理를 부정하지 않았으나, 그것은 잘 드러나지 않으므로 '기수지학氣數之學'을 통해 이치를 밝혀야 한다고 강조하였다. 이것은 당시 주류 학문인 성리학과는 다른 독창적인 것으로서 그의 학문 경향을 뚜렷이 보여주는 것이라고 할 수 있다.

서명응의 학문적 지식관은 기본적으로 선천역先天易에 기반하였다. 선천역이란 중국의 전설적인 인물인 복희씨가 창안한 괘도卦圖에 근거한 것으로, 인간과 인간 사회, 그리고 자연을 포함하는 모든 지식이 원리적으로 선천역에서 비롯되었다는 관점 하에, 모든 지식 체계를 체계화하고자 하였다. 서명응은 또한 서양 문물을 수용하는 데에 열린 태도를 보였다. 이 점은 당시 청에서 들어오는 새로운 학문 정보를 접했던 경화사족의 일반적인 대응 방식이었다.

서명응의 역학에 대한 관심은 아들 서호수에게 이어졌다. 서호수의 경우는 역학과 함께 수리에도 정통하여,『혼개통헌집전渾蓋通憲集箋』을 비롯해『수리정온보해數理精蘊補解』,『율려통의律呂通義』 등의 저술을 남겼다. 그는 역학 등에 자부심이 있어 연행사신으로 갈 때 자신이 지은 저술을 가지고 가서 중국 학자에게 보여주고 발문을 받기도 하였다. 서호수는 또한 천문학에 대해 상당한 관심을 가졌다. 이는 부친인 서명응으로부터 전수된 것으로 보인다. 서호수의 경우 전문적인 천문학자로 평가되는데, 서호수의 학문에 대해 동생인 서형수는 형의 학문에 대해 의문을 던진바 있다. 이에 대해 서호수는 "도道는 형체가 없어 쉽게 현혹되는데, 기氣에는 상象이 있어 거짓되기 어렵다네"라고 대답하였다. 이런 논설은 유자들의 도가 관념적이고 현실성이 떨어지는 데 비해, 자신의 학문은 실용적이며 검증 가능하다는 점에서 그를 추구했던 것으로 이해 할 수 있다.

다음으로 들 수 있는 것이 실용적인 학문을 추구했다는 점이다. 이 점은 서유구의 『임원경제지』 편찬으로 극에 달했다. 서유구 이전 서명응과 서호수는 각각 농서인 『본사本史』와 『해동농서海東農書』를 편찬한 바가 있는데, 서유구는 이러한 가학의 전통을 바탕으로 농학을 연구하였다. 대구서씨의 경우 가학의 전통을 중시하였는데, 이와 관련해서 서명응은 손자 서유구에게 "내가 단초를 열고 네가 마무리를 지어 이 한 책에 할아비와 손자의 정력이 담겨 있게 한다면 후에 이 책을 읽는 자가 어찌 우리 가학의 원류를 칭찬하지 않겠는가"라며 지리서인 『위사緯史』와 농서인 『본사』의 일부분을 편찬하도록 하였다. 가학의 전통을 계승한 서유구는 학문을 통해 인간 생활의 질을 향상시키고자 하였다. 이에 따라 석탄이나 구리와 같은 광물 이외에도 유용한 자원의 개발을 촉구하였고, 새로운 농법을 적극적으로 도입할 것을 강조하였다. 그가 『임원경제지』에서 중국이나 일본 등지의 새로운 품종과 기술, 도구를 소개한 점은 이를 반영한다.

| 참고문헌 |

김문식, 「18세기 서명응의 세계지리인식」, 『한국실학연구』11, 2006
이근호, 『조선후기 탕평파와 국정운영』, 민속원, 2016
조창록, 「조선조 개성의 학풍과 서명응가의 학문」, 『대동문화연구』47, 2004

10부

화성, 남양홍씨
정효공貞孝公 홍담洪曇
가문

01
남양 홍법리에 정착하다

남양홍씨는 토홍과 당홍으로 불리는 두 계열로 나뉜다. 홍씨의 분화에 대해서는 여러 가지 설명이 제기되고 있다. 어떤 견해는 두 성씨를 전혀 다른 계파로 설명하기도 하고, 어떤 견해는 두 성씨가 동일 계파에서 분화된 것으로 설명하기도 한다. 지금 단계에서 어느 견해가 맞는 지 단정할 수는 없다. 다만, 두 성씨가 전혀 다른 계파라는 점은 인정된다. 이 글에서 서술하려는 홍담洪曇은 토홍으로, 아래에서는 이 계파를 중심으로 설명한다.

토홍의 시조는 홍선행으로, 이하 7세世 홍덕의洪德義 이전까지 활동이나 행적 등 사실에 대한 기록이 충분하지 않다. 다만, 후대에 간행된 족보에 따르면, 홍선행은 고려 후기에 동정직同正職을, 홍선행의 아들인 홍숙은 검교직을 역임한 것으로 확인된다. 동정직은 실제 직무가 없는 관직 체계로, 주로 문반 정6품 이하와 무반 정5품 이하, 남반南班·이속吏屬·향리鄕吏·승관僧官 등에게 설정되었던 관직체계였다. 동정직이 음서蔭敍를 통하여 입사한 사람과 과거 급제자의 초직初職으로 제수되던 관행이 있었던 것을 고려한다면 홍선행의 경우 아마도 음서로 동정직을 제수받았을 가능성이 있다. 홍숙이 역임한 검교직은 동정직에 상응하는 것으로 동정직이 주로 하위 체계인 반면 검교직은 문반 5품 이상, 무반 4품 이상에 설정된 관직으로 그 위상이 적지 않았다고 보인다.

홍선행 이하 남양을 본관으로 한다는 점에서 시조로부터 남양과 인연을 가졌을 것이라고 추측해볼 수 있다. 그러나 기록상으로 선대의 관련 기록은 확인되지 않으며 7세인 홍덕의 때에 이르러 묘소가 남양부 서면 등동燈洞에 위치한 사실이 처음으로 확인된다.

조선시대 인물들의 구체적인 거주지를 파악하는 것은 쉽지 않다. 상세한 개인 기록이 있을 경우 종종 거주지를 밝히는 사례가 있으나 대부분은 그렇지 못하기 때문이다. 그런 점에서 일단은 묘소 위치를 확인하는 작업을 통해 그들의 세거지를 확인할 수 있다. 오늘날과는 달리 조선시대에는 묘소의 위치가 세거지와 거의 일치하거나 그리 멀지 않은 지역에 위치한다. 물론 중앙에서 관직생활을 하는 경우는 서울에 경저京邸를 보유하였을 것이나 대개 향저鄉邸도 함께 보유함으로써 해당 성씨들이 세거하였다. 이 점을 전제로 한다면 남양홍씨는 7세를 전후해 남양의 등동 일대에 세장世葬과 거주가 이루어졌다고 할 수 있다. 홍덕의의 아들인 홍자경洪子儆(혹은 洪自敬, 子敬)의 묘소는 남양부 당곶唐串에 위치한다.

동등과 당곶 등지에서 세거하던 남양홍씨가 홍법리에 정착한 것은 홍자경의 아들인 홍익생 대에 이르러서이다. 홍익생은 조부인 홍덕의의 묘소가 있던 남양 서면 등동과 부친 홍자경이 있던 서면 당곶이 비좁다는 이유로 새로운 지역을 구하였으며, 그 결과 홍법리를 선택하였다. 이 과정에서 홍익생의 사돈인 이순지李純之(?~1465)가 동행하였는데, 이순지는 산학算學·천문·음양·풍수 분야에 조예가 깊었던 인물로, 홍익생의 사위인 이지李持의 부친이었다. 홍법리는 이후 대대로 남양홍씨의 선영으로써 뿐 아니라 일대에 집성촌이 형성되어 생활기반으로 자리를 잡게 되었다. 이곳은 풍수적으로 뛰어난 길지로써, 홍법리를 당시 촌민들은 "대지大地"라 표현하였다고 하는데, "대지"란 매우 대단한 땅이라는 의미로 이해된다. 후손들의 전언에 따르며 삼정승팔판서三政丞八判書를 배출할 수 있는 그런 땅이었으나 묘의 좌향이 약간 흔들려 정승과 판서 각 1명이 줄게 되었다고 한다.

〈도-1〉 화성 홍법리 남양홍씨묘역 전경(문화재청)

홍법리는 토지경제의 측면에서 보면 조선조 사회에서 남양홍씨의 사회적 지위에 비해 빈약하다는 지적이 있다. 즉 생활공간이 대부분 협소한 산간에 위치하고, 또 남양반도 상에서도 남부 해안의 한 귀퉁이에 위치, 교통상으로도 중심지에서 벗어난 벽지라는 것이다. 그런데 오히려 이런 지형이 남양홍씨가 대대로 세거하게 되는 이유 가운데 하나라고 하며, 그것은 홍형洪洞을 비롯한 형제들이 16세기 사화기에 화를 당하게 되고 이후 후손들에게 은둔 생활에 필요한 장소를 모색하게 한 것이 홍법리가 세거지가 되게 된 이유였다고 한다.

그러나 관계성關係性이라는 측면을 고려하면 또 다른 의미를 가질 것으로 판단된다. 관계성이란 주변지역과 쉽게 교류할 수 있는 입지 선정을 나타내는 개념이다. 이는 교통상의 이점을 고려한 입지선정을 말하는 것으로, 신리新里를 포함한 남양 지역은 육로 뿐 아니라 해로가 발달한 지역이고, 이런 이유로 조선시대에는 해창海倉이 설치되기도 하였다.

남양홍씨가 이 지역에 정착하게 된데에는 해로 교통의 이점을 고려한 때문이 아닐까 한다. 해로 교통의 편리성은 서울로의 접근이 용이한 장점과 함께 지방에 산재한 농장 등에서 세곡을 운송하거나 물산을 수송하는데 유리하였다. 남양홍씨의 경우도 조선 후기까지 서울에 경저京邸를 두고 있어, 사환시에는 경저에 머물다가 이후 관직에서 물러나거나 정치적 이유 등으로 낙향할 때 남양 지역으로 들어왔을 것으로 보이는데, 이런 이유로 관계성은 더없이 중요한 입지선정의 이유가 되었을 것이다.

02
계파 및 세거지의 분화

홍익생 이후 남양홍씨는 문과와 무과에서 급제자를 지속적으로 배출하였다. 즉 족보에 따르면 홍익생의 세 아들인 홍귀해洪貴海와 홍귀호洪貴湖·홍귀인洪貴寅이 무과에 급제하였다. 그리고 홍귀해의 아들인 홍형洪泂·홍식洪湜·홍한洪澣, 홍형의 둘째 아들인 홍언필洪彦弼, 홍언필의 아들인 홍섬洪暹이 문과에 급제하였을 뿐 아니라 홍섬의 경우는 장원급제라는 탁월한 성적을 거두었다. 또한 홍형의 셋째 아들인 홍언광洪彦光은 1507년(중종 2)에 시행된 진사시에서 합격한 뒤 학행으로 추천되어 관직 생활을 하였고, 홍언광의 아들인 홍담洪曇은 문과에 급제하였다.

:: [표 1] 15세기말~16세기 남양홍씨 가계도

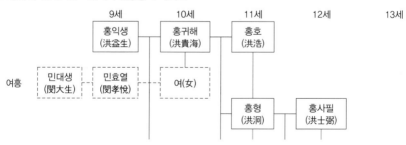

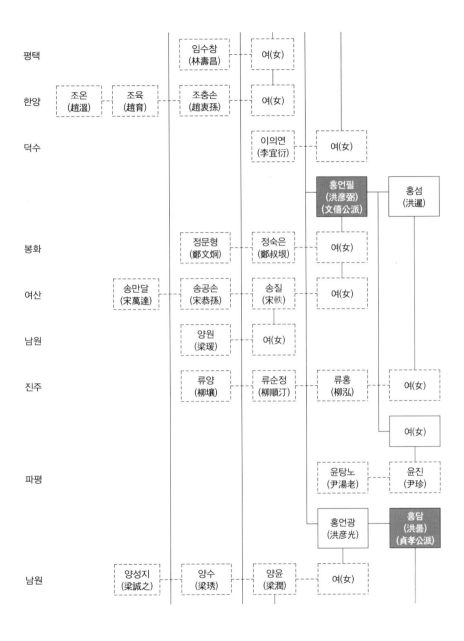

평택			임수창 (林壽昌)	- -	여(女)		
한양	조온 (趙溫)	조육 (趙育)	조충손 (趙衷孫)	- -	여(女)		
덕수				이의연 (李宜衍)	- -	여(女)	
						홍언필 (洪彦弼) (文僖公派)	홍섬 (洪暹)
봉화			정문형 (鄭文炯)	정숙은 (鄭叔垠)	- -	여(女)	
여산	송만달 (宋萬達)	송공손 (宋恭孫)	송질 (宋軼)	- -	여(女)	
남원		양원 (梁瑗)	- -	여(女)		
진주		류양 (柳壤)	류순정 (柳順汀)	류홍 (柳泓)	- -	여(女)
						여(女)
파평				윤탕노 (尹湯老)	- -	윤진 (尹珍)
				홍언광 (洪彦光)	홍담 (洪曇) (貞孝公派)
남원	양성지 (梁誠之)	양수 (梁琇)	양윤 (梁潤)	- -	여(女)	

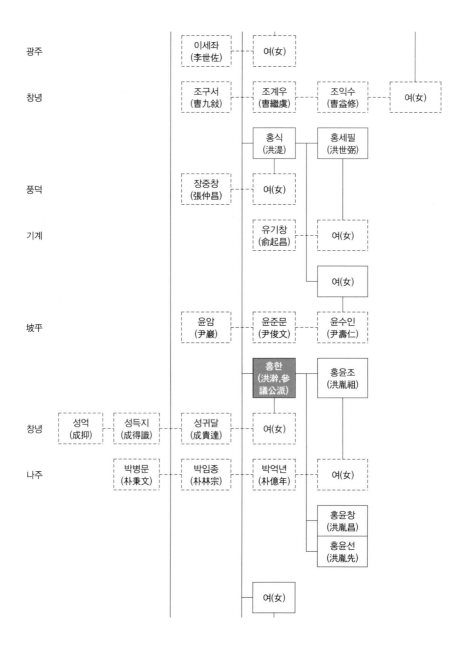

광주			이세좌 (李世佐)	---	여(女)		
창녕			조구서 (曹九敍)	---	조계우 (曹繼虞)	---	조익수 (曹益修)	---	여(女)
풍덕					홍식 (洪湜)		홍세필 (洪世弼)
			장중창 (張仲昌)	---	여(女)		
기계					유기창 (俞起昌)	---	여(女)
							여(女)
坡平			윤암 (尹巖)		윤준문 (尹俊文)		윤수인 (尹壽仁)
					홍한 (洪澣,參 議公派)		홍윤조 (洪胤祖)
창녕	성억 (成抑)	성득지 (成得識)	성귀달 (成貴達)	---	여(女)		
나주	박병문 (朴秉文)	박임종 (朴林宗)	박억년 (朴億年)		여(女)		
							홍윤창 (洪胤昌)
							홍윤선 (洪胤先)
					여(女)		

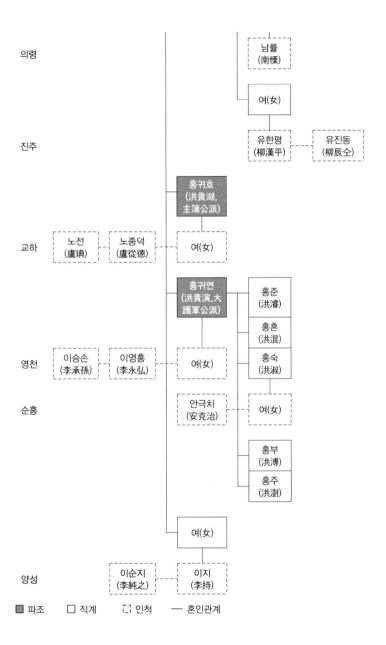

의령			남률 (南慄)	
			여(女)	
진주			유한평 (柳漢平)	유진동 (柳辰仝)
			홍귀호 (洪貴湖, 主簿公派)	
교하	노전 (盧㙉)	노종덕 (盧從德)	여(女)	
			홍귀연 (洪貴演,大 護軍公派)	홍준 (洪濬)
				홍혼 (洪混)
영천	이승손 (李承孫)	이영홍 (李永弘)	여(女)	홍숙 (洪淑)
순흥		안극치 (安克治)	여(女)	
				홍부 (洪溥)
				홍주 (洪澍)
			여(女)	
양성	이순지 (李純之)	이지 (李持)		

■ 파조　□ 직계　▢ 인척　— 혼인관계

시간이 경과하면서 남양홍씨 내부에서 분파가 이루어졌다. 파조派祖를 정점으로 하는 이같은 분파 현상은 비단 남양홍씨만의 일은 아니었다. 동족 집단의 인구가 증가하면서 내부의 결합 강도와 범위의 넓고 협소한 가에 따라 동성동본 내에 파가 형성되었다. 파조를 공동조상으로 하는 분파는 동성동본과 동일하게 제사와 파보派譜의 작성 단위가 되었다. 이렇게 분파가 되면서 파명派名을 갖게 되는데, 한 연구에 따르면 초기에는 갑甲·을乙·병丙 등의 간지명을 붙이거나 파조의 이름을 파명을 삼기도 하다가 후대로 가면서 거주지명이나 직역명職役名을 붙였다고 한다.

남양홍씨의 경우 15세기 후반 이후 가계의 분파와 분파에 따라 세거지가 분화되는 양상이 나타나기 시작하였다. 9세 홍익생대에 홍법리에 정착하게 된 남양홍씨는 다음대인 10세 홍귀해·홍귀호·홍귀연대에 계파가 분리되어, 홍귀해의 다음대인 11세부터 13세 사이에 자손들 사이에서 계파가 나뉘어져, 홍귀해-홍형-홍언필을 잇는 계통은 문희공파로, 홍귀해-홍형-홍언광-홍담을 잇는 계파는 정효공파로, 홍귀해-홍한을 잇는 계파는 참의공파로 각각 나뉘어졌다. 또한 홍귀호와 그의 후손들은 주부공파로, 홍귀연과 그 후손들은 대호군공파로 각각 나뉘었다. 홍귀해 후손들이 3개의 계파로 나뉘어진 것과는 달리 홍귀호·홍귀연 계파는 단일 계파로 이어져 내려오는 것이 주목된다.

일반적으로는 입향조나 현조가 있을 경우 종족내 분파가 이루어지는 양상을 감안한다면 일단, 이들 주부공파나 대호군공파의 경우 뚜렷한 현조를 배출하지 못한 것이 단일계파로 이어진 것이 아닐 까 한다. 이는 홍귀해 후손들이 영의정을 역임한 홍언필을 파조로 하는 문희공파와 좌참찬을 역임한 홍담을 파조로 하는 정효공파, 참의를 역임한 홍한을 파조로 하는 참의공파로 분파되는 것과 다른 양상이다. 주부공파의 경우 후손이 많지 않을 뿐 아니라 홍귀호 뒤를 이은 자손들에서 관직이나 학행에 이렇다 할 현달한 사람이 쉽게 찾아지지 않는다. 그러나 이 같은 기준이 반드시 맞다고는 할 수 없다. 대호군공파의 경우 후손 가운데서 홍익한洪翼漢과 같은 현달한 인물을 배출하기는 하였지만 별도의 계파로 분파되지 않고 동일한 계파로 이어져 내려왔기 때문이다. 아마도 분파 문제에 대한 이해는 현조의 여부를 비롯해 후손의 족세族勢 등도 함께 고려되어야 할 것이다.

남양홍씨내 분파의 성립은 거주지의 분화로도 이어졌다. 문희공파나 정효공파, 참의공파 대부분 홍법리 일대를 선영으로 하고 또한 거주지로 삼고 있으나, 홍귀해-홍식-홍세필을 잇는 가계의 경우는 직산 계양면 일대에 묘산을 조성하기에 이르렀다. 홍식이 직산으로 이거하게 된 계기에 대해서는 정확하지 않으나, 대개 사화를 피해 은둔하는 과정에서 이루어진 것으로 추정된다.

주부공파나 대호군공파는 대개 남양홍씨가 홍법리에 들어오기 전에 거주하던 당곳 일대를 생활기반으로 하였던 것으로 보인다. 이들 가운데 홍귀연-홍숙洪淑을 잇는 계파의 경우, 홍숙이 양주楊州 장흥長興에 위치하게 되며 이후 홍숙의 아들인 홍서수洪敍壽-홍려洪礪, 홍서수-홍질洪礩 등도 계속해서 이곳을 묘산으로 하고 있다가 15세 때에 이르면 평택이나 면천 등지로 거주지가 확산되었다.

:: [표 2] 남양홍씨의 분파 및 세거지 분화(7세~14세)

7세	8세	9세	10세	11세	12세	13세	14세	계파	묘산위치
홍덕의 (洪德義)									남양부 서면 등동
	홍자경 (洪子儆)								당곶
		홍익생 (洪益生)							홍법
			홍귀해 (洪貴海)						홍법
				홍호 (洪浩)					
				홍형 (洪泂)					홍법
					홍사필 (洪士弼)				홍법
					홍언필 (洪彦弼)			문희공파	홍법
						홍섬 (洪暹)			홍법
					홍언광 (洪彦光)				홍법
						홍담 (洪曇)		정효공파	홍법
							홍종복 (洪宗福)		홍법
				홍식 (洪湜)					직산 계양면
					홍세필 (洪世弼)				직산 계양면
				홍한 (洪澣)				참의공파	홍법
					홍윤조 (洪胤祖)				홍법
					홍윤창 (洪胤昌)				홍법
					홍윤선 (洪胤先)				홍법

7세	8세	9세	10세	11세	12세	13세	14세	계파	묘산위치
			홍귀호 (洪貴湖)					주부공파	당곳
			홍귀연 (洪貴演)					대호군 공파	당곳
			홍숙 (洪淑)						양주 장흥

03
청백리와 효자의 삶, 파조 홍담

정효공파의 파조는 홍담으로, 부친은 홍언광洪彦光이고, 모친은 남원양씨 양성지梁誠之의 손녀이자 맹산현감 양윤梁潤의 딸이다. 홍담의 자는 태허太虛로, 어려서 일찍 어머니를 여의고 조모의 손에서 양육되었으나, 조모 역시도 홍담이 9살 때 사망하였다. 1531년(중종 26) 사마시에 입격入格하였고, 1539년(중종 34) 국왕이 문묘를 배알한 뒤 강경講經 시험이 있었는데 이때 『서경書經』을 강하여 '통通'의 성적을 받고는 직부전시直赴殿試토록 명을 받았으며 그해 겨울에 치러진 별시에서 급제하였다. 당시 홍담의 직부전시를 둘러싸고 사간원에서는 학업을 권면하기 위한 방법일 수는 있으나, 공정하지 못한 폐단이 있을 수도 있다는 이유를 들어 명을 거두기를 청하였으나, 국왕이 거부하여 그대로 진행되었다.

홍담은 승문원을 거쳐 홍문관의 정자正字와 저작著作·박사博士 등을 거치게 되는데 이즈음 "어린 나이로써 당대 제일이다"라는 평을 받으며 서연관에 추천되어 세자시강원 설서를 겸임하였다. 이상을 포함한 그의 관력을 정리하면 아래와 같다.

왕력	서력	월	일	일간지	관력
중종 26년	1531				사마시에 입격(入格)
중종 34년	1539				별시 급제 후 승문원에 들어감
중종 35년	1540	1	18	신해	홍문관정자에 제수됨, 이후 저작과 박사 및 서연관을 겸임함
중종 37년	1542	8	23	경자	홍문관수찬에 제수됨
중종 38년	1543	2	19	계사	사간원정언, 병조좌랑, 이조좌랑 등을 역임
명종 1년	1546	4	6	임진	효자에 녹선(錄選)됨
		10	23	정미	의정부사인에 제수됨
명종 2년	1547	5	19	기사	사헌부장령에 제수됨, 겨울에 장악원정에 제수됨
		12	3	경술	홍문관응교에 제수됨
명종 3년	1548	3	25	경자	홍문관응교로 황해도에 파견되어 구황 실태를 조사함
		9	10	임오	사간원사간에 제수됨
		9	25	정유	대사간 진복창이 참여하지 않은 상태에서 대간동료상회례(臺諫同僚相會禮)를 거행했다는 이유로 체직됨
		9	26	무술	군기시부정에 제수됨, 이어 사재감정, 사복시정 등을 역임
		12	15	병진	사헌부집의에 제수됨
명종 4년	1549	7	2	기사	예빈시부정에 제수되었다가 얼마 뒤 홍문관전한에 제수됨
명종 5년	1550	4	29	계해	홍문관직제학에 제수됨
		11	26	을묘	승정원동부승지에 제수됨
명종 6년	1551	4	29	정해	승정원우부승지에 제수됨
		9	12	정유	승정원우승지에 제수됨
		11	4	무자	청간(淸簡)한 사람으로 녹선됨. 이때 이황(李滉)도 함께 녹선됨→ 뒤에 염근리(廉謹吏)라는 이름으로 바뀜
명종 7년	1552	6	22	계유	승정원좌승지에 제수됨
명종 8년	1553	2	11	무오	승정원도승지에 제수됨
		3	18	갑오	가선대부 행 승정원도승지에 제수됨
		5	8	계축	전라도관찰사에 제수됨
명종 9년	1554	6	1	경오	동지중추부사에 제수됨
명종 10년	1555	2	12	정축	한성부좌윤으로 북경에 사은사로 파견됨
		9	8	경자	형조참판에 제수됨
명종 11년	1556	2	17	병오	사헌부대사헌에 제수됨
		6	11	무술	홍문관부제학에 제수됨
		10	21	병오	사헌부대사헌에 제수됨

왕력	서력	월	일	일간지	관력
명종 12년	1557	3	9	임술	병조참판에 제수됨
		7	21	을해	사헌부대사헌에 제수됨
		11	1	경술	동지중추부사에 제수됨
명종 13년	1558	8	15	기미	예조참판에 제수됨
		11	1	갑술	경기관찰사에 제수됨
명종 14년	1559	11	11	무인	사간원대사간에 제수됨
		11	25	임진	사헌부대사헌에 제수됨
명종 15년	1560	1	25	신묘	경상도관찰사에 제수됨
명종 16년	1561	2	10	경자	동지중추부사에 제수됨
		10	11	정묘	홍주목사에 제수됨
명종 19년	1564	윤2	16	기축	형조참판에 제수됨
		윤2	28	신축	승정원도승지에 제수됨
		7	15	을묘	공조참판에 제수됨
		7	20	경신	이조참판에 제수됨
명종 20년	1565	1	20	무오	특명으로 자헌대부 한성부판윤에 제수됨
		6	10	을해	함경도관찰사에 제수됨
명종 22년	1567	6	1	갑신	지중추부사에 제수됨
선조 즉위년	1567	11	7	무오	호조판서에 재직함
선조 1년	1568	3	1	무술	병조판서에 제수됨
선조 2년	1569	6	4	병자	이조판서로 師儒의 선발을 청함
선조 3년	1570	8	5	경자	참찬으로 재직함
선조 4년	1571	12	1	기축	형조판서에 제수됨
선조 7년	1574	3	18	계사	도총관에 제수됨
		7	8	경진	병조판서에 제수됨
선조 8년	1575				인순왕후 국상때 빈전도감제조로 활동함. 여름에 의정부좌참찬에 제수되었고, 가을에 지중추부사 옮겼으나 종형 홍섬과 상피로 피험함.
선조 9년	1576	8	16	병자	예조판서에 제수되었다가 얼마뒤 지중추부사에 제수되었으나 우참찬에 제수됨. 얼마 후 좌참찬에 제수됨
		9	3	임진	卒함

* 위 내용은 《조선왕조실록》 및 柳根 撰 신도비명에 의거함

위에서 정리한 것과 같이 홍담은 과거 급제 이후 삼사의 주요 관직을 역임하였고, 특히 사헌부대사헌이나 사간원대사간 등은 몇 차례 역임하였다. 뿐만 아니라 지방관으로 전라도관찰사를 비롯해 경기관찰사 · 함경도관찰사 · 경상도관찰사 등을 역임하였고, 1561년^(명종 16)의 경우에는 홍주목사에 제수되기도 하였다. 이 가운데 홍주목사의 제수는 정치적 이유로 인한 것으로 당시 권력의 핵심에 있던 이량李樑이 자신과 정치적 입장이 다르다는 이유로 그를 홍주목사에 제수하였기 때문이었다. 이량은 명종비 인순왕후의 외삼촌으로, 명종이 모후 문정왕후가 수렴청정을 철회한 뒤 문정왕후를 등에 업고 전횡을 일삼는 윤원형을 견제하기 위해 불러들였던 인물이었다. 명종은 이량을 불러들여 그에게 상당한 실권을 주어 세력을 부식扶植하도록 하였던 것이다.

이렇게 본다면 홍담은 명종 연간 당시의 척신세력과 일정한 거리를 두고 활동하였던 듯 보인다. 앞서 제시한 이량과의 관계가 그러하며, 윤원형과의 관계 역시 마찬가지였던 듯하다. 예를 들어 1547년^(명종 2) 홍문관응교 재직시 윤원형 계통의 인물인 진복창陳復昌과의 불화와 관련된 일화를 통해서 알 수 있다. 즉 1547년 12월 18일 당시 대사헌 송겸宋璣, 대사간 유진동柳辰소, 집의 이무강李無疆, 사간 이영현李英賢, 장령 우상禹鑞, 지평 남궁 침南宮忱, 헌납 박영준朴永俊, 정언 조방종趙邦宗이 유배지에 안치되어 있던 윤원로尹元老를 주살할 것을 청한 바 있었다. 이는 대개 이기李芑의 사주에 의한 것이었다. 이 때 진복창이 홍문관에 와서는 홍문관이 먼저 윤원로의 주살을 청하여야 한다고 하였다. 그러자 홍문관응교로 재직하던 홍담이 이에 대해 대간이 먼저 이를 논하고자 하므로 홍문관에서 나서서 하는 것은 옳지 않다고 하였다. 이에 진복창은 자신의 이야기가 받아들여지지 않자 화가 나서는 자기를 따르지 않는 동료들을 비난하였는데, 이 때 홍담은 여기에 굴하지 않고 진복창에게 핀잔을 주었던 것이었다. 이는 윤원로의 처결 과정에 대한 갈등으로 보이는데, 실상은 윤원형 추종세력인 진복창과의 갈등 구조로 보이며 이는 홍담이 당시 정국을 주도하던 척신 윤원형 계열과는 일정한 거리를 두고 참여하고 있음을 알 수 있다.

이런 그가 선조대 사림들이 집권한 뒤에 새롭게 진출한 이른바 신진사림들과 갈등을 보였다. 오랫동안 척신계열과 정치적 투쟁을 벌이며 선조 즉위와 함께 정국을 주도하게 된 사림세력들은 대개 몇 개의 그룹으로 분류되었다. 먼저 이른바 구신舊臣 계열로 분류되는 인물들인데, 이 가운데는 중종대 이후부터 계속 조정에서 활동하던 대신급 인물로 이준경李浚慶이나 홍섬洪暹·민기閔箕·정종영鄭宗榮 등이 있는가 하면, 명종대 후반 이후 과거를 통해 관직에 진출하였던 허엽許曄과 박순朴淳·기대승奇大升 등이 있었다. 이들 두 그룹은 명종 연간 척신계 핵심인 윤원형이나 이량 등과의 정치 투쟁을 벌이는 가운데 명종비 집안인 청송심씨의 후원을 받았다는 공통점을 가지며 일종의 연대의식이 있었다. 이들과는 달리 이른바 신진新進으로 분류되는 계열로 명종대 후반 윤원형이 제거된 후 정계에 진출한 이이李珥나 류성룡柳成龍·정철鄭澈 등을 비롯해 선조 즉위 이후 과거를 통해 진출한 김우옹金宇顒이나 우성전禹性傳 등이 있었다. 홍담의 경우는 대개 구신 계열로 분류될 수 있는데, 홍담의 경우는 이조판서 등을 역임하면서 신진 계열들과 불화를 야기하기도 하였다.

홍담과 신진 계열과의 불화는 대략 2가지 측면에서 였다. 하나는 이른바 낭천제郎薦制의 운영과 관련된 것이었다. 낭천제란 전랑銓郎이 인물을 추천하는 권한을 말하는 것으로, 예를 들어 선조 초년 새로운 정치에 희망을 걸고 있던 시기, 사림들은 전형을 관장하는 이조판서에 대해서 구습을 버리지 못한다고 비난하였다. 그 결과 당시 이조판서 민기閔箕가 관직에서 물러나게 된 뒤 이탁李鐸이 이조 판서가 되어서는 "처음 벼슬하는 자는 성균관 유생이 아니면 으레 음관蔭官 시험을 보이니, 유능한 사람이 어찌 선뜻 시험을 보려 하겠는가"라 하고는 낭청들에게 이름 있는 선비를 천거하게 하고, 추천된 인물들은 재능을 시험보지 않고도 벼슬에 나갈 수 있게 하도록 국왕에게 요청하였다. 이렇게 이탁에 의해서 시행된 낭천제는 후에 홍담이 이조판서가 되었을 때 이 제도를 쓸 수 없다고 하였던 것이었다. 예를 들어 홍담이 이조판서 당시 좌랑으로 정철鄭澈이 재직하고 있었는데, 마침 정철이 낭천郎薦에 뽑힌 자를 추천하려고 하니, 홍담이 "이 사람은 재능을 시험하지 않은 사람이다."라고 하며 부정적인 의견을 보였다. 그러자 정철이 "낭관의 추천을 받으면 재능을 시험하지 않고도 벼슬에 임명될 수 있는 근래의 규례가 있습니다."라고 하여 강한 시행의 의지를 보였으나, 계속해서 홍담은 "이러한 새로운 예를 만들면 여론이 일어날 것이니 쓸 수 없다."고 하여 다투게 되었던 것이었다.

이러한 낭천제를 둘러싼 논란은 개인적인 감정의 문제로 치부할 것은 아니다. 이는 선조 즉위 이후 구신과 신진 계열 사이의 국정 운영방식에 대한 입장의 차이를 반영하는 것이었다. 즉 구신 계열은 대체로 낭천제에 반대하는 입장인 반면 신진 계열은 이를 적극적으로 도입하는 주장이었다. 이때 홍담은 구신 계열의 입장에 서서 집행하였던 것이었다. 이 같은 갈등으로 당시 사림들내에서는 홍담과 함께 김개金鎧로 인해 사림들이 화를 당할 수 있다는 위기의식을 느끼기도 하였다. 예를 들어 홍담과 같은 정치적 노선을 가졌던 김개의 경우 선조 초년 이황이 서울로 올라왔다가 내려갈 때 이를 불만스럽게 여기면서, 사람에게 말하기를, "경호景浩(이황의 자)의 이번 길은 소득이 적지 아니하군. 잠시 서울에 왔다가 손에 일품첩지[一品告身]를 쥐고 돌아가 고향에서 큰 영광이 될 것이니, 어찌 만족하지 아니하겠는가."라고 야유하였다고 한다.

이 뿐이 아니다. 홍담이 이조판서가 되자, 김개의 일가 조카 김계휘金繼輝가 그 소식을 듣고는 "김 판서가 위태할 것이다."라고 하였다고 한다. 이는 홍담이 김개와 뜻이 합해 김개를 추천하여 사헌부를 맡게 한다면 사림을 해치든지 그렇지 않으면 사림의 용납을 받지 못할 것이라 생각했기 때문이었다. 그런데 결과는 예측한대로 홍담이 김개를 추천하여 대사헌을 시켰고, 대사헌에 제수된 김개는 "요새 선비의 무리들이 함부로 무엇을 해보겠다 하니, 꺾어 억제하지 않을 수 없다."고 하였다고 한다. 심지어 경연에서 임금에게 아뢰기를,

선비된 자는 마땅히 제 몸이나 닦고 입으로는 남의 과실을 말하지 않아야 할 것인데, 지금 소위 선비라는 것들은 스스로는 아무것도 아니면서 망녕되게 시비나 말하고, 대신이나 헐뜯으니, 이런 기풍은 양성시켜서는 안 됩니다. 기묘년에도 조정에 경박한 무리가 많아서 저들과 같은 자는 끌어들이고, 저들과 다른 자는 배척하였으므로 조광조가 죄를 얻었으니, 모두 그 경박한 자들이 화를 양성하였기 때문입니다. 원컨대, 전하께서는 이러한 버릇을 억제하시기 바랍니다.

라고 하였다고 한다. 이런 점이 결국 사림들의 의심을 받게 되고, 심지어 정철의 경우는 김개의 이 같은 발언을, "김개가 전하를 현혹시켜 사림에 화를 끼치려 하니, 전하께서는 살피시지 않아서는 안 됩니다." 라며 이를 배척한 바 있었다. 김개의 이같은 점은 홍담의 경우도 예외는 아니어서, 그 역시 학문하는

선비를 미워하여 사람에게 말하기를, "참 유학자가 어찌 지금 세상에 나겠는가. 지금 학문한다고 자칭하는 자는 다 허위이다. 만일 참 유학자가 있으면 내가 마땅히 공경하고 사모할 것이지 어찌 감히 트집 잡겠는가."라고 하였다.

구신과 신진 계열의 불화는 여기서 그치지 않고, 인순왕후 국상을 처리하는 문제로 충돌하기도 하였다. 즉 인순왕후의 국상이 일어나자 서경덕의 문인인 지평 민순閔純이 상소하여 "졸곡卒哭 후에 송宋 효종孝宗의 예例에 의하여 백색 의관[白衣冠]으로 일을 보고, 3년의 예제를 마치옵소서."라고 청한 바 있다. 그러자 국왕은 이 문제를 두고 대신들의 의견을 듣도록 하였는데, 구신계열에는 대개가 민순의 이같은 주장이 《〈오례의〉》를 바꾸는 것이라고 하며 반대하였다. 반면 신진 계열의 경우 이에 대해 찬성의 의사를 표시하였는데, 예컨대 이이의 경우는 민순의 입장에 동조하며 송 나라 효종孝宗의 예에 의하여 군신이 흰 옷과 갓과 띠로써 일을 보는 것이 고례古禮에 가까우며 현관·오대의 제도는 정례情禮에 지극히 미안하다고 하였다. 이 같은 논란은 선조가 민순이나 이이의 주장처럼 고례에 의거하려고 하였을 때 예조판서로 재직하고 있던 홍담은 매우 불평한 기색이 있어 이치에 맞지 않는 말을 많이 하였으며, 홍섬은 《오례의》를 변경해야 한다는 말을 듣고 탄식하고 눈물을 흘리며 말하기를, "오늘날에 다시 조종의 법을 변경하는 것을 볼 줄은 생각하지 못하였다." 하였다고 한다.

이 같은 몇 가지 일화를 통해서 보면 홍담은 명종 연간 척신세력이 전횡을 일삼던 당시에는 척신세력과 일정한 거리를 두고 있는 한편, 선조 초년에는 새롭게 진출한 신진 계열과 다소 다른 입장을 견지하였다고 하겠다. 물론 신진 계열과 갈등이 있기는 하였으나 홍담의 생활 자세나 성품 등에 대해서는 특별한 이견이 없어, 앞서 언급한 바와 같이 율곡 이이도 깨끗하고 검소한 지조와 효성이 있음을 높이 평가하였다. 이와 관련해서 후일 홍담의 신도비명을 찬한 유근柳根은 평하기를 당대 이름난 재상 가운데 효성스럽고 우애가 있으며, 청렴하면서도 가난한 자로 남양홍씨 홍참찬공洪參贊公이 으뜸이다 라고 하였다. 여기서 홍참찬공은 홍담을 지칭한다. 아마도 당대 사림 사회에서 전해지는 홍담의 평가를 반영한다고 여겨지는데, 『선조실록』에 수록된 내용과도 크게 다르지 않다.

> 예조 판서 홍담洪曇이 졸하였다. 홍담은 성품이 강직하고 부지런하며 기상이 온화하였다. 효성으로 어버이를 섬겼고, 70이 다되어 친상을 당하였는데 몸소 제수와 제구祭具를 정성을 다해 마련하였으므로 조정이 이를 가상히 여겨 상께 아뢰어 그의 효성을 정표旌表하였다. 집에 거처할 때는 청백 검소하여 문전에 뇌물이 통하지 않았으며 국사에 힘을 다하고 권귀權貴에게 굽히지 않았다.(『선조실록』 권14, 13년 6월 7일(을사))

홍담은 세 살이 되던 해에 어머니 남원양씨를 잃고 조모인 한양조씨의 손에 자랐는데 할머니마저도 그가 9살이 되던 해(1517, 중종 12)에 세상을 떠나고 말았다. 홍담은 조모의 빈소殯所 곁을 떠나지 않고 지켰으며 발인 날에는 상여 줄을 잡고 호곡號哭하였다. 어른들이 가련히 여겨서 멈추게 하였으나 상여의 행렬이 강가에 이르렀을 때까지도 그치지 않아 보는 사람들이 모두 기이하게 여겼으며, 백부伯父인 홍언필과 아버지 홍언광과 함께 여막 살이 3년을 하였는데 의젓하기가 다 큰 어른과 같았다고 한다. 한편 1537년(중종 32) 아버지 홍언광이 별세하자 또다시 3년 동안 여막 살이를 하였다.

그러나 홍담의 효행에 대해서는 무엇보다 계비繼妣 전의이씨를 정성껏 섬긴 것으로 유명하다. 나갈 때 어디에 갈지를 알리고 돌아와서는 잘 다녀왔다고 인사를 여쭈었는데 이러한 일들은 비록 바쁜 업무에 시달리고 몸이 쇠약한 지경에 이르러서도 하루도 그만 둔 적이 없었다고 한다. 또한 직접 부엌에 들어가 반찬이 어떠한지를 상세히 살폈는데 노년에 이르기까지 조금도 게을리 하지 않았다. 1572년(선조 5) 전의이씨가 별세하자 몸소 제수와 제구를 정성을 다해 마련하여 장례를 치루고, 묘소 옆에 여막을 치고 3년 상을 지내며 한 번도 집에 내려온 적이 없었고 날마다 산소를 살피면서 비가 오나 눈이 오나 그만두지 않았다고 한다.

〈도-2〉 홍담의 효자각

또한 홍담은 늘 자제들에게 "들어와서는 부모님께 효도하고 나가는 나이 많은 사람들에게 공손히 하며 말을 신중히 하고 행동을 돌아보는 것이 곧 학문하는 것이다. 여기에 힘쓰지 않으면 실제를 버리고 번화한 것에 힘쓰는 것이니 마땅히 기피해야 할 것이다."라고 하여 효행을 실천할 것을 가르쳤다고 한다. 이러한 홍담의 효행은 일찍부터 세간에 알려져 있던 듯하다. 1546년^(명종 1) 의 정부와 이조, 예조에서 청백리와 효자 등에 관한 일을 논의한 후 입계^{入啓}하였는데 이때 이조 좌랑^{吏曹佐郎}이었던 홍담이 효자로 뽑히어 한 자급을 더하여 승품^{陞品}하는 상을 받게 된다.

또한 실록과 문집의 인물평을 통해서도 홍담의 효행 사실을 알 수 있다. 1557년^(명종 12) 홍담을 동지중추부사로 임명하면서 기록한 인물평을 보면 "천협^{淺狹}하고 기량이 적었다. 헌부의 장관으로 있을 적에 기강이 퇴폐하였는데도 진작시키려는 생각은 않고 자질구레한 업무만을 살펴 책임을 면하였으므로 물의가 작게 여겼다. 그러나 계모를 섬기는 데 몹시 효성이 있었다 한다."고 하였고 위에서 언급한 율곡 이이의 인물평에서도 "도학하는 선비를 좋아하지 아니하고 의논하는 것이 비열하고 속된 까닭으로, 선비의 여론이 허여하지 않아서 오랫동안 크게 쓰이지 못하였으므로 울분과 불평으로 지내었다."고 하면서도 "계모 섬기기를 효성스럽게 하고 상중에 예를 극진히 지켰다."고 하여 전반적으로는 부정적인 평가를 내리면서도 그의 효행만은 인정해 주고 있는 것을 볼 수 있다. 이러한 홍담의 효행은 죽은 지 4년 뒤에 읍인들에 의해 조정에 보고되었고 이에 조정에서는 특별히 정려를 명하였다.

오늘날 서신면 홍법리의 홍담 묘소 아래에 건립된 정려각 안에 걸려 있는 정려가 이 당시에 내려진 정려인지는 확실하지 않다. 정려의 어디에서도 제작

연대의 기록이 발견되지 않았고 300여년의 시간 동안 훼손 없이 보존되어 내려오기가 쉽지 않았을 것으로 생각되기 때문이다. 다만 화성지역에 남아있는 대부분의 조선 후기 효자정려는 아래의 형식을 띠고 있다.

제작년대+命旌	관직명+성명+之門(閭)	孝子

이에 비해 홍담의 정려는 대자大字로 "효자좌참찬홍담지문孝子左參贊洪曇之門"이라고만 적혀있어 형태적으로 조금 차이를 보이고 있는데 이러한 차이가 발급시기에 따른 것인지 주목해 볼 필요는 있을 듯하다.

별도의 계파를 형성한 정효공파는 파조 홍담의 활동으로 가세를 공고히 다지게 되었으며, 동시에 이후 후손들의 정치, 사회적 활동의 기반이 되었다. 홍담의 자 홍종복洪宗福은 조졸하였으나. 동생 홍종록洪宗祿은 1567년(명종 22) 식년 사마시에 입격한 뒤 1572년(선조 5)에 치러진 문과별시에서 급제하였다. 홍종록은 "성품과 도량으로 말하면 온아하고 식견으로 말하면 정명精明하다"라는 평을 받던 인물로, 의정부사인과 사헌부집의 등을 역임하다가 1589년(선조 22) 정여립 옥사가 발발하였을 때 정여립과 서찰로 교유하였다고 하여 유배되었다가 1592년(선조 25) 사면되어서 임진왜란 때는 홍세공洪世恭 등과 함께 류성룡柳成龍의 지휘하에 군량 조달에 참여하기도 하였다.

홍종록의 아들 홍헌洪憲은 1616년(광해군 8)에 치러진 알성시에서, 홍종록의 아들 홍서洪恕는 1621년(광해군 13)에 치러진 정시에서 급제하였다. 그는 인조반정 뒤에는 조정에 출사하여 1623년(인조 1) 8월에는 명정전에서 치러진 별시 무과의 독권관으로 활동하였고, 이후 경성판관과 공청우도 도사, 형조정랑 등을 역임하였다. 1630년(인조 8)에는 문과강경 시관에 차출되기도 하였고 이후 서천 부사와 연안부사 등을 역임하였다. 이같은 정효공파 후손들의 활동은 일단 파 조 홍담의 정치적 위상에 바탕한 것이기도 하며, 동시에 정효공파와 연결된 인 척가문 역시 그 사회적 배경의 하나가 되었을 것이다.

홍종복의 아들 홍희洪熹는 왕자사부王子師傅에 추천되었으나 나아가지 않다 가 1600년(선조 33)에 선공감감역으로 출사하기 시작하였는데, 이때는 선조의 첫 번째 왕비인 의인왕후懿仁王后 박씨가 승하하여 국상이 있던 해였다. 홍희는 당 시 국상 과정에서 노고가 인정되어 장흥고주부로 승진하였으나 이후에는 주로 지방관직을 전전하여 산음山陰이나 장성현감을 비롯해 진천현감, 영유현감 등 을 역임하기도 하였다. 인조반정 당시에는 인조에게서 밀지密旨를 받고 구인중 具仁重 등과 함께 인조가 원래 거처하던 본궁을 사수하였다. 1637년(인조 15) 10월 홍희는 순충보조공신純忠補祚功臣 자헌대부資憲大夫 의정부우참찬겸지의금부사오 위도총부도총관議政府右參贊兼知義禁府事五衛都摠府都摠管 익평군益平君으로 추증되었 다. 아들 홍진도와 홍진문이 반정공신에 책봉되었기 때문이었다. 『경국대전經國 大典』이전吏典 추증追贈조에 의하면 1등 공신의 아버지는 순충적덕병의보조공신 純忠積德秉義補祚功臣에 추증하고, 2등 공신의 아버지는 순충적덕보조공신純忠積德 補祚功臣, 3등 공신의 아버지는 순충보조공신純忠補祚功臣에 추증하고 모두 군君으 로 봉封하도록 규정되어 있다. 아들인 홍진도가 정사공신 3등에 봉해짐에 따라 『경국대전經國大典』규정에 의거해 아버지인 홍희를 순충보조공신으로 봉하고 익평군의 작호를 내린 것이다.

16세기 후반 이후 17세기 전반기 정효공파는 다양한 가문과의 혼맥을 통해 가문을 유지하였다. 이 시기 남양홍씨와 연결된 인척가문은 정치적으로 서인계열을 비롯해 남인과 북인계열 등이 확인된다. 먼저 남인계열에는 안동권씨 권대임 가문이라든지 동복오씨 오억령 가문 등이 해당되며, 북인계열로 주목되는 가문은 홍희의 3자인 홍진례의 처가 문화유씨 유잠 가문이다. 유잠 가문은 광해군의 처가로, 유잠의 아들 유자신은 문양부원군으로 광해군의 장인이 되는데, 홍진례의 처조부 유덕신은 유자신과 형제간이다. 서인계열로는 홍종복의 처가인 기계유씨 유여림 가문을 비롯해 홍희의 처가인 능성구씨 구사맹 가문, 홍종록의 손녀 사위 가문인 용인이씨 이후천 가문, 파평윤씨 윤강 가문 등이 이에 해당된다.

16세기 후반경의 이같은 모습은 특이한 것은 아니며, 당시까지만 하더라도 당색을 넘나들며 그 교류의 폭이 넓었다. 예를 들어 홍종복의 아들 홍희와 교류했던 전주이씨 이유간李惟侃의 교류 인물들을 기록하고 있는『세구록世舊錄』에 따르면, 이유간은 서인의 당색을 갖고 있었으나, 교유 인물이 여기에 한정되지 않고 서인계의 경우, 이항복을 위시하여 서성이나 이정구·이귀·이서·신익성 등이 확인되며, 북인계와 남인계의 경우도 이홍망이나 김신국·유공량·이상의·이수광·이준·권반·정세규·정경세·한백겸 등이 확인된다. 이같은 교류 인맥의 다양성은 정효공파가 거주했던 17세기 전반기까지의 유연한 서울의 사회상을 반영한 것으로 볼 수 있겠다. 홍희는 또한 이정구李廷龜·박동열朴東說·이충양李忠養·안경安璥 등과 동갑계를 조직하여 교류하기도 하였다.

홍희의 이상과 같은 교류인맥은 후일 아들 홍진도와 홍진문이 인조반정에 참여하게 되는 중요한 배경이 되었을 것으로 생각된다. 이는 홍희가 주로 교류했던 이유간을 통해서 인조반정 1등 공신인 이귀나 김류를 비롯해 최명길 등과 교류했을 것이고, 나아가 그와 인척간인 능성구씨와의 혼맥을 형성하게 되었을 것으로 추정된다. 이것이 결국 홍진도와 홍진문이 반정에 가담하게 된 사회적 배경이 되었을 것이다.

04
공신가문으로서의 정치적 동향

한편 홍희의 아들인 홍진도와 홍진문은 각각 반정 2등공신과 반정 3등공신으로 책훈되었다. 홍진도는 공신책봉으로 남양군이라는 봉작호를 갖게 되었을 뿐 아니라, 외척으로써 그 위세가 상당하였던 듯하다. 이와 관련해서는 1623년(인조 1) 이괄李适과 관련된 일화가 있었는데, 그 내용을 보면, 당시 포도대장이었던 이괄이 포도청 군관들을 보내, 부사府使를 역임한 박진장朴晉章을 기찰하였는데 그 과정에서 박진장 뿐 아니고 그의 노모에게도 모욕을 보였던 것이었다. 이 일은 결국 조정에서 논란되기 되었는데, 이때 이괄은 자신의 억울함을 호소하면서 이 모든 것이 홍진도가 주도한 것이라고 답변하였다. 이에 인조는 이 일을 유야무야 덮어두려고 하였는데, 당시 논의자리에 참석하였던 이귀가 다음과 같이 답변하였다.

이귀가 또 아뢰기를, "신이 일찍이 외척으로서의 세력을 믿고 방자하게 날뛰는 홍진도의 정상을 듣고는 불러들여 면전에서 꾸짖은 적도 있습니다. 그리고 상께서 이 일과 관련하여 이미 엄한 분부를 내리시며 홍진도의 지휘를 받은 군관 10여 인을 모두 구속하게 하였고 보면, 홍진도의 입장에서는 공손히

엄명을 기다려야 마땅했을 것입니다. 그런데도 온갖 변명을 늘어 놓으며 상의 앞에서 허위로 보고하면서 오히려 신이 기망하는 말을 한다고 하였는데, 전하께서도 진도가 속이는 말을 옳은 것으로 여기셨습니다. 그러나 신이 형편없는 사람이기는 하나 전하로부터 세상에 드문 대우를 외람되게 받고 있는데, 한 마디 말도 신임을 얻지 못하고 거꾸로 외척의 일개 낭관의 무고를 받게 되었습니다. 이렇게 되면 앞으로 기강을 진작시킬 수 없고 국법도 확립할 수 없게 될 것이니, 관계되는 바가 또한 어찌 작다 하겠습니까.

대간은 전하의 이목 역할을 해야 하는데도 홍진도의 위세에 겁을 먹고 한 마디도 하지 못한 채 침묵으로 일관하고 있으니, 정말 한심한 일입니다. 홍진도가 그 동안 무고하여 기망한 죄상은 우선 조금만 기다리면 모두 탑전에 드러나고야 말 것입니다. 중외의 사람들이 모두들 머리를 맞대고 놀라며 탄식하기를 '오늘날 국가가 필시 외척으로 말미암아 망할 것이다.'고 하므로 먼저 대략이나마 진술하지 않을 수 없습니다. 신이라도 한 말씀 드리지 않는다면 누가 감히 전하에게 입을 열 수 있겠습니까."하니, 답하기를, "홍진도를 두고 위세등등한 외척이라고 한다면 어찌 원통하지 않겠는가. 경의 발언은 지나치다."하였다.

『인조실록』 권2, 1년 5월 27일(병진))

물론 이 일의 진위를 여기서 논할 수는 없으나 이 사례는 홍진도의 위세를 반영한 것이라 하겠다. 홍진문은 공신책봉 후 남창군이라는 봉작호를 받게 되었으며, 이를 통해 정효공파내 남창군파를 형성하였다.

홍진도 이후 남양군 후손들은 대개 서인, 그리고 서인에서 노론과 소론이 분당된 이후에는 주로 노론계열에서 활동하였다. 홍진도의 아들 홍부洪溥는 인조 연간에 전설사별검을 비롯해 사헌부감찰, 평시서령, 동복현감 등을 역임하였다. 홍부의 아들인 홍성원의 경우, 1655년(현종 6) 충훈부의 계를 통해서 홍진도의 적장손이라 하여 충의위忠義衛에 입속되었다. 충의위는 원래 조선전기 오위五衛의 하나인 충좌위에 속했던 군대로 공신의 적장자 및 적손과 중자衆子·중손衆孫의 입속이 허가되었다. 그러나 시간이 경과하면서 군대로써의 의미보다는 공신자손이라는 특권으로, 관료로 진출하는 하나의 기관이 되었다. 홍성원은 같은 해 9월 종8품 수의부위修義副尉의 품계를 받았으며, 이를 거쳐 정7품 적순부위迪順副尉, 정6품 하下의 품계인 진용교위進勇校尉, 종5품 상上의 품계인 현신교위顯信校尉, 정5품 상上의 품계인 과의교위果毅校尉 등을 제수받았다. 다음 해 5월에는 정4품 하下의 품계인 소위장군昭威將軍 제수받았다가 곧 이어서 종3품 상上의 품계인 건공장군建功將軍을 거쳐 정3품 당하堂下의 품계인 어모장군禦侮將軍에 제수되었다. 그리고 26년이 경과한 1691년(숙종 17) 윤7월에 정3품 당상堂上의 품계인 통정대부通政大夫에 제수되었다. 이때는 아들 홍숙洪璛이 시종신侍從臣을 지냈기에 우대하기 위해 제수된 것이었다. 당상관에 승급한 홍성원은 같은 해 절충장군 행용양위부호군折衝將軍 行龍驤衛副護軍을 거쳐 첨지중추부사를 지냈고, 다음해에는 행충좌위부사과折衝將軍 行忠佐衛副司果 등을 역임하기도 하였다.

남양군의 후손 가운데 주목되는 인물이 남양군의 증손자인 홍숙洪璛으로, 홍성원의 아들이다. 홍숙의 자는 옥여玉汝로, 7살 때 산법算法에 능통했다고 전하며, 독서를 좋아하였는데 특히 『주자강목朱子綱目』에 심취하였다. 그는 김석주金錫冑의 문인이었다. 음서로 영희전참봉에 제수되어 사환활동을 시작하였고, 이어 사옹원봉사를 역임한 뒤 1683년(숙종 9) 과거에 급제 예조좌랑과 병조좌랑 등을 역임하였다.

그러나 이후 기사환국으로 남인이 재집권하는 과정에서 이렇다할 정치적 활동이 찾아지지 않다가 1694년(숙종 20) 갑술환국 후 장령으로서 스승 김석주의 억울함을 논변하는 한편 남인 목내선睦來善이 기사환국 당시 폐위된 인현왕후에게 불손한 말을 했다고 하여 법률대로 처치할 것을 주장하였다. 그는 또한 당시 세자의 삼촌인 장희재의 처벌을 둘러싸고 논란이 일 때 소론측 남구만南九萬이 이를 변호한 것의 부당함을 지적하였다가 국왕으로부터 질책을 받고는 관직을 사퇴하였다.

:: [표 4] 남양군파의 문과급제자 명단(숙종조~정조조)

성명	급제 시기 및 과거 종류	거주지
홍숙(洪璛)	숙종 9년 증광시	경(京)
홍용조(洪龍祚)	숙종 43년 식년시	경(京)
홍봉조(洪鳳祚)	영조 1년 증광시	경(京)
홍억(洪檍)	영조 29년 알성시	경(京)
홍자(洪梓)	영조 29년 정시(庭試)	경(京)
홍대협(洪大協)	정조 16년 식년시	경(京)

1696년(숙종 22) 세자의 길례를 치를 때 공이 인정되어 통정대부에 가자되었고, 이어 금화현령과 양주목사, 영광군수, 갑산부사 등을 역임하였다. 1702년(숙종 28) 승지에 제수된 뒤 다음해 의주부윤 재직시에 주청사奏請使의 행차가 환국할 때 의주義州 중강中江에 이르러 역졸驛卒 다섯 사람이 물에 빠져 죽은 사건에 대한 책임을 지고 파면되었다. 한편 홍숙은 의주부윤 재직시 구룡정九龍亭이라는 정자를 의주성 밖 동북쪽에 세웠는데, 후일 김창업은 기문을 작성하면서 이에 대해서 다음과 같이 평하였다.

"이곳에 자그마한 정자가 있는데 부윤 홍숙洪璘이 지은 것이다. 옛날에 합단哈丹·지단指丹 형제가, 하나는 못가의 토성土城에 살고 하나는 의주성에 살았다. 정주靜州의 호장戶長 김유간金裕幹이 계략을 써서 그들을 쫓아 버리려고 하여 거짓으로, '우리나라에서 너희들을 죽여 버리려고 한다.'라고 말했다. 합단 등이 무리들을 다 데리고 몰래 강을 건너갔는데, 그때 강에는 배가 없어 마침내 강 북쪽 근안에 쇠를 침수시키고 또 쇠사슬을 남쪽 강 언덕 바윗돌 사이에 고착시켜 가지고 우배牛背에 연결하여 부교浮橋를 만들어 건너갔다. 김유간은 곧 그 다리를 파괴시켜 다시 오지 못하도록 만들었다. 영락永樂 무자년(1408, 태종 8) 의주의 성을 구축할 때 헤엄 잘 치는 사람을 시켜서 쇠사슬을 꺼냈는데 그 쇠로 만든 소는 찾을 수가 없었다."(『연행록선집』, 계산기정 제1권)

이후 다시 승지에 제수되었다가 충청도관찰사를 거쳐 1705년(숙종 31) 경기수사에 제수되었다. 경기수사를 마치고 돌아와서는 승습承襲하여 남계군南溪君에 봉해졌다. 이후에도 한성부우윤, 호조참판, 동지의금부사, 강원도관찰사 등을 역임하였다. 홍숙은 사후인 1759년(영조 35) 1월에 자헌대부 이조판서겸지경연의금부사홍문관대제학예문관대제학지춘추관성균관사세자좌빈객오위도총부도총관남계군資憲大夫 吏曹判書兼知經筵義禁府事弘文館大提學藝文館大提學知春秋館成均館事世子左賓客五衛都摠府都摠管南溪君에 추증되었다. 아들 홍봉조가 자헌대부 지중추부사知中樞府事직에 있었으므로 법전에 의거하여 추증된 것이었다.

홍숙의 뒤를 이어 아들 홍인조는 봉직랑奉直郞에서 출발하여 1689년(숙종 15) 정5품 상계인 통덕랑通德郞에 제수되기도 하였다. 홍인조에 이어 공신호의 승습은 아들 홍저에게로 이어져, 홍저는 1716년(숙종 42) 충훈부의 요청에 따라 충의위에 입속한 뒤 1720년(숙종 46)에 행충좌위부호군行忠佐衛副護軍과 같은 군직을 거쳐 안협현감, 덕산현감 및 예천군수를 역임하였다.

이밖에도 남양군파의 후손 가운데 주목되는 인물이 홍숙의 4자인 홍용조의 손자 홍대용이다. 홍대용은 당대 노론계 산림인 김원행金元行에게 수학하였고, 북학파의 거두 박지원朴趾源 등과 교류하였다. 1774년(영조 50) 음서로 세손익위사시직이 되었고, 다음 해에 선공감감역을 거쳐 이후 사헌부감찰과 태인현감, 영천군수 등을 역임하였다. 특히 그는 1765년(영조 41) 초의 북경北京 방문을 계기로 서양 과학의 영향을 깊이 받았다. 그의 문집인《담헌서湛軒書》에는 약간의 시·서를 제외하면 거의가 북경에서 돌아온 뒤 10여 년 사이에 쓴 것이다. 그가 중국을 방문한 것은 연행사燕行使의 서장관으로 임명된 작은아버지 홍억洪檍의 수행군관이라는 명목으로 이루어졌다.

60여 일 동안 북경에 머물면서 두 가지 중요한 경험을 했는데, 하나는 우연히 사귀게 된 항저우杭州 출신의 중국 학자들과 개인적인 교분을 갖게 된 일이며, 다른 하나는 북경에 머물고 있던 서양 선교사들을 찾아가 서양 문물을 구경하고 필담을 나눈 것이다. 이 때 북경에서 깊이 사귄 엄성嚴誠·반정균潘庭筠·육비陸飛 등과는 귀국 후에도 편지를 통한 교유가 계속되었고, 그 기록은 「항전척독杭傳尺牘」으로 그의 문집에 남아 있다. 그의 사상적 성숙에 결정적인 영향을 준 북경 방문은 〈연기燕記〉속에 상세히 남아 있다. 그의 〈연기〉는 조선시대의 대표적인 작품이며, 그 뒤 박지원의 『열하일기』에 영향을 주었다. 특히, 이 기록 가운데 「유포문답劉鮑問答」은 당시 독일계 선교사로 중국의 흠천감정欽天監正인

유송령劉松齡(August von Hallerstein)과 부정副正인 포우관鮑友管(Anton Gogeisl)을 만나 필담을 통하여 천주교와 천문학의 이모저모를 기록한 내용으로, 서양 문물에 관한 가장 상세한 기록이다.

그의 과학사상을 담은 『의산문답醫山問答』 역시 북경 여행을 배경으로 쓰였다. 의무려산醫巫閭山에 숨어 사는 실옹實翁과 조선의 학자 허자虛子 사이에 대화체로 쓰인 이 글은 그가 북경 방문길에 들른 의무려산을 배경으로 하고 있다. 이 글에서 홍대용은 허자의 말과 행동을 통해 당시 조선학계의 허구성을 폭로하였고, 이어서 사람이 금수나 초목보다 귀하다고 하는 허자의 말을 부정하였다. 그는 결국 하늘로서 본다면 사람과 물物은 균등한 것이라는 논리를 피력하였다. 또한 그는 상수학적象數學的 입장에서 전통적인 하늘은 둥글고 땅는 네모다 라는 이른바 천원지방설天圓地方說을 부정하고 지구가 둥글다고 하였고, 이를 토대로 지전설을 주장하였다.

그는 또한 대청관對淸觀에서 중요한 변화를 시도하였다. 즉 하후夏候 이후 중국사를 훌륭한 정치 뒤에는 점차 쇠퇴와 혼란이 있는 것이 시세時勢라는 관점하에 개관하였는데 중국의 부진을 중국 문물의 퇴폐함에서 구하면서 실용을 강조, 청淸의 성립을 인사人事에 감응하여 초래된 필연으로 강조하였다. 이러한 것은 기존의 화이관을 부정하면서 새로운 화이관을 정립해가는 과정으로 중요한 의미를 갖는다.

〈도-3〉 홍대용 묘소(이근호)

한편 남양군 후손의 경우 18세기 후반 이후가 되면서 출계의 사례가 보이
는데 전 현감 홍대우의 후사로 홍대익의 제1자인 홍식이 입후하였고, 이어 홍
식의 경우도 후사가 없어 그의 동성 24촌 동생인 홍기의 제3자 홍의후를 입후
하였다. 관련 예조 입안이 현존하고 있다. 남양군파 후손들은 홍진도와 홍숙 등
의 활동이 바탕이 되어 당대 노론계 명문가 혼맥으로 연결되고 있다.

남창군 후손의 동향과 관련해서 주목되는 것은 홍진문 사후 벌어진 그의
후사를 둘러싼 논쟁이다. 즉 홍진문은 처음에 아들이 없자 그 동생 홍진례의 차
자 홍위洪渭를 양자로 삼았으나, 이를 관가官家에 보고하지는 않았다. 그런데 그
뒤 홍위가 아들이 없이 요절하고 남창군은 늦게 홍호洪灝·홍연洪演 등 형제를

두게 되었던 것이었다. 결국 이들 홍호와 홍연이 홍진문 부부의 상喪을 주관하게 되었고, 홍호가 신주神主에도 사자嗣子로 기재되었는데, 후일 홍위의 아내가 홍진문의 자부로 자처하여 홍진문의 상복을 입고 또 입후立後를 하려 했던 것이었다. 이 일은 당시 사림 사이에서 논의가 분분했던 듯 송시열宋時烈의 문인이 그에게 문의했던 것이었다. 이에 대해 송시열은

> "남창군의 집안일은 의심할 것도 없는데 의심하십니다. 그 동생의 아들이 임금의 명을 받아 남창군의 아들이 된 것이라면 남창군이 뒤에 친자를 두었다 할지라도 호치당胡致堂(胡寅을 말함)이 호문정胡文定(胡安國)의 아들이 된 것처럼 하는 것이 마땅할 것이나, 지금 위로는 임금의 명을 받지 않았으니 남창군의 아들이 될 수 없는 것인데, 어찌 아들도 아니면서 남의 아들과 후사後嗣를 다툴 수 있습니까. 이는 예를 아는 사람이 아니라도 알 수 있는 일이니, 법문法文을 조금 아는 사람에게 논하게 하여도 처리할 바를 알 것입니다."
>
> (송시열, 『송자대전』)

라며, 임금의 명을 받지 않았으므로 홍위는 홍진문의 아들이 될 수 없다고 하며 홍호와 홍연의 입장을 지지해주었다.

홍진문 이후 아들 홍호는 15세 때에 전례에 따라 음서로 서반 군함軍銜을 제수받았다가 1684년(숙종 10)에 비로소 동반계를 받은 뒤 북부참봉을 비롯해 전옥서봉사, 상의원직장, 의금부도사, 장례원사평과 함께 지방관으로 연산현감 및 충훈부도사 등을 역임하였다. 홍호의 경우 특히 연산현감 재직시 은진 지역 지토선地土船의 뱃사람들에 의해서 니산현감 이상형李尙珩이 구타를 당하고 급창

及唱이 살해되는 일이 있었는데, 이 사건의 처리와 관련해서 호평을 받았다. 당시 지토선의 뱃사람들은 은진 지역의 부상富商으로, 이들은 백방으로 뇌물을 주고 이 사건을 무마하려 하였다. 그리하여 대부분의 추관推官들은 이 사건을 끝내 밝히지 못하였고, 홍호에 대해서도 홍호의 내종제인 안모安某를 통해서 해결하려고 하였다. 그러나 홍호는 이를 무시하고 엄정하게 일을 처리함으로써 참된 사대부라는 평을 받기도 하였다.

홍호의 아들인 홍순원洪舜元은 공신 지위를 승습하여 남은군에 봉해졌다. 외조인 유식柳寔에게서 수학하였고, 1718년(숙종 44)에 음서로 참봉직에 제수되었으며, 이어 의금부도사, 통례원인의, 평택현감, 양천현감, 현릉령을 비롯해 동지돈녕부사를 역임하였다. 1743년(영조 19)에는 인조반정 120년을 기념하여 국왕이 정사공신의 적손嫡孫을 수용하라는 특명이 내려졌는데, 이때 현릉령에 제수되었고, 다음 해에는 중추부의 관직을 제수받았으며, 1749년(영조 25) 3월 2일에는 정사공신의 친손이 아직까지 생존하고 있는 것은 드문 예라고 하여 가자加資를 명받았다.

홍이원洪履元의 경우, 유생 시절인 1716년(숙종 42) 생원 이시정李蓍定 등과 함께 연명 상소하여 최석문崔錫文 등의 상소와 유봉휘柳鳳輝 등의 차자에서 윤증尹拯을 옹호하면서 송시열宋時烈을 배척한 것이 부당함을 진달하고 권상하權尙夏 등에 대한 처벌을 거두어 주기를 청하는 상소를 올렸다. 홍이원 등의 상소가 올라갔을 때는 이른바 회니시비懷尼是非가 극에 달했던 시기였다. 결국 이 시비는 국왕의 처분에 위해서 노론측의 승리로 끝나게 되었다. 이런 시기 홍이원 등은 노론측 유생으로 선사先師인 송시열을 옹호하는 상소를 올렸던 것이었다. 1759년(영조 35)에는 진사로 조진헌趙鎭憲 등과 함께 약 3차례 정도 연명으로 조헌과 김집의 문묘종향을 청하는 상소를 올렸고, 1768년^(영조 44) 7월 24일에는 경희궁 숭정전에 나아가 국왕을 면대하였는데, 이 때 그 자리에서 첨지중추부사에 특명으로 제수되었다.

홍이원은 이같은 정치활동 이외에도 남창군파의 문중내에서 중요한 위치를 점하고 있다. 홍이원은 부친을 비롯해 모친이나 형제 등의 묘도문자를 작성하였다. 그가 작성한 묘도문자는 부친인 홍호의 행장을 비롯해 모친에 대한 기록인 「선비 증정부인 진주유씨 행록先妣贈貞夫人晉州柳氏行錄」, 숙부인 홍연의 행장인 「숙부 통덕랑 부군행장叔父通德郞府君行狀」, 매형 성억령成億齡의 행장, 백매伯妹 유인孺人 남양홍씨 행록과 맏형인 홍순원의 행장과 둘째형 홍중원의 행장 등을 찬술하였다. 이밖에도 파조 홍담의 모친인 남원양씨 양윤의 딸에 대한 행장을 찬술하였다. 그가 남긴 기록은 남창군파의 역사를 복원하는 데 중요한 의미가 있다.

또한 홍이원은 주변 인물에 대한 제문을 작성하였는데, 이를 나열하면 아래와 같다.

:: [표 5] 홍이원이 작성한 제문 일람

제목	관련인물
제매형계수이공기창문(祭妹兄溪叟李公箕昌文)	이기창(李箕昌)
제매형진사김공준경문(祭妹兄進士金公濬慶文)	김준경(金濬慶)
제당질백옥원문(祭堂姪伯玉瑗文)	홍원(洪瑗)
제중씨남포산인부군문(祭仲氏南浦散人府君文)	홍중원(洪重元)
제오재조상서정만문(祭寤齋趙尙書正萬文)	조정만(趙正萬)
제홍씨이휴문(祭洪氏以休文)	종인(宗人)
제당형재원문(祭堂兄載元文)	홍재원(洪載元)
제김첨정언주문(祭金僉正彦周文)	김언주(金彦周)
제신정랑보명문(祭申正郞晡明文)	신환(申晥)

제목	관련인물
제백씨동돈녕부군문(祭伯氏同敦寧府君文)	홍순원(洪舜元)
제제삼매씨문(祭第三妹氏文)	누이
제김신천언서상규문(祭金信川彦瑞相圭文)	김상규(金相圭)
제종인경인문(祭宗人敬仁文)	윤경함(洪敬涵)
제윤승지원성문(祭尹承旨元成文)	윤득징(尹得徵)
제유광보문(祭柳光甫文)	유명진(柳明晉)
제김봉사군시문(祭金奉事君始文)	김육(金熵)
제제사매씨문(祭第四妹氏文)	누이
제김지추공화문(祭金知樞公華文)	김상신(金相紳)
제도정자야저문(祭都正子野樗文)	홍저(洪樗)
제망아경문(祭亡兒璟文)	홍경(洪璟)

위 표에 나타난 홍이원이 작성한 제문의 당사자들을 보면, 대개 홍이원의 교류 범위를 확인하게 한다. 제문 작성자의 대부분은 형제 누이와 인척간인 매형, 그리고 당질과 당형을 비롯해 아들 등이었다.

이밖에도 관계를 명시하지 않은 조정만과 김언주·신환·김상규·윤득징·유광보·김화문 등의 제문을 작성하였다. 조정만은 본관이 임천으로 부인이 유식柳寔이며 홍이원의 이모부가 되는 인물로, 당대 명사인 김창협金昌協·김창흡金昌翕·이희조李喜朝 등과 친교가 깊었다. 18세기 경에 전개된 노론내 논쟁인 호락논쟁에서 낙론계통에 속하였으며, 영조 연간에는 수원부사·충청도관찰사·호조참의·호조참판·지돈녕부사를 비롯해 공조와 형조 판서 등을 역임하였다. 김상규는 숙종대 후반에 관직에 진출하여 건원릉참봉을 비롯해 장악원주부·형조좌랑·낭천현감·인제현감·신천군수 등을 역임한 인물로, 홍이원을 비롯해 형인 홍순원·홍중원 등과 막역하게 교류하였다. 신환은 참봉과 선공감봉사·의영고직장·한성부주부·형조정랑을 비롯해 비안현감을 역임하기도 하였는데, 그는 1725년(영조1) 관학유생으로 진사 한사직韓師直 등과 소론 이광좌를 비롯해 유봉휘·조태억 등의 정법正法을 청하기도 한 노론계 인사였다. 이밖에도 윤득징이나 유광보 등도 대개는 노론계 인사로써 윤득징 같은 경우 1725년 11월에 앞서 소론 정권하에서 도봉서원에서 출향된 송시열의 복향과 권상하의 복관을 주장하기도 하였다. 이상 인물들의 면면을 보면 대개가 노론계통의 인물들로, 홍이원을 비롯한 남창군파 후손들의 정치적 성향을 가름하게 한다.

홍이원은 또한 남양홍씨 9세조인 홍익생의 처 유씨의 무덤을 개축하는 사업을 주관하기도 하였는데, 대개 1754년(영조 30) 유씨의 무덤 중앙이 함몰된 것을 발견하고는 바로 당일로 택일을 한 뒤 고유제를 고한 뒤 시험적으로 조사해본 결과 더 이상은 붕괴되지 않을 것으로 판단하여 판자를 덮고 그 위에 사초를 개축한 뒤 봄을 기다려 하기로 하고는 다음해 2월 17일 묘시에 고유제를 행한 뒤 개토작업을 마무리 하였다. 이 과정에서 지석誌石 2조각을 얻게 되었는데 대사헌 정유항鄭惟恒이 찬술한 것이었다. 이 사업에는 정효공파 후손들이 대거 참여하여 안산군수로 재직하고 있던 홍저洪樗와 예산현감으로 있던 홍간洪侃 등이 참여하였다. 홍이원은 또한 9대조의 묘 개축 사업에도 참여하였고 그 관련 기록을 찬술하였다. 홍이원은 이밖에도 금강산 관련 기록인 〈동유기東遊記〉라는 기록을 남겨놓았다. 남창군 후손들은 18세기 후반 이후 관직 진출자를 배출하지 못하다가 고종대 홍대유洪大維의 아들인 홍완洪琬(생부는 洪大仁)이 1887년(고종 24) 선략장군 행충무위부사용宣略將軍 行忠武衛副司勇을, 1889년(고종 26)에는 통훈대부 행사헌부감찰通訓大夫 行司憲府監察에 제수되었다. 남창군파의 경우, 남양군파에 비해서 중앙정치에서 활동은 다소 미약하였으나 홍이원의 예에서 보듯이 가문의 역사와 흔적들을 정리하는데 주력하였다.

| 참고문헌 |

남양홍씨중앙회수회, 『南陽洪氏(土)宗會史』, 1998

이근호 외, 『남양홍씨 정효공파』, 화성시청 · 화성문화원, 2010

이정일, 「들어와서는 부모님께 효도하고 나가서는 나이 많은 사람들을 공경하며 말을 신중히 하고 행동을 돌아보는 것. 이것이 곧 학문하는 것이다.」, 『문화의 뜰』, 2007

11부

하남, 전주이씨
선성군宣城君 가문

01
정종의 왕자들과 선성군 이무생

조선의 제2대 임금 정종은 15남 8녀의 자녀를 두었다. 정종의 자녀와 관련해서 실록에서는 15남 10녀로 기록하고 있으나(『세종실록』) 이후 『선원록璿源錄』이나 『선원속보璿源續譜』 등에서는 15남 8녀만이 기록되었다. 이러한 기록의 차이는 딸 중 2명이 조졸早卒한 때문이 아닐까 판단된다. 정종 자녀들의 구성과 모계 및 묘소 소재지는 아래와 같다.

:: [표 1] 정종 자녀의 구성과 묘소 소재지

	봉호명	모계(본관)	배우자(본관)	묘소
1남	의평군 원생(義平君 元生)	지씨(池氏)(충주)	최치숭(崔致崇)의 딸(철원)	경기 고양
2남	순평정 군생(順平正 群生)	기씨(奇氏)(행주)	설존(薛存)의 딸(순창)	경기 고양
3남	원윤 의생(元尹 義生)	기씨(행주)	홍숙(洪宿)의 딸(남양)	
4남	선성군 무생(宣城君 茂生)	지씨(충주)	정종성(鄭宗誠)의 딸(연일) 김중악(金仲約)의 딸(안강) 한후저(韓候抵)의 딸(평산)	경기 하남
5남	종의군 귀생(從義君 貴生)	문씨(文氏)(남평)	유수빈(柳守濱)의 딸(양구) 장균(張均)의 딸(해풍)	충북 청원
6남	진남군 종생(鎭南君 終生)	이씨(李氏)(평창)	남심(南深)의 딸(의령)	경기 용인
7남	수도정 덕생(守道正 德生)	윤씨(尹氏)(해평)	송계성(宋繼性)의 딸(여산)	경기 포천
8남	임언정 녹생(林堰正 祿生)	윤씨(해평)	박부(朴溥)의 딸(고령)	경기 파주
9남	석보정 복생(石保正 福生)	윤씨(해평)	김연지(金連枝)의 딸(원주)	충북 충주

	봉호명	모계(본관)	배우자(본관)	묘소
10남	덕천군 후생(德泉君 厚生)	지씨 (충주)	이종무(李從茂)의 딸(장수)	충남 공주
11남	임성정 호생(任城正 好生)	지씨(충주)	이계동(李繼童)의 딸(평창)	경기 남양주
12남	도평군 말생(桃平君 末生)	지씨(충주)	이수강(李守綱)의 딸(용인) 최수(崔洙)의 딸(전주)	경기 양주
13남	장천도정 보생(長川都正 普生)	윤씨(해평)	최자해(崔自海)의 딸(화순)	전북 고창
14남	정석도정 융생(貞石都正 隆生)	기씨(행주)	권돈(權敦)의 딸(충주)	경기 여주
15남	무림군 선생(茂林君 善生)	기씨(행주)	홍흥선(洪興善)의 딸(남양)	경기 양주
1녀	함양군주(咸陽郡主)	지씨(충주)	박갱(朴賡)(밀양)	경기 여주
2녀	숙신옹주(淑愼翁主)	기씨(행주)	김세민(金世民)(경주)	경기 양주
3녀	덕천군주(德川郡主)		변상복(邊尙服)(원주)	경기 양주
4녀	고성군주(高城郡主)		김한(金澣)(안산)	
5녀	상원군주(祥原郡主)		조효산(趙孝山)(평양)	
6녀	전산옹주(全山翁主)		이희종(李希宗)(용인)	
7녀	인천군주(仁川郡主)		이관식(李寬植)(전의)	
8녀	함안군주(咸安郡主)		이항신(李恒信)(경주)	

* 이상은 『선원록』, 『선원속보』에 의거함

정종은 정비인 정안왕후와의 사이에서는 자식을 얻지 못하고 후궁들과의 사이에서 자녀를 보았다. 정종과 지씨 사이에서 의평군 원생, 선성군 무생, 임성정 호생, 덕천군 후생, 도평군 말생과 함양군주를 얻었다. 정종과 기씨 사이에서 순평정 군생과 원윤 의생, 정석도정 융생, 무림군 선생과 숙신옹주를 얻었다. 정종과 문씨 사이에서 종의군 의생을 얻었고, 정종과 이씨 사이에서 진남군 종생을, 정종과 윤씨 사이에서 수도정 덕생과 임언정 녹생, 석보정 복생, 장천도정 보생 등을 얻었다.

이들 왕자는 봉작제도에 따라 작호를 갖게 되었다. 조선시대 왕자의 봉군封君은 태조대 이래 몇 차례 개정을 거쳐 『경국대전』에 수록되었다.

품계	봉작호	대상
무품(無品)	대군(大君)	왕의 적자(嫡子)
무품(無品)	군(君)	왕의 서자(庶子)
정1품	군(君)	
종1품	군(君)	대군(大君)을 승습(承襲)할 적장자(嫡長子)
정2품	군(君)	왕세자(王世子)의 중자(衆子), 대군(大君)을 승습(承襲)할 적장손(嫡長孫), 왕자군(王子君)을 승습(承襲)할 적장자(嫡長子)
종2품	군(君)	왕세자(王世子)의 중손(衆孫), 대군(大君)의 중자(衆子), 대군(大君)을 승습(承襲)할 적장증손(嫡長曾孫), 왕자군(王子君)을 승습(承襲)할 적장손(嫡長孫)
정3품 당상	도정(都正)	왕세자(王世子)의 중증손(衆曾孫), 대군(大君)의 중손(衆孫), 왕자군(王子君)의 중자(衆子), 왕자군(王子君)을 승습(承襲)할 적장증손(嫡長曾孫)
정3품 당하	정(正)	
종3품	부정(副正)	대군(大君)의 중증손(衆曾孫), 왕자군(王子君)의 중손(衆孫)
정4품	수(守)	왕자군(王子君)의 중증손(衆曾孫)
종4품	부수(副守)	
정5품	영(令)	
종5품	부령(副令)	
정6품	감(監)	

　　위에서 제시한 정종의 왕자 중 의생이 받은 원윤이라는 작호는 건국 초인 태조대부터 왕자들의 봉작호로 통용되면서 세조대까지 존속하다가 이후 성종대 『경국대전』을 편찬하는 과정에서 소멸된 듯하다. 이의생이 원윤으로 선원록에 수록된 것은 사망 당시 해당 작호를 가지고 있었던 때문으로 보인다.

선성군 이무생(1392~1460)은 정종의 4남으로 어머니는 지씨이다. 지씨의 본관은 충주로, 지윤池奫의 딸이다. 지윤(?~1377)은 처음 군졸에서 출발, 점차 무공을 세워 공민왕 말년에는 판숭경부사判崇敬府事가 되었으며, 서북면원수와 경상도상원수 등 출정군出征軍의 지휘관으로 활동하기도 하였다. 우왕 때에는 문하찬성사門下贊成事·판판도사사判版圖司事가 되어 재상에 올랐다. 당시의 권신인 이인임李仁任의 세력으로 분류되며, 당시 중국의 원·명 교체기에는 친원정책을 지지

하였다. 이후 아들 지익겸池益謙을 왜구 토벌의 지휘관으로 내보내는 문제, 김승
득金承得·이열李悅·화지원華之元 등 자신의 심복들을 조정을 비난한 죄로 몰아
유배시킨 문제 등으로 이인임과 대립, 지신사知申事 김윤승金允升과 공모하여 이
인임 등을 제거하려고 하였으나 결국 실패하면서 처형되었다.

선성군 이무생의 행적은 어떠하였을까? 조선의 왕자나 종친은 사환仕宦이 금지
되어 있었다. 다만 5세대가 되어 제사를 받드는 대수가 다 되면 문과나 무과 등
을 통해 관직에 진출할 수 있었다. 그러나 건국 초의 상황에서 이례적으로 왕
자들의 사병이 허용되었으며, 사환 활동을 하기도 하였다. 왕위에 오르기 전이
기는 하지만 정종이 삼군부 중군 절제사라는 관직을 가졌고, 태종 이방원 역
시 삼도절제사를 비롯해 삼군부 우군절제사, 판상서사사 등을 역임하기도 하
였다. 그러나 이는 이례적인 일로써 국초부터 왕자와 종친의 관직 진출은 금
지되는 분위기였으며, 세종 연간을 거치면서 사환 금지 조치가 제도화되었다.
이점은 정종의 왕자들에게도 그대로 적용된 것으로 보이며, 선성군 역시 예외
는 아니었다.

선성군 이무생은 어려서 정종이 임금의 자리를 버리고 풍덕豐德의 강가로 물러
나자 아침저녁으로 문안을 드렸으며 담백하고 조용한 마음을 스스로 지켜 권
세와 존귀함을 싫어하였다고 한다. 이무생이 처음 작호를 갖게 된 것은 1425년
(세종 7)으로, 종3품의 중직대부中直大夫 정윤正尹에 봉해졌고, 1430년(세종 12) 8월
에는 세종의 명으로 종학宗學에 나가게 되었다. 종학이란 1429년(세종 11) 왕족의
자제 교육을 전담하기 위해 세운 교육기관이다. 이후 1432년(세종 14) 1월 2품의
원윤元尹에 봉해졌고, 1444년(세종 26) 10월 병을 핑계로 학문을 게을리 한다는
이유로 귀양 생활을 하기도 하였다.

1452년(단종 즉위년) 명나라로 가는 수양대군을 계양군 이증 등과 함께 전별하였다. 1454년(단종 2) 수양대군(후일의 세조)이 정난공신으로 책봉되며 영의정부사에 제수되었을 때 정2품의 정의대부正義大夫 선성군에 봉해졌다. 같은 해 5월 수양대군이 경회루에서 단종에게 풍정豊呈을 올릴 때 형 순평군 군생, 의평군 원생과 동생 진남군 종생 등과 함께 참여하기도 하였다. 1457년(세조 3) 7월 부인과 이혼 문제로 파직되었다가 2년 뒤인 1459년(세조 5) 다시 선성군에 봉해졌다. 같은 해 10월에 있었던 근정전 연회에 형인 진남군 종생 등과 참석하기도 하였다.

세조는 즉위 이후 자주 연회를 베풀었다. 이로 인해 세조대의 정치를 주연정치酒筵政治로 표현하기도 한다. 이는 연회를 통해 정치적 지지 기반을 다지며 유대관계를 공고하게 하기 위한 일종의 장치였던 것이다. 이때 왕자나 종친들은 주요 참석대상이었다. 당시 선성군을 비롯한 왕자들은 세조의 주요한 정치적 지지 세력으로 역할을 하였다. 세조의 경우 왕위에 오른 뒤에 임영대군을 비롯해 많은 왕자들을 내종친內宗親 또는 아종兒宗이라 칭하여 측근에 두었다. 내종친으로 불리는 인물들은 임영대군과 영응대군, 계양군, 밀성군, 영해군 등 세종의 왕자들이었다. 시간이 경과하면서 내종친의 범주가 확대되어 왕자의 아들이나 부마까지도 포함되기도 하였는데 이들 내종친은 국왕의 측근에서 시종하고 왕명을 출납하였다. 세조대에는 이들 내종친으로 지칭되는 왕자 이외에도 태종의 왕자인 양녕대군과 효령대군, 경녕군, 함녕군, 익녕군 등도 생존해서 국왕의 측근으로 활약하였다. 내종친들은 국왕의 측근에 머물면서 국왕의 시위와 시종, 직숙 등에 참여하였다. 내종친은 군사적으로 시위군과 대소 군사 활동을 지휘하였으며, 이밖에도 다양한 분야의 국정 운영에 개입하였다. 내종친은 또한 수시로 입시하여 국왕에 베푸는 연회에 참여하거나 후원에 나아가 관사觀射하기도 하였다. 세조대의 정치는 주연정치로 표현되는 바, 수시로 열리는 각종 주연에 참석하여 국왕의 후원자임을 과시하였다.

선성군 이무생은 사후인 1871년(고종 8) 3월 16일 양정공良靖公이라는 시호가 내려졌다. 양정이란 "온화하고 선량하며 배우기를 좋아하는 것을 양良이라 하고, 너그럽고 화락하며 좋은 이름을 간직하고 마치는 것을 정靖이라 한다"는 시법諡法에 따른 것이었다. 다음 해에는 형 의평군 이원생, 순평군 이군생 등과 함께 영종정경令宗正卿에 제수되었다.

〈도-1〉 선정묘(이관중 제공)

선성군 이무생은 3명의 부인을 취娶하였다. 3명 부인의 선계는 아래와 같다.

:: [표 3] 선성군의 세계도

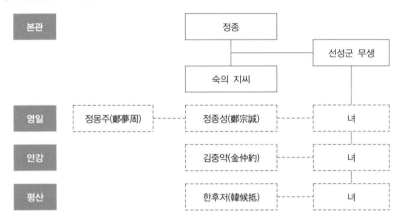

선성군 이무생의 부인 중 첫 번째 부인은 영일정씨이고, 두 번째 부인은 안강김씨이며, 세 번째 부인은 평산한씨이다. 이 중 첫 번째 부인인 영일 정씨는 위의 그림에서 보듯이 정몽주의 손녀로, 부친은 정몽주의 장남인 정종성이다. 주목되는 것은 정종성의 서녀庶女 사위가 한명회라는 점으로, 선성군과 한명회는 동서지간이 되는 것이다. 이런 관계는 정종성의 아들 정보鄭保가 수양대군이 주도한 계유정난 당시 안평대군 측에서 활동하여 이로 인해 처벌을 받기도 하였으나, 조속한 시일에 복권이 이루어지는 계 기가 되지 않았을 까 추정해본다.

02
광주⁽하남⁾지역으로의 정착과 계파 분화

선성군 이무생은 9남 3녀의 자녀를 두었으며, 이 중 일부가 지파支派를 형성하였다.

:: [표 4] 선성군의 지파 현황

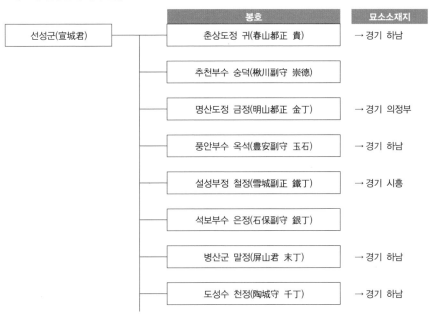

	봉호	묘소소재지
선성군(宣城君)	춘상도정 귀(春山都正 貴)	→ 경기 하남
	추천부수 숭덕(楸川副守 崇德)	
	명산도정 금정(明山都正 金丁)	→ 경기 의정부
	풍안부수 옥석(豊安副守 玉石)	→ 경기 하남
	설성부정 철정(雪城副正 鐵丁)	→ 경기 시흥
	석보부수 은정(石保副守 銀丁)	
	병산군 말정(屛山君 末丁)	→ 경기 하남
	도성수 천정(陶城守 千丁)	→ 경기 하남

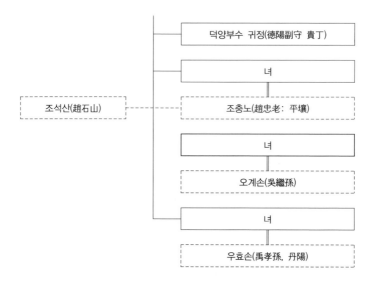

선성군의 자녀 가운데 현재 지파가 형성되어 있는 자손은 1남인 춘산도정, 3남인 명산도정, 4남인 풍안부수, 5남인 설성부정, 7남인 병산군, 8남인 도성수 등이다. 이들은 하남(예전의 廣州)과 의정부, 그리고 시흥 등을 일대에 묘산을 두고 지역 기반으로 하였다.

선성군은 사후 광주(廣州) 덕봉동(德峯洞)(현재의 하남시 덕풍동)에 안장되었다. 그가 덕봉동에 안장되게 이유가 현재로서는 확인되지 않는다. 선성군을 안장한 후 후손 일부 계파가 이곳을 세거지로 하는 한편 일부는 다른 지역으로 이거하여 기반을 마련하였다. 다음은 선성군 후손들의 묘소 소재지이다.

:: [표-5] 선성군파 일원의 묘소 소재지(1대~4대)

1대	2대	3대	4대	묘소 소재지
선성군				광주 덕봉동
	춘산도정			실전
		풍무령		광주 덕봉동
			풍산부령	광주 덕봉동
	명산부수			양주내 송산
		하양령		양주내 송산
		흥복령		양주내 송산
	풍안부수			광주 덕봉동
		비홍령		광주 덕봉동
			의성령	장단
	설성부수			시흥 동면
		기성부령		연안
	병산부수			광주 덕봉동
		지산령		광주 덕봉동
			이원부령	광주 덕봉동
	도성부수			광주 율현
		부흥령		양주 연서역

* 이는 『선원속보』에 의거함

위의 〈표-5〉에 따르면, 선성군이 광주에 안장된 후 춘산도정과 풍안부수,
병산부수의 계파는 선영에 안장되었다. 이와는 달리 명산부수 계파는 양주내
송산을, 설성부수 계파는 시흥과 연안 등지, 도성부수는 광주의 다른 지역과 양
주 등으로 이거하고 있음이 확인된다. 이런 묘소 소재지의 변화는 세거지의 변
화라고 볼 수 있다.

① 춘산도정파

문과나 무과 등을 통해 출사한 선성군파는 각 분파에 따라 다양한 정치적 동향을 보인다. 먼저 춘산도정파의 경우, 풍산부령의 아들 이준도李遵道가 소과를 거쳐 1564년(명종 19) 별시를 통해서 관직에 진출하였다. 이준도는 문과를 통해서 출사했으나, 문무를 구비했다는 평가를 받기도 하였다. 이준도는 승문원 박사를 거쳐 평안도 평사, 형조 좌랑, 함경도 도사 등과 봉산 군수, 창성 부사를 역임하였고, 마지막으로 대구도호부사를 지냈다. 이준도의 묘갈명은 인척 사이이기도 한 윤근수尹根壽가 찬술하였다. 이준도가 종친 가문이라는 배경으로 출신했음에도 불구하고 그는 주로 외직을 전전하였는데, 이에 대해 묘갈명을 찬술한 윤근수는 "끌어줄 힘이 없었다〔無力於相輓〕"고 한다. 윤근수는 이를 명銘에서 다시 기록하기를, "청운에 오를 수 있었건만雲霄可致/그 날개 꺾이고 말았네乃塌其翼"라며 안타까워했다.

이준도는 이육李堉, 이숙李塾과 이집李㙉 세 아들을 두었다. 이들 가운데 이육과 이집은 문과에 급제하였다. 이육은 1588년(선조 21) 알성시에서 급제한 뒤에 사섬시 부정, 상의원 정, 봉상시 정, 등을 비롯해 승정원 동부승지와 사간원 대사간을 역임하였다. 이육은 석주 권필權韠, 족숙인 체소재體素齋 이춘영李春英 등과 교류하면서 시집을 발간하였다. 이집은 1583년(선조 16) 문과에 급제하였는데, 이때의 나이가 19세이어서 허균은 이를 "조년달관자早年達官者"라 칭하였다.

급제 이후 이집은 사간원 정언과 사헌부 지평, 종성부사, 군자감 정, 광주光州목사, 상주목사, 장흥부사와 우통례 등을 역임하였다. 다만, 이집은 조야의 기대를 받았으나, 조졸早卒함으로써 기대가 꺾였다. 이 점은 만사를 작성한 윤근수의 아래 표현을 통해서 알 수 있다.

이른 나이에 과거 급제로 이름을 날렸는데 / 早歲登名片玉科

높은 벼슬 지척에 두고 다시 어긋났구려 / 雲衢咫尺更蹉跎

조정에서 대신 반열에 오를 날을 기다렸건만 / 隨堂有待貂班日

짧은 명이 중도에 꺾인 것을 어찌하리오 / 短造中摧獨奈何

(윤근수, 『월정집』권2, 칠언절구, 만이통례埃挽李通禮埃)

이집의 아들 이명운李溟運은 1616년(광해군 8) 증광시增廣試에 급제한 뒤 승문원 권지 정자를 거쳤다. 광해군대에는 이렇다할 관력도 확인되지 않다가 인조반정 직후인 1623년(인조 1) 10월 공조좌랑에 제수되었고, 1625년(인조 3)에는 형조정랑에 재직하였으며, 이후 군수를 거쳐 1632년(인조 10) 종묘서령에 제수되었다.

춘산도정파의 경우, 대개 서인 계열로, 그리고 서인이 노론과 소론으로 분당된 뒤에는 주로 노론 계열에서 활동했던 것으로 판단된다. 이집의 현손인 이유李瀏는 생원시 입격 이후 1731년(영조 7) 장릉莊陵 참봉에 제수된 것을 시작으로 선공감 봉사, 상서원 직장, 빙고 별제, 장흥고 주부 등을 거쳐 사헌부 감찰과 동복현감 등을 역임하였다. 이유가 주목되는 것은 양천현에 소악루小岳樓를 짓고 거처하면서, 소악루주인小岳樓主人 혹은 소악루주옹小岳樓主翁 등으로 불리며 당대의 대표적인 명사인 김진상金鎭商· 이광덕李匡德· 조관빈趙觀彬· 조현명趙顯命· 오원吳瑗 등과 교류한 바 있다. 그는 또한 윤봉조尹鳳朝· 이간李柬· 현상벽玄尙璧 등과 교류하며 당대 성리논쟁인 인물성동이 논쟁에도 참여한 바 있다.

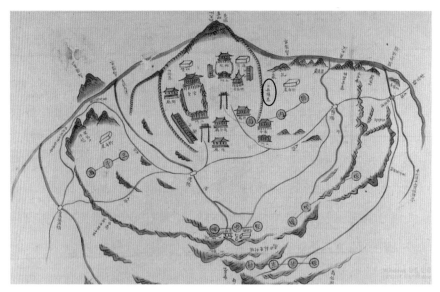

〈도-2〉 이유가 지은 소악루의 터(1872년 양천현지도 규장각한국학연구원 소장)

이육의 6대손인 이사렴李師濂은 1767년(영조 43) 국왕이 경복궁에 거둥하여 치른 성균관 유생을 대상으로 한 도기과到記科에서 수석을 차지하여 직부전시하였고, 이듬 해에 치러진 식년시 문과에 급제하였다. 문과 급제 이후 가주서와 사관, 좌랑 등을 역임하였다. 이사렴은 특히 정조 즉위 직후인 1777년(정조 1) 10월 상소를 올려,

그런데 신이 몇 해 전에 한원翰苑에서 대죄待罪하고 있을 적에 햇볕에 쬐라는 명을 받들고 봉화현奉化縣 태백산 사각太白山史閣에서 사책을 뒤적이며 볕 쬐이게 될 즈음에 마침 《경종실록景宗實錄》을 삼가 살펴보건대, 그때 사책을 찬집撰集한 사람들이 흉역凶逆의 심장을 가지고서 감히 천지를 속일 수 있고 일월日月도 속일 수 있다고 여겼는지, 터무니 없는 말을 날조하여 오직 뜻대로 장찬粧撰하는 짓을 하고 감히 말할 수 없는 자리에까지 하면서 간혹 핍박하는 어구語句가 있기도 하였고, 4대신四大臣의 정충貞忠과 위열偉烈은 만고에 악역惡逆으로 배척하고, 조태구趙泰耉·최석항崔錫恒 등 흉악한 역적의 괴수魁首는 마음을 다하여 종사宗社를 붙잡은 것으로 추장推獎하였으니, 여타의 무망誣罔하여 더럽히는 말도 한두 가지 만이 아니어서, 흑백黑白이 뒤바뀌게 되고 충신과 반역이 거꾸로 되어 있었습니다. 　　　　(『정조실록』 권4, 정조 1년 10월 29일(신유))

라며 『경종실록』의 개수를 요청하였고, 이것이 계기가 되어 『경종수정실록』이 찬수되기에 이르렀다. 이미 영조조 국시화國是化된 노론의 집권 논리를 실록에 반영하기를 요청한 것이다. 춘산도정파는 17세기에 중종의 부마인 청주한씨 청원위淸原尉 가문과의 혼인을 통해 영의정을 지낸 해평윤씨 윤방尹昉과 인척이 된다. 1644년(인조 22) 심기원의 옥사 이후 책록한 영국공신寧國功臣 2등인 함양여씨 여이재呂爾載를 사위로 맞이하였고, 18세기에는 무과 출신의 청주한씨 한성검韓聖儉이나 훈련대장과 병조판서를 역임한 능성구씨 구선행具善行을 사위로 맞이하였다.

② 명산도정파

명산도정파의 경우 정치적으로는 명산도정의 첫째 아들인 하양군 후손들의 활동이 주목된다. 하양군→파평부령→이극검의 계통을 잇는 이원주李元冑는 동몽교관을 역임한 바 있고, 이세주李世冑와 이창주李昌冑는 병자호란 이후 각각 충청도 황간黃澗과 서산 여미餘美 등으로 은거하여 생활하였다. 이원주의 손자대인 이규백李奎白·이경백李庚白 등은 충청도 회덕으로 이거하였는데, 이것이 계기가 되어 서인, 이후 노론의 적통인 송시열宋時烈·송준길宋浚吉의 문하에 들어가게 되었다. 이런 가운데 이세주의 손자인 이상제李尙悌는 1662년(현종 3) 증광시 급제 이후 봉상시 참봉, 교서관의 정자와 저작, 박사 등을 거쳐 사헌부 감찰과 무안현감 및 예조좌랑과 정랑 등을 역임하였다.

이창주의 손자인 이진백李震白의 경우, 어려서부터 문장에 능해서 판서를 역임한 김기종金起宗 등으로부터 후일의 주문자主文者로 불려지기도 하였다. 그는 순릉참봉을 시작으로 공조좌랑과 평택현감 등을 역임하였으며, 지방관 시절에는 공명정대한 정사로 호평을 받기도 하였다. 이진백은 영의정을 지낸 약천 남구만南九萬을 비롯해 판서 출신의 호곡 남용익南龍翼 등과 교류하였다. 사후에 판중추부사 서종태徐宗泰와 좌의정 김창집金昌集, 판중추부사 최석정崔錫鼎 등을 비롯해 판서 조상우趙相愚, 판서 권시경權是經 등이 만장輓章을 보냈고, 남구만이 묘갈명을, 최규서崔奎瑞가 행장을 찬술하였다.

이진백의 손자인 이의천李倚天은 1713년(숙종 39) 증광시 문과 급제 이후 영조 연간에는 대간과 승지를 역임하였다. 이의천은 송시열宋時烈의 문인으로, 특히 경종 연간에 발생한 신임옥사辛壬獄事 때 소론의 조태구나 유봉휘 등의 강력한 처벌을 요청하여 노론의 정치 의리를 현실 정치에 구현하려고 한 대표적인

인물이었다. 영조 즉위 직후에는 노론에서 분파된 낙당과 화당 중 낙당의 좌의
정 민진원, 우의정 이관명 등과 함께 정치적 활동을 하였다. 낙당에는 경종대
피화被禍된 노론 사대신을 비롯한 노론 세력의 신원과 소론의 치죄에 대해 공이
있는 이의천, 임징하 등이 참여하였다.

하양군→파천부령→이극인의 계통을 잇는 이홍주李弘胄는, 율곡과 우계의
문인이다. 이홍주는 1594년(선조 27) 별시 문과에 급제 이후 주서 · 교산찰방을
거쳐 예조 · 병조 · 이조좌랑을 역임하였다. 광해군대에는 부수찬 · 교리 · 의주
부윤 · 안동부사를 거쳐, 1618년 전라도를 순찰하고 돌아와 형조참판이 되었다.
1619년 사은사로 명나라에 다녀왔으며, 다시 진주사陳奏使가 되었으나 병으로
사직하였다. 이 해 병조참판이 되었으며, 1621년 함경도관찰사로 나갔다.

관찰사 재직 시절 인조반정이 일어나고 이후 예조참판에 이어 1624년(인조
2) 도승지가 되었다. 이 해 이괄李适의 난이 일어나자 장만張晚의 뒤를 이어 도원
수가 되어 공을 크게 세웠다. 같은 해 대사헌, 1624년 우참찬이 되어 지경연사
知經筵事를 겸임했으며, 이어 호태감접반사胡太監接伴使 · 대사헌 · 전주부윤 · 도
승지 · 병조판서를 지냈다. 1635년 왕이 여러 대신들에게 왜의 정세에 관해 묻
자 모두들 왜인들은 침범할 힘이 없다고 대답했으나, 그는 병선과 군사를 정비
해 환란에 대비하자고 청하였다. 1636년 이조판서를 거쳐 우의정이 되어 여러
번 사직을 청했으나 허락되지 않았다. 병자호란이 일어나 적들이 서문西門 밖까
지 이르자 왕의 국서國書를 가지고 적진으로 들어가 국서를 전하고 화의 교섭을
벌였으나 항복은 끝까지 반대하였다. 그럼에도 1637년 영의정에 올라, 전란 후
수습을 주도하였다. 하양군의 셋째 아들 파성군을 잇는 이극감 · 이극성 · 이
극함 · 이극겸의 경우는, 임란 때 부친의 묘소에서 시묘侍墓 중 현지에 들이닥친

왜군과 싸우다 4형제가 모두 순국한 것으로 알려져 있다.

③ 병산군파

병산군 → 지산군 → 이원군의 계보를 잇는 이양원李陽元은 1556년(명종 11) 문과 급제 이후 사관史官을 시작으로 홍문관의 수찬과 부교리, 병조좌랑과 이조정랑 등을 지냈다. 홍문관 응교 재직시에는 개종계주청사改宗系奏請使의 서장관으로 파견되어 종계변무에 공을 세웠다. 이후 호조참의와 승지, 홍문관부제학 등을 역임하였고, 명종 승하 직후 도승지 재직 시절에는 덕흥군의 아들 하성군(후일의 선조)을 맞이하는 일을 주도하였다. 선조 즉위 이후 안동부사에 재직하면서 이황李滉에게 나아가 문인이 되었고, 정구鄭逑 등과 교류하였다. 동인과 서인이 분당된 이후에는 동인의 대표적 인물로 활동하였고, 대사헌과 개성 유수, 이조판서와 병조판서 등을 역임하였다. 1592년(선조 25) 임진왜란이 발발하자 수성대장으로 도성 수비에 진력하다가 이후 전세가 여의치 않자 이천伊川의 분조分朝에 합류하였다. 분조에서는 함경도도검찰사로 활동하다가 선조가 요동으로 간다는 잘못된 소식을 듣고는 금식을 하다가 끝내 숨졌다.

이양원에게는 이서경李犀慶·이구경李龜慶·이시경李蓍慶·이용경李龍慶 등의 아들이 있었다. 이서경은 부친의 군호를 승습하여 전원군全原君에 봉해졌으며, 무과에 급제하였다. 이구경 역시 무과 출신이다. 이시경의 경우는 황산찰방을 비롯해 정유재란 발발 당시 소촌찰방으로 재직하였다. 소촌은 오늘날 통영과 진주 사이에 있는 역驛으로, 이곳에서 일본군과의 전투 도중 전사하였다. 이시경은 특히 당시 일본군의 진법陣法에 조예가 있었던 것으로 보인다.

이양원의 후손들은 이후 문, 무과 급제자를 배출하였다. 첫째 아들 이서경

계파에서는 무과 급제자를 배출하였다. 이서경의 장자인 이복광李復匡과 이복광의 손자인 이우명李宇明(이복광→이기로→이우명) 등이 무과에 급제한 것이다. 이복광은 선전관을 비롯해 단천군수 등을 역임하였다.

둘째 아들 이구경 계파는 17세기 후반 문과 급제자를 다수 배출하였다. 이익로李益老가 1660년(현종 1) 증광시에서, 이우정李宇鼎이 1662년(현종 3) 증광시에서, 이우진李宇晉이 1683년(숙종 9) 증광시에서, 이우겸李宇謙이 1689년(숙종 15) 증광시에서 각각 급제하였다. 셋째 아들인 이시경 계파에서도 이규로李奎老가 1642년(인조 20) 식년시에서 갑과 3등인 탐화랑探花郞으로 급제하였다.

〈도-3〉 이양원 묘소(이관중 제공)

이양원의 후손들은 정치적으로 남인 계열로 활동하였다. 대표적인 인물로 숙종조 남인 정권에 참여하였던 이우정을 들 수 있다. 이우정은 문과 급제 후 현종 연간에는 병조좌랑과 사헌부 지평, 병조정랑, 사간원 정언 등을 역임하였다. 1674년(현종 15) 3월에는 사은사 김수항金壽恒 등을 수행하는 서장관으로 북경에 다녀왔다.

숙종 즉위 이후 사간원 정언을 시작으로 사간원 헌납 등을 지냈다. 헌납 재직시에는 동료 언관들과 함께 송시열宋時烈을 공격하는 연명 계사에 참여하기도 하였다. 예를 들어 1674년(숙종 즉위년) 12월 동료인 남천한南天漢·이옥李沃 등과 함께 송시열이 기해예송 당시 언급한 '체이부정體而不正'설을 언급하며, 조대비로 하여금 "당연히 입어야 할 삼년복을 입지 못하게 하고 이를 내려서 서자庶子의 기년복朞年服으로 입으시게 하였습니다"라며, 오례誤禮의 책임을 물어 송시열의 파직을 요청하였다. 이우정은 이어 1675년(숙종 1) 3월에는 동부승지에 제수된 이후 대사간과 우승지와 도승지 등을 역임하였다.

한편 이우정은 남인이 청남淸南과 탁남濁南으로 분화되었을 때는, 탁남 계열로 활동하였다. 이런 과정에서 1676년(숙종 2) 청남계의 윤휴가 이우정의 비국당상 차출이 합당하지 않다며 반대 의견을 표명한 바 있다. 당시 윤휴의 반대는, 자신이 제기한 병거兵車설에 대해 이우정이 반대하며 옳지 않다는 의견을 피력한 것에 대한 반발이었다. 앞서 윤휴는 이 일로 '승지는 수령에 의망擬望하지 않는다'는 관례를 깨고 이우정을 성천부사에 제수한 바 있기도 하다. 당시 윤휴는 병거설에 대해 "신의 진달한 바 병거兵車는 큰 계책을 위하는 것인데, 큰 계책을 억제한 자는 전일에 예禮를 그르친 자와 다름이 없으니, 벌罰이 없을 수 없습니다."라며 강경한 입장이었다.

이우정은 이후 경신환국 과정에서 사판삭거仕版削去되었다가 1680년(숙종 6) 목내선 등과 함께 서용하라는 조치가 취해졌다. 1689년(숙종 15) 기사환국 과 정에서 다시 승지에 제수되었고, 이후 형조판서와 한성부 판윤, 수어사守禦使, 예조판서 등을 거쳐, 1692년(숙종 18) 2월 사신으로 파견되었다가 청나라에서 사망하였다.

한편 이우정 등은 당내 남인을 대표하는 가문들과 혼인 관계를 맺고 있 었다. 예를 들어 숙종 즉위 초 송시열의 고묘론告廟論을 강력하게 주장한 대 표적인 인물인 조사기趙嗣基는 이우정의 외삼촌이 된다. 이밖에도 이우정의 처 가인 연안이씨 이진李杺 가계, 나주정씨 정언벽丁彦璧 가계, 이도문의 처가인 여 흥민씨 민암閔黯 가계, 이우겸의 처가인 사천목씨 목임현睦林賢 가계와 함께 사 위 집안인 진주강씨 강세구姜世龜 가계 등이 주목된다.

④ 도성수파

도성수→부흥정→의령도정의 계보를 잇는 이춘영李春英은, 1590년(선조 23) 증광 시 문과에 급제 이후 예문관의 검열과 대교를 거쳐 승정원 주서, 호조 좌랑 등 을 역임하였다. 이춘영은 서인 계열로 활동하였는데, 기축옥사己丑獄死 이후에 는 정철鄭澈의 붕당으로 지목되어 유배생활을 하기도 하였다. 1601년(선조 34)에 는 예천군수를 지냈고, 1604년(선조 37)에는 공조정랑으로 조선왕조실록의 재인 출에 참여하기도 하였다. 이춘영은 우계 성혼成渾을 비롯해 정철, 박순 등을 선생으로 모시고 허균許筠과 이안눌李安訥, 신흠申欽 등과 교류하였다. 문집인 『체소집體素集』은 외조카인 김육金堉이 간행하였고, 서문은 신흠이, 발문은 김상헌金尙憲과 정홍명鄭弘溟이 찬술하였다.

이춘영에게는 이시재李時材 · 이시해李時楷 · 이시매李時楳 등 세 아들이 있었다. 이 중 이시해는 1630년(인조 8) 별시 문과에 급제하였고, 이시매는 1629년(인조 7) 정시 문과에 급제하였다. 첫째 아들 이시재는 안성군수를 비롯해 의금부도사와 경력, 선공감 첨정과 금산金山 군수, 남원부사, 회양부사 등을 역임한 바 있다. 이시해는 문과 급제 이후 홍문관 응교, 이조참판과 사헌부 대사헌 등을 비롯해 양양부사와 전남도관찰사 · 경기감사 · 개성 유수 등을 역임하였다. 병자호란 당시에는 인조를 호종해서 남한산성에 들어갔고, 병자호란 이후 소현세자가 심양에 갈 때 역시 호종하기도 하였다.

이시매는 문과 급제 이후 사관을 거쳐 홍문관 응교, 이조참의, 성균관 대사성과 문형文衡 등을 비롯해 의주부윤과 전남도관찰사, 경기관찰사, 개성유수, 강화유수 등을 역임하였다. 형과 함께 병자호란 때 인조를 호종해서 남한산성으로 들어갔고, 병자호란 뒤 봉림대군(후일의 효종)이 심양에 들어갈 때 역시 호종하였다.

이시해 등은 당대 대표적인 서인 계열들과 혼맥을 유지하였다. 이시해의 장인은 경주이씨 이수일李守一이다. 이수일은 무과 출신으로, 임진왜란 때에는 경상좌도수군절도사에 발탁되어 왜구를 격퇴한 공로로 가선대부에 올랐던 인물이다. 1624년(인조 2) 이괄李适이 반란을 일으키자 평안도병마절도사로 부원수를 겸하여 길마재〔鞍峴〕에서 반란군을 무찔러 서울을 수복한 공으로 진무공신 振武功臣 2등에 책록되고, 계림부원군鷄林府院君에 봉해졌다. 1628년 형조판서가 되고, 1631년 남한수어사南漢守禦使에 임명되었으나 사양하고 나가지 않았다. 좌의정에 추증되었으며, 효종 연간에 우의정을 역임한 이완은 그의 아들이다. 효종의 부마 가문 중 하나인 원주원씨 원몽린의 부친 원만리元萬里, 판서를 지낸 온양정씨 정유악鄭維岳, 참봉을 역임한 대구서씨 서문징徐文徵 등이 이시해의 사위이다. 문과에 장원으로 급제하고 부제학을 지낸 파평윤씨 윤진尹搢은 이시매의 손녀 사위이다.

03
족보族譜의 편찬

조선 왕실은 건국 초기부터 족보를 제작하였다. 왕친王親을 기록한 『선원록璿源錄』의 경우 태종 때에 『선원록』과 『종친록宗親錄』, 『유부록類附錄』의 삼록三錄 체제를 완성하였다. 즉 왕실의 계보를 작성하되, 태종 위로 태조를 거쳐 직계 시조까지 연결되는 조계祖系를 기록하여 『선원록』을 만들고, 태조와 태종의 본처 소생 왕자를 종자宗子로 기록하여 『종친록』을 만들었다. 또한 태조와 태종의 본처 소생 공주를 종녀宗女로 하고 후처 소생들을 묶어 모두 서얼로 기록하여 『유부록』을 만들었다. 이를 통해 왕실 내 가계의 계통과 적서를 분명하게 구분하였다.

이러한 선원록의 체제가 조선 후기까지 유지되는 가운데, 1681년(숙종 7)에 간행된 『선원록』에서는 새로운 편찬 체제가 모색되었다. 즉 종從으로 각 왕의 내외손 6대손까지 수록하던 것에서, 이제는 6단의 횡橫으로 나누어 내용을 기재하기 시작하였고, 『종친록』과 『유부록』을 통합하여 기록하였으며, 각왕의 성손姓孫과 외손外孫에 차별을 두어 성손은 9대까지, 외손은 6대까지만 수록하는 것으로 변화하였다.

조선후기에는 『선원계보기략璿源系譜記略』과 『선원속보璿源續譜』와 같은 새로운 왕실 족보가 출현하였다. 『선원계보기략』은 1689년(숙종 5) 낭원군 이간이 열성의 세계와 내외족파를 망라하여 『선원보략』을 올렸는데, 이를 보완하여 누락된 정보 등을 보충해서 『선원계보기략』을 간행하였다. 『선원계보기략』은 이후 순종대까지 대상 범위와 체제 등이 변화하면서 약 115회에 걸쳐서 수정과 보간補刊이 이루어졌다.

한편 정조대부터는 왕실의 대동보인 『선원속보』를 제작하려는 시도들이 추진되다가, 이후 철종 말부터 간행이 시작되어 고종 초에 완성되었다. 『선원속보』는 약 110개 이상의 파보를 종합하였으며, 수록인원만도 11만명이 넘을 정도로 방대한 규모로 만들어졌다. 『선원속보』의 간행은 당초 선파璿派들의 군역이나 잡역을 면제하기 위한 증빙자료로 기능하였지만 점차 이를 통해 문중 의식을 고양시키고 종친 세력을 결집시켜 왕실의 족적 기반을 강화하기 위한 것이었다.

선파의 일원인 선성군파의 경우도 이미 조선 초부터 작성된 『선원록』에 등재됨으로써 왕성王姓의 일원이었음을 확인하였다. 그럼에도 불구하고 19세기 초에 이르러 별도의 파보를 제작하였다. 선성군파의 최초 파보는 1807년(순조 7)에 발간된 이른바 정묘보丁卯譜이다. 정묘보의 발문은 파보의 발간을 주도한 이만선李萬善(도성수파)이 찬술하였고, 서문은 진사 이숙李淑(춘산도정파)과 무과 출신으로 경상좌병사를 역임한 이장철李長喆(명산도정파), 진사 이주철李周喆(병산군파) 등이 찬술하였다.

정묘보의 서문에서는 파보의 간행과 관련한 저간의 사정을 다음과 같이 기록하였다.

우리 완산이씨는 모두 강헌대왕의 자손으로써 사백여년을 내려오는 동안 종족이 번창하여 그 수효가 헤아릴 수 없이 많아졌다. 보첩을 간행하자는 논의는 이미 오래전부터 나왔으나 결국 어느 누가 이 논의를 책임지고 주장하여 성사시킨 사람이 없었던 것은 곧 책의 분량이 워낙 많아 일을 진행하기 쉽지 않았기 때문이었다.

근세에 선파 집안에서 각자 왕자의 분파를 대상으로 삼아 별도로 작은 보첩을 엮어 찾아보기에 편리하였으나 그것을 책으로 찍어내어 두루 종중에 배포하지는 못했으니 실로 한스럽다. 우리 종중은 정종 공정대왕의 넷째 아드님이신 선성군의 후예이다. 종장宗長 만선萬善씨가 근세 여러 종중의 사례를 본떠 보첩을 만들자는 논의를 발의하고 또 다시 그 진행을 맡아 널리 여러 종파에게 알렸으며 각 파별로 단금을 거두어 책을 인출할 계획을 세웠으니 매우 훌륭하고 또 다행스럽다. (『전주이씨선성군파보』(정묘보) 서문)

위의 표현대로라면, 전주이씨 왕성의 종족이 번성하여 그 수효를 헤아릴 수 없으므로 당시 종장 이만선의 주도하에 별도의 파보를 간행하게 되었음을 알 수 있다. 아울러, 위의 기록에서는 선파 여러 집안에서는 정식 간행물은 아니지만 왕자의 분파를 삼아 작은 보첩을 제작하고 있는 상황을 짐작하게 한다.

서문대로, 실제 당시 전주이씨 선파 가문들의 파보가 간행되기 시작하였다. 예를 들어 성종의 12남인 무산군茂山君파에서는 1805년(순조 5)에 『무산군파보』를 간행하였다. 무산군파의 일원인 이봉의李鳳儀가 작성한 서문에 따르면, 파보를 작성하게 된 이유를 전주이씨 왕성의 후손들이 번창함에도 불구하고 『선원보략』에는 다 수록할 수 없기 때문이라고 하였다. 『선성군파보』를 발간하게 된 이유도 이와 크게 다르지 않을 것이라고 판단된다. 즉 기존의 『선원보략』으로서는 번성한 후손들을 모두 수록하지 못하자 이에 대한 대안이었던 것이다. 그러면서 동시에 선성군파 구성원들의 결속을 다진다는 측면도 부정할 수 없겠다.

전주이씨 선파 가문에서 파보는 이미 18세기 중반부터 간행되기 시작하였다. 그 하나가 『온녕군파보』이다. 온녕군은 태종의 왕자로, 1769년(영조 45)에 파보를 발간하였다. 파보의 서문은 채제공蔡濟恭이 찬술하였다. 선성군파에서도 파보의 간행은 이미 17세기 후반부터 논의가 시작되었다. 저간의 사정은 다음과 같다.

> 그리하여 나(즉 李萬善, 필자)의 증조 감역공監役公 때부터 보첩을 편수하자는 논의가 나와서 선고先考 때에 이르러 구체화되었다. 춘산도정春山都正 후손인 승지공承旨公과 나의 선고께서 여러 해 동안 상의하였고, 병산군屏山君 후손 참판공께서 자료를 수집하여 기록하였으니, 이것은 대체로 우리 종중이 여러 대를 거쳐오며 경영하여 이루어 낸 것이다.(『선성군파보』 발문(이만선 찬))

즉 선성군 파보의 발간은 이미 17세기 후반부터 논의가 시작되었음을 알 수 있다. 그리고 이후 18세기 중반 이후에서야 본격적으로 발간이 추진되었고, 이것이 1807년 정묘보로 간행되었던 것이다.

다만, 여기서 한 가지 짚고 넘어갈 것이 그렇다면 왜 이 시기 군이 후손들을 모두 수록하는 파보가 필요하였을까 하는 점이다. 이 점은 18세기 중반 이후 진행되는 선파들의 동향과 관련해서 주목할 필요가 있겠다. 이 점은 18세기 전반 국가적 직역職役 체제의 변화 속에서 그 단서를 찾을 수 있다. 18세기 전반부터 호적戶籍 상에 양반이 사용하던 직역 신분 표기가 다른 계층에 개방되기 시작하면서 호적 상으로는 양반 신분의 구별이 어려워졌다. 이에 종래 양반 가문에서는 족보의 시간始刊 혹은 중간 등을 통해 스스로 신분적 정통성을 확인하고자 하였다. 호적 상의 이런 변화는 18세기 중·후반 이후에는 족보로까지 확대되어, 족보의 위조가 빈번해졌다. 심지어 선파의 세계世系 위조가 빈번해지며 『선원록』의 위조가 발생하기도 하였다. 일례로 선성군파 관련해서 정약용丁若鏞은 곡산부사(재임시기 ; 1797~1799) 당시의 목격담을 기록으로 남기기도 하였다.

지난 8월 본부의 청계방淸溪坊 문양리文陽里의 주민 이인화李仁華·이인번李仁蕃 형제가 문성진의 아병牙兵으로 있으면서, 선성군宣城君의 후예라고 자칭하며 수교 완문 책자受敎完文册子 1권과 계하 첩문啓下帖文 6종을 가지고 아병을 면하고자 하였습니다. 그래서 그 계파系派의 진위眞僞를 알기 위해 그 족보를 찾아보니, 이른바 족보란 것이 위조僞造의 단서가 수없이 나와서 간사스러운 실상이 다 드러났습니다. 나열된 계파도 모두 가공架空의 조작이었습니다. 그 중에 고 영의정 노저鷺渚 이양원李陽元의 파派는 부사府使가 평소 잘 알고 있는데, 지금 이 족보를 살펴본바, 자손을 나열해 기록한 것이 황당무계하고 앞뒤가 전혀 맞지 않아 전부 체재가 이루어지지 못했습니다. 재상과 문관·음관이 속출한 집안인데도 당초부터 그들은 거론치도 않았고, 지금 조정에서 벼슬하는 사람 중에도 인번보다 나이 많은 이는 하나도 기재되지 않았습니다. 그리고는 이인번의 파인 이른바, 귀재貴才·막동莫同·귀만貴萬 등은 상세히 적어서 허위로 능성 부령綾城副令의 아래에다 대놓았습니다. 이른바 양자養子 필명弼溟과 생부生父 동주東柱란 그것이 허위로 대놓은 것의 시초입니다. 아, 통

탄스럽습니다. 황해도의 족보 위조의 폐단은 한이 없습니다.(정약용, 『다산시문
집』 권10, 장(狀), 「이인화인번등위보정절논보장(李仁華仁蕃等僞譜情節論報狀)」))

결국 18세기 전반 이후 양반 가문에서 신분적 정통성을 추구하려는 움직
임이 선파들에게도 영향을 미쳐 18세기 중반 이후부터는 선파의 파보가 발간
되기 시작한 것이다. 1807년 선성군의 파보 발간도 그 일환이었던 것이다.

:: [표 6] 『선성군파보』의 발간 추이

발간시기	비고
1807년(순조 7)	정묘보(丁卯譜)
1864년(고종 1)	갑자보(甲子譜)
1900년	경자보(庚子譜)
1926년	병인보(丙寅譜)
1959년	기해보(己亥譜)
1979년	기미보(己未譜)
2001년	신사보(辛巳譜)

『선성군파보』는 1807년 시간始刊된 뒤 지금까지 7중보의 간행 현황을
보인다. 『선성군파보』는 1807년 파보 발간이 시작된 이후 1864년(갑자보)과
1900년(경자보)는 종친부에서 『선원속보』로 간행되었고, 이후 1926년(병인보),
1959년(기해보), 1979년(기미보), 2001년(신사보) 등이 순차적으로 간행되었다.

| 참고문헌 |

김대길 편저, 『이천 이홍주 연구』, 전주이씨 선성군파 명산종중, 2010
원창애, 「조선 왕실 종친 가문에서 사대부가로의 변모」, 『남명학연구』48, 2015
이근호, 「조선조 선성군파(宣城君派) 가문의 정치적 동향과 족보(族譜)의 편찬」, 『한국계보연구』7, 2017

색인

ㅎ

경기그레이트북스 **21**

경기도의 세거성씨 -정치적 동향을 중심으로-

초판 1쇄 발행 2019년 12월 23일

발 행 처 경기문화재단
 (16614 경기도 수원시 권선구 서둔로 166 생생 1990)
기 획 경기문화재단 경기학연구센터
집 필 이근호
편 집 진디자인 (전화 031-256-3614)
인 쇄 우리들행복나눔 인쇄사업단 (전화 031-442-0470)

ISBN 979-11-958557-6-6 04900
ISBN 979-11-958557-1-1 (세트)